JN022941

ゼロからはじめる

［木造建築］

入門

【第2版】

原口秀昭著

彰国社

はじめに

木造は教えにくい、はどの学校でもある共通の課題です。木造は、授業ではRC造やS造よりも先に教えたり、初めて設計に携わる場合でも、木造を最初にすることが多いようです。しかし木造の構造は煩雑で、RC造やS造のように、梁の上端が同じ平面にそろっていません。さらに長い伝統があるため、軸組や化粧材に多くの名称が付けられています。木造在来構法は、意外と複雑で難しいのです。逆にそれが面白い所でもあるのですが、入門者には大きなハードルとなっています。

設計製図の授業では通常、木造建築の図面のコピーなどからはじめます。木造の理屈がわからず、何を描いているのかわからず、図面を描いている学生も多くいます。すべてが理解できてから描いたのでは、いつまでたっても描けないので、とりあえず図面をコピーさせているという先生もいます。しかし、図面の線の意味を知らずにそれらをただ単に写すだけの作業は、膨大な時間の浪費といえるのではないでしょうか。

図面のコピーをする前に、木造の理屈や原理、仕組みなどの最低限の基本はわかっていた方がよいのではないか、というのが私のかねてからの考え方です。しかし、その基本的なことを教えるのに、適当な教科書がないのが実情です。構法の図面集、製図の教科書はたくさんあるのですが、いきなりそれを見ても、何が何だかわからないというのが学生たちの素朴な疑問だと思います。私の学生時代もそうでした。

そうした考えから、ブログ（http://plaza.rakuten.co.jp/mikao/）にイラスト付きで木造の基本を学生向けに書いてきました。前著『ゼロからはじめる［RC造建築］入門』の延長にあるものです。学生には毎回コピーしてノートに貼るようにと指示しました。わかりやすくてためになるという意見もあれば、ファイルが3冊になってしまって困るという苦情も寄せられました。本書はブログで書いた文章、イラストを再構成して、教科書にも使えるように1冊にまとめたものです。わかりにくい箇所はなるべく噛み砕いて解説するように心掛けました。

本書の構成は、まず全体像を押さえて、次に軸組から仕上げへと進むようにしました。主に工事の順に、軸組は下から上へ、仕上げは外装から内装へとしています。
まず、基準寸法、人体寸法、各種寸法などの、設計をする際に必要な寸法の話からはじめました。木造を考える以上、尺、間などを避けては通れません（なお本書では、基本的には1間を1,820mm、半間910mm、1尺303mmとしていますが、単純な数値でわかりやすさを重視したときは1間を1,800mm、半間900mm、1尺300mm、数値の正確性をより

重視するときは1間1,818mm、半間909mm、1尺303mm、としました）。
寸法の次は構法です。在来構法とツーバイフォー構法の対比を主軸に、建物をどうやって組み立てるのかといった、大まかな全体像の話をしています。全体像を先にイメージしてもらおうという趣旨です。

寸法、構法の次は、主に工事の順番に添って、下から上へと構造体、軸組の話をしています。基礎・土台ができたら、次は柱を立てて壁の構造をつくります。そして床組は下から順に、1階床組、2階床組、小屋組へと進みます。構造体ができたら、外装仕上げ、内装仕上げと進みます。

まとめてみると、木造の基本を押さえる入門書としては、かなりわかりやすいものになったのではないかと自負しています。本書を何度か読み返したり、イラストを見返したりするだけで、木造の基本的な知識が身に付くはずです。ひととおり基本を押さえてから図面の作業に移ると、能率よく学習が進むと思います。マンガやイラストを見ながら、楽しみながら学んでいきましょう！　本書で木造の勉強が終わったら、拙書『ゼロからはじめる［RC造建築］入門』、『ゼロからはじめる［S造建築］入門』でRC造やS造の基本もマスターしましょう。また筆者のHP（ミカオチャンネル https://mikao-investor.com）に授業動画と拙著を集めて整理していますので、そちらもぜひご覧ください。

最後に企画段階でお世話になった中神和彦さん、原稿整理、内容チェックなどをていねいに進めていただいた彰国社の尾関恵さんに、心からお礼申し上げます。ありがとうございました。

　2009年1月　　　　　　　　　　　　　　　　　　　　　原口秀昭

2021年の改訂では、ツーバイフォー構法の在来構法への取り込み、根太レス構法などの新しい木造の傾向を取り入れました。また学生がよくとまどう断面図の描き方、階段の寸法も追加し、よりみなさまの役に立つようになったと思っております。本書によって木造の基本をマスターしていただければ幸いです。

　2021年1月　　　　　　　　　　　　　　　　　　　　　原口秀昭

・梁成、梁幅などの構造寸法は、材木の種類、無垢材か集成材かによって変わります。本書で扱う数値は標準的な参考値のため、実際の設計では構造計算によってください。
・「こうほう」は工事方法の「工法」と構成方法の「構法」があります。本書ではより広い意味の「構法」で統一しています。

も　く　じ　　　　　　　CONTENTS

9 外装

10 内装

装丁＝早瀬芳文
装画＝内山良治
本文フォーマットデザイン＝鈴木陽子
編集協力＝涌井彰子

ゼロからはじめる

[木造建築]入門
第2版

Q サブロク板（ばん）とは？

▼

A 一般に売られている、3尺×6尺の大きさの板のことです。

1尺は約303mmです。3尺は909mm、6尺は1,818mmです。建築ではmmの単位は、最後のmmを省略して数字だけで表すことが多くあります。1、3、6尺の3つの数字は、完璧に覚えておきましょう。

1尺＝303mm
3尺＝909mm
6尺＝1,818mm

日本の伝統、慣習から、板の大きさはサブロク板が多く、そのサブ、ロクの寸法は多くの木造住宅の基本寸法となっています。
909mm×1,818mmでは寸法があまりにも細かいので、きりのよい数字で910mm×1,820mmで製材されて売られています。

サブロク板の大きさ＝910mm×1,820mm

このきりのよい数字も覚えておきましょう。

【サブロク　じゅうはち】
　　　　　　　1818

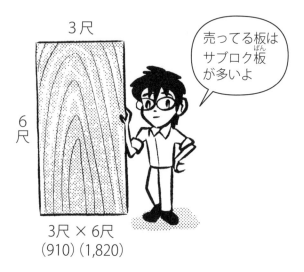

3尺

6尺

売ってる板は
サブロク板（ばん）
が多いよ

3尺×6尺
（910）（1,820）

【　】内スーパー記憶術

Q 1間（けん）は何mm？

A 1,818mmです。

サブロク板の長い方、6尺は1間とも呼ばれます。3尺は半間です。これも確実に覚えておきましょう。なお国際単位系（SI）では、1間＝1.8182mと定められています。最後の2まで覚える必要はないので、1間＝1,818mmと覚えておきましょう。1間は状況により、1,800mm、1,820mmとし、建物をつくる際の基準寸法になります。

> 3尺＝909mm＝半間
> 6尺＝1,818mm＝1間

昔の単位系を尺貫法（しゃっかんほう）といいます。なぜこれを覚えなければならないかというと、今でも木造ではよく使われているからです。板の寸法もサブロク板が多いので、木造ばかりでなく、鉄筋コンクリート造（RC造）、鉄骨造（S造）にも関係してきます。メートル法とは違う単位系なので慣れないと不便ではありますが、尺貫法は人体の寸法にも関係していて、実は合理的でもあります。

間は、いろいろな意味に使われます。柱と柱の間隔や部屋を指すこともあります。1間＝6尺と決められたのは、明治時代からです。それまでは地方によって、1間＝3.5尺だったりしていました。

> サブロク板の短い方→半間＝3尺＝909mm→910mm
> サブロク板の長い方→1間＝6尺＝1,818mm→1,820mm

1

寸法

サブロク板は
半間×1間

1間は6尺よ

半間

1間

Q サブロク板と畳の大きさは同じ？

▼

A ほぼ同じです。

完全に同じ場合もありますが、普通は若干異なります。
主に地方によって京間、田舎間など、基準寸法のとり方に違いがあります。そのため、畳の大きさも地方やつくり方によって、違ってきます。関東では、壁の中心から中心までの寸法を、半間（900、909、910mmなど）の倍数でとるのが普通です。畳は壁の内側に敷かれるわけですから、畳の寸法は、壁厚の分、半間×1間より小さくなります。ですから畳屋さんが来て現場で測って、微妙な寸法の畳をつくります。畳の向きを変えただけで、入らなくなることもあります。

　　畳の大きさ≒サブロク板＝910mm×1,820mm

日本人の住まい方は、畳と深く関係しています。「立って半畳、寝て1畳」という慣用句があります。人間が立つには半畳の広さ、寝るのには1畳の広さがあればよいという意味です。さらに「天下をとっても4畳半」と続いて、そんなに広さに欲をかいても仕方なしといったニュアンスがあります。『方丈記』（方丈とは約4畳半）にも通じるような価値観も垣間見えます。

Q サブロク板と襖や障子の大きさは同じ？

A ほぼ同じです。

昔の襖や障子はほぼサブロク板の寸法です。和室の引き戸で、下の溝付きレールを敷居（しきい）、上の溝付きレールを鴨居（かもい）といいます。敷居上端から鴨居下端まで、開口の有効高さを内法高（うちのりだか）といい、約6尺＝約1間です。

内法高≒6尺＝1間（1,818mm）

昔の建物では、内法高5.8尺＝5尺8寸（ゴハチ：約1,760mm）程度が多くありました。日本人の身長が今よりも低かったからです。

その1間弱の高さの開口に、襖や障子がはめ込まれます。内法高よりも若干長くないと、レールの溝にははまらないので、襖や障子の高さは内法高＋αの寸法です。ですから、襖や障子の高さは約1間です。

襖や障子は、1間の長さに2枚入れて、引違いとするのが一般的です。引違いとは、1本のレールに2本の溝を入れて、2枚の戸を左右にスライドする形式です。

1間間隔に置かれた柱の内側に、2枚の戸を入れるので、その幅は半間弱となります。

襖、障子の大きさ≒サブロク板＝910mm × 1,820mm

今の木造住宅では、内法高を1間よりも高くする傾向にあります。平均身長が伸び、頭がぶつかってしまうからです。

サブロク板
‖
襖、障子

内法高
‖
1間

• 廊下の幅などの有効寸法を、内法寸法（うちのりすんぽう）と呼ぶことがあります（R016参照）。

Q サブロク板2枚の面積は？

A 約1坪です。

 サブロク板2枚を合わせた正方形の面積、1間角の正方形の面積は1坪といいます。

<u>サブロク板2枚の面積＝畳2枚分＝6尺四方＝1,818mm角≒1坪</u>

坪という広さの単位は、いまだに根強く使われています。特に土地面積は、坪数でいうのが普通です。建物の延べ床面積、建築面積も、坪数でよく表されます。坪単価でいくら？はよく使うフレーズですが、1m²単価でいくら？はあまり使いません。

ひと坪の語源は、ひとつ歩（ほ）からきているともいいます。この場合のひとつ歩は、2歩となります。人の1歩は、約90cm＝半間＝3尺です。2歩で約180cm＝6尺＝1間です。2歩四方が1坪となります。

ちなみに1坪は、ひとりの人間が1日に食べる米が収穫できる田の面積ともいわれています。ひとりが1年で食べる米がとれる田の面積は、1坪×365日≒360坪＝1反（段：たん）となって、その米の量が1石（こく）とされました。豊臣秀吉の太閤検地で、1反＝300坪に変更になります。とりあえず、<u>1坪＝サブロク板2枚＝畳2枚</u>と覚えておきましょう。

サブロク板
2枚でひと坪

1坪＝サブロク板×2
　　＝畳×2
　　＝6尺四方
　　＝2歩四方

6尺

3尺　　3尺

Q ㎡を坪に直すには？

A 0.3025 を掛けます。

1㎡ = 0.3025 坪という係数は、不動産業界で共通に使われるものです。1坪は約3.3㎡ですが、この数字を換算に使ってはいけません。必ず0.3025を使うようにしてください。坪数は、あくまでも参考値ですが、不動産取引では重要な役割を担っています。換算を間違うと大変です。まず、図面などから面積を㎡で計算します。そして、最後に坪数に変換します。最初から坪数で計算してはいけません。常に㎡で計算して、最後に坪数を出すわけです。㎡数の次に（　坪）などと、（ ）付きで示します。確認申請などは、すべて㎡でなされます。

$$\frac{坪数 = ㎡数 \times 0.3025}{㎡数 = 坪数 \div 0.3025}$$

実務でも、㎡数→坪数という流れがほとんどです。1坪は6尺角、1.818m角となるので、

1坪 = 1.818 × 1.818 = 3.305124㎡
1㎡ = 1 ÷ 3.305124 = 0.302560509坪

となります。この数字を0.3025として、業界標準としています。0.3025は覚えておきましょう。

【1坪で王さんおにごっこ】
0. 3　0 2 5

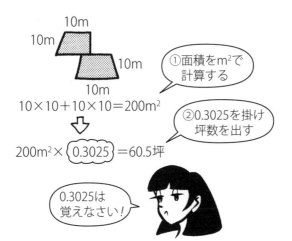

10m
10m
10m
10m
10m

①面積を㎡で計算する

10×10＋10×10＝200㎡

②0.3025を掛け坪数を出す

200㎡×(0.3025)＝60.5坪

0.3025は覚えなさい！

Q サブロク板以外の板の規格は？

▼

A メーター板（1m×2m程度）、サントウ板（900mm×3,000mm程度）、シハチ板（1,200mm×2,400mm程度）、ヨントウ板（1,200mm×3,000mm程度）、ゴトウ板（1,500mm×3,000mm程度）などがあります。

サブロク板が一番メジャーですが、それ以外にもメーター板、シハチ板など多くの規格があります。

表記としては、サブロク板では3′×6′、シハチ板（4尺×8尺）は4′×8′などと、ダッシュを付けます。尺は、ダッシュ（′）を付けて表すのが普通です。ダッシュはフィートを意味することもあります（R022参照）。

正確な寸法は303mmの倍数であったり、きりのよい数字であったりします。木材、金属によっても違いがあります。

この中では、サブロク板はもちろん、サントウ板、メーター板は覚えておきましょう。サントウ板は外装で使うと、継目を少なくできます。

- ・1m×2m　メーター板　1,000×2,000程度
- ・3′×6′　サブロク板　900×1,800程度　　┐
- ・3′×10′　サントウ板　900×3,000程度　　┘覚える！
- ・4′×8′　シハチ板　1,200×2,400程度
- ・4′×10′　ヨントウ板　1,200×3,000程度
- ・5′×10′　ゴトウ板　1,500×3,000程度

いろんな板があるなー

サブロク板が一番メジャーよ

Q 立って作業する、立って休むなどの場合、1人当たりに必要なスペースは？

A 約半畳（サブロク板半分）です。

「立って半畳、寝て1畳、天下をとっても4畳半」のうちの、最初の立って半畳の部分です。

下図のように、立ち作業、食事を運ぶ、立って休むなどには、半畳のスペース、半畳の幅が必要となります。たとえば、キッチンの流し台と後ろの棚との間の寸法は、約90cm（約3尺）は必要です。冷蔵庫のドアを開けるにも、90cmあった方が楽です。ギリギリで75cmでしょう。

廊下の幅も約90cmです。実際の廊下は、壁の中心（芯）から中心（芯）までの間隔を3尺、909mmや910mmでつくることが多くあります。その場合は、廊下の有効寸法（内側の寸法）は80cm弱となります。

人間がただ立っているだけでも、1人当たり約半畳必要です。ラッシュ時の山手線の中は、立錐の余地もない状態ですから、もっと小さくなりますが、余裕をもって立てるスペースは約半畳です。100名の人が立つための講堂は、約50畳必要となります。半畳を仮に約1m²とすると、約100m²となります。

このようにサブロク板や畳をもとに考えると、広さをつかみやすくなります。

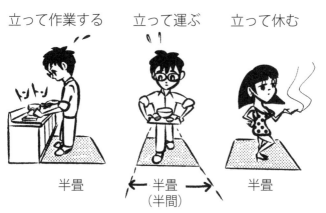

立って作業する　　　立って運ぶ　　　立って休む

半畳　　　　←　半畳　→　　　半畳
　　　　　　　　（半間）

立って半畳、寝て1畳、天下をとっても4畳半

Q 寝るのに必要なスペースは？

▼

A 1畳（サブロク板1枚）か、1m×2m程度です。

「立って半畳、寝て1畳、天下をとっても4畳半」のうちの、真ん中の寝て1畳の部分です。

昔の人は背が低かったので、寝るのは1畳でほとんど足りました。現代人は背が高くなったので、1畳では足りない人も多くなっています。

今のベッドは、1m×2m程度でつくられています。ほかに1.1m×2.1mとか、広いものだと1.5m×2.3mなどもあります。もちろん広い方が快適ですが、部屋の広さとの兼ね合いもあります。

　　最小限の寝るためのスペース＝1畳または1m×2m

と覚えておきましょう。

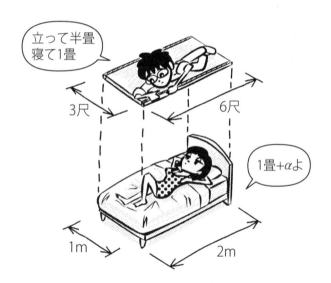

Q 『方丈記』の方丈庵の広さは？

▼

A 広めの4畳半です。

丈＝10尺＝3,030mmです（丈の単位は覚える必要はありません）。
方丈とは1丈四方、1丈角のこと。すなわち約3m角の部屋となります。
4畳半は、9尺四方、約2.7m角の部屋ですから、方丈は、4畳半よりも若干広くなります。庵（あん）とは、粗末な小屋のことです（禅宗の僧侶の宿舎を方丈ということもあります）。

鴨長明は、3m角の粗末な方丈庵で、『方丈記』を書いたことになります。彼は京都の下鴨神社の神官の次男の生まれなので、生活に困っていたわけではありません。質素で無常な価値観を、大事にしたものと思われます。

ここで方丈庵を取り上げたのは、部屋の最小寸法の実例としたかったからです。方丈と同じく、日本の部屋の最小寸法は、一般には4畳半です。3畳、2畳の部屋となると、納戸、ふとん部屋といったものになってしまいます。

「立って半畳、寝て1畳、天下をとっても4畳半」の最後の4畳半です。天下人でも、暮らすには4畳半でなんとかなる。欲張ったところで、人間に必要なスペースはたかが知れているというニュアンスです。

1

寸法

Q サブロク板を食卓にした場合、何人掛け？

▼

A 6人掛けとなります。

 サブロク板を食卓とした場合、6人掛けのテーブルとなります。市販されている6人掛けテーブルも、サブロク板±αです。

サブロク板は、910mm×1,820mmですから、1,820→1,800として、1人当たりのスペースは幅600mm×奥行450mm程度となります。この大きさを覚えるよりも、

サブロク板は6人掛け→片側3人→幅約1,800mmで3人
→1人当たり600mm

と考える方がよいでしょう。サブロク板は6人掛けと覚えておいて、そこから1人当たりの単位を割り出すわけです。そのことがわかれば、4人掛けのテーブルの大きさも概算で出せます。

3尺　　　6尺

サブロク板（ばん）
の食卓は
6人掛け

Q 4人掛けの食卓の大きさは？

A サブロク板の約2/3、900mm×1,200mm程度です。

サブロク板で6人掛けですから、1人当たりの幅は約600mmです。片側に2人座れるようにするには、600mm×2＝1,200mmとなります。
サブロク板1枚で6人掛け、サブロク板の2/3で4人掛けとなります。

　サブロク板→6人掛け
　サブロク板の2/3→4人掛け

1人当たりの食事スペースは、幅600mm×奥行450mm程度となります。このスペースを基準として、お茶だけならこれより小さく、皿数の多い料理なら大きくなります。レストランや喫茶店のテーブルも、基本はこの寸法で考えられています。

1

寸法

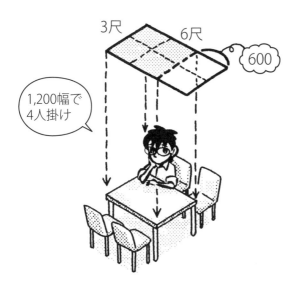

3尺　　　6尺　　　600

1,200幅で4人掛け

Q 正方形の4人掛けの食卓の大きさは？

▼

A サブロク板の約半分、900mm角程度です。

半間角、3尺角の正方形ということです。少し大きめの1,200mm角であれば、4人座っても余裕を感じられます。

4人掛けの正方形のコタツも、900mm角、750mm角と、サブロク板の半分程度の大きさが多いです。

正方形のテーブルは、上座、下座をあまり意識しないで座ることができ、また四辺をグルリと囲んで向かい合うので一体感が増します。さらに円形テーブルでは、上下のヒエラルキー（上下関係の階層）が小さくなります。国際会議のテーブルに、大きな丸テーブルが多いのは、そのためです。

丸テーブルで4人掛けとするには、最低直径900mm、できたら直径1,000mm以上はほしいところです。

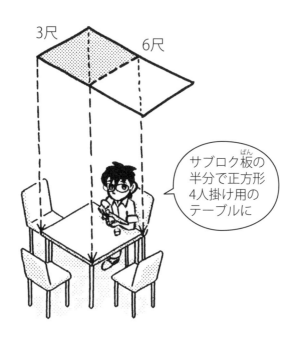

3尺　　6尺

サブロク板の半分で正方形4人掛け用のテーブルに

Q 1人掛けのソファの大きさは？

A サブロク板の約半分、900mm角程度です。

1人掛けのソファの大きさは、大きいものだと1,200mm角、1,300mm角、小さいものだと700mm角、600mm角。ひじ掛けのあるなしなどで、ずいぶんと大きさが違ってきます。大ざっぱな寸法としては、900mm角程度です。要はサブロク板半分程度です。1人掛けのソファはサブロク板半分程度と覚えておきましょう。

学生の描いた住宅のスケッチを見ると、家具の大きさを間違えていることがよくあります。間違いもだいたい決まっていて、実際よりも小さく描いているのが大半です。ソファなのに500mm角とか400mm角とか。そのため、部屋が実際の寸法よりも大きく見えてしまうのです。

ソファは、サブロク板半分と覚えておけば、間違いはないでしょう。ソファを2つ合わせると、サブロク板1枚、1畳の大きさとなります。

1

寸法

3尺

6尺

ソファも
サブロク板の
半分よ

Q 食卓の椅子の大きさは？

▼

A 450mm角、500mm角程度です。

椅子の大きさは、サブロク板の半分の1/4。450mm角程度です。
サブロク板のテーブルは6人掛け。片側3人として、1,820mmで3人だから、1人当たり約600mm幅。600mm幅に入る椅子なので、500mm幅とか450mm幅となります。

<u>サブロク板片側3人掛け→1人1,820mm÷3＝約600mm幅
→椅子は500mm幅、450mm幅</u>

丸椅子で最小限の直径は、300mm幅程度です。300mmあれば、たいていのお尻はのります。

<u>最小の丸椅子→300 φ</u>

φ（ファイ）とは、直径を意味する記号です。「お尻をのせるには300φ」も覚えておきましょう。

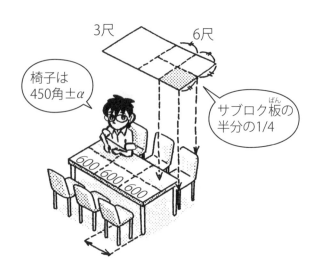

3尺　　6尺

椅子は
450角±α

サブロク板の
半分の1/4

600 600 600

Q トイレの最小の大きさは？

A サブロク板を少し短くしたくらいのスペースです。

サブロク板910mm×1,820mmは、トイレの寸法としては少し広いです。1間を1,800mmとして、幅は半間、奥行は半間＋1/2半間＝1,350mm程度がよいでしょう。

> トイレの幅→半間
> トイレの奥行→半間＋1/2半間

壁の芯で測った寸法を900mm×1,350mmとすると、実際の寸法は壁厚分少なくなります。この実際の寸法を、内法（うちのり）寸法とか有効寸法といいます。壁芯で測る寸法は、芯々寸法（心々寸法）と呼びます。

> 壁芯での寸法→芯々寸法、心々寸法
> 実際の寸法→内法寸法、有効寸法

900mm×1,350mmの寸法は、芯々、内法、どちらでも可能です。実際の設計では、芯々寸法で押さえることがほとんどです。

900mm×1,800mのトイレは、横（長辺側）から入る場合は、右下の図のように洗面器を付けることができます。縦（短辺側）から入る場合は、洗面器を付ける幅がありません。この場合は壁に小さな洗面器を埋め込むことになりますが、水が床にこぼれやすいという欠点があります。タンクの上の手洗いで対応するケースが多いです。

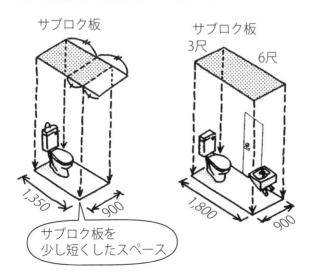

サブロク板

サブロク板
3尺　　6尺

1,350　900

1,800　900

サブロク板を
少し短くしたスペース

1
寸法

Q 風呂場の大きさは？
▼
A サブロク板2枚、1坪程度です。

1坪、1間角、1,800mm角弱が普通です。それより大きな風呂場もありますが、一般的な住宅ではスペースの関係で、1坪とれるかとれないか程度となります。1間角あれば、バスタブ（浴槽）の長さも十分にとれ、中で脚が伸ばせます。しかし、あまりバスタブを大きくすると、高齢者には危険な場合もあります。滑って溺れてしまう事故が起こっています。芯々寸法で1間角、1,800mm角の場合、内法寸法では1,600mm角程度となります。その内法寸法1,600mm角のユニットバス（バスタブと床や壁などを一体化した製品）を、<u>1616（イチロク・イチロク）</u>と呼びます。木造住宅でも、ユニットバスが多く使われるようになってきました。水や湿気が木造軸組の方に影響を及ぼさないので、建物にとっても安心です。

風呂場の標準的な大きさは1616と覚えておくと便利です。<u>1216（イチニイ・イチロク）</u>くらいまでは、ファミリータイプとして使うのが可能です。

ファミリータイプは1616から1216と覚えておきましょう。

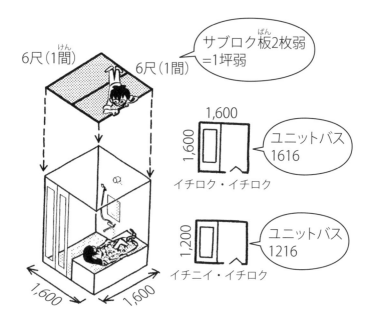

6尺（1間）けん　　6尺（1間）

サブロク板2枚弱ばん
=1坪弱

1,600
1,600
ユニットバス
1616
イチロク・イチロク

1,200
ユニットバス
1216
イチニイ・イチロク

1,600　1,600

Q 洗面台と洗濯機を置く洗面脱衣室の大きさは？

▼

A サブロク板1.5～2枚程度、1,350mm～1,800mm×1,800mm程度です。

まず立つスペースで半間幅、900mm幅は必要です。次に洗面台の奥行は、半間の半分の450～500mm程度です。合わせると、奥行は半間＋1/2半間、1,350mm程度となります。間口は1間、1,800mm程度です。
洗濯機の下には、普通は洗濯機パンという樹脂でできた皿状のものを置きます。水が漏れても大丈夫な仕組みです。洗濯機パンの大きさは、奥行×幅で640mm×640mm、640mm×740mm、640mm×900mmなどがあります。最近では2槽式はあまり使われないので、640mm×740mmが主流です。

　　　洗濯機パン→640mm×740mm

奥行640mmだと、洗面台の450mmとか500mmよりも前に出てきてしまいますが、洗濯機自体は小さいので、入口の反対側に置けば納まります。洗面脱衣室はサブロク板1.5～2枚と覚えておきましょう。
洗濯機を脱衣室に置かずに、キッチンかその近くに置く場合もあります。家事スペースをまとめようという考え方です。家事動線は確かに合理的になりますが、全自動が主流となった昨今、さほど負担は変わりません。

1

寸法

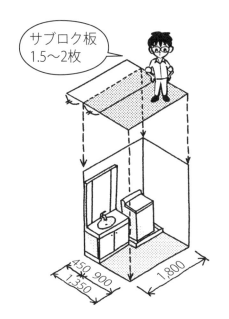

サブロク板
1.5～2枚

450　900
1,350

1,800

Q 6畳は約何m²？

A 約10m²です。

 6畳は、下図のように半間×3と半間×4の長方形です。半間を910、909、900mmのいずれにするかで若干の違いはありますが、おおむね10m²となります。

面積の測り方は、壁の芯々寸法が基本です。910、909、900mmで計算すると、

$$(0.91 \times 3) \times (0.91 \times 4) = 2.73 \times 3.64 = 9.9372\text{m}^2$$
$$(0.909 \times 3) \times (0.909 \times 4) = 2.727 \times 3.636 = 9.915372\text{m}^2$$
$$(0.9 \times 3) \times (0.9 \times 4) = 2.7 \times 3.6 = 9.72\text{m}^2$$

といずれも10m²弱となります。

6畳は約10m²と覚えておきましょう。20m²は6畳2室分、30m²は6畳3室分と、感覚的に理解できます。

トイレ、風呂、洗濯機置き場、キッチンが付いた6畳のワンルームは、約20m²でできます。6畳が部屋、あとの6畳が水回りと収納です。最近では25m²程度でつくるのが普通となってきています。

狭小ワンルーム≒部屋6畳＋水回りと収納6畳＝10m²＋10m²＝20m²

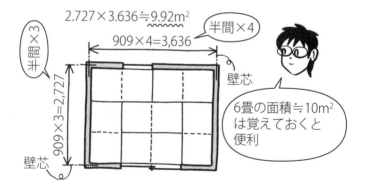

2.727×3.636≒9.92m²
半間×4
909×4=3,636
壁芯
半間×3
909×3=2,727
壁芯
6畳の面積≒10m² は覚えておくと便利

Q 1寸は何mm？

A 30.3mm です。

1寸が30.3mm、約3cmになったのは明治時代からで、それまではもう少し小さかったようです。古代中国では、寸は親指の横幅、尺は指を広げたときの親指と人差し指や中指の間の長さを指していました。尺の文字の形は、親指と人差し指（中指）を広げた形を示しています。ということは、1寸は2cm程度、1尺は20cm程度で現代の寸、尺の2/3程度だったことになります。

背丈が1寸しかないのが一寸法師です。おわんを舟に、おはしを櫂（かい）にして、針を刀にした一寸法師は、親指の幅だとすると、2cm程度であったことになります。

1寸は約3cm、正確には30.3mm。これは覚えておきましょう。柱の寸法などによく登場します。

1寸　＝　　　　　　＝ 30.3mm
1尺　＝ 10寸　　　　＝ 303mm
半間　＝ 3尺　　　　＝ 909mm
1間　＝ 6尺　　　　＝ 1,818mm

1寸＝30.3mm　　　　　　1尺＝10寸＝303mm

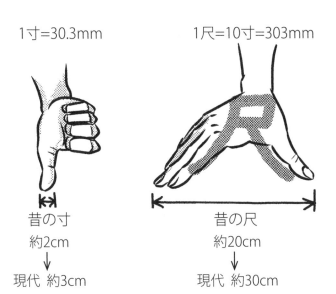

昔の寸　　　　　　　　　昔の尺
約2cm　　　　　　　　　約20cm
↓　　　　　　　　　　　↓
現代 約3cm　　　　　　 現代 約30cm

1

寸法

Q 木造住宅に使う柱の断面の大きさは？

A 3寸角、3寸5分角、4寸角などがあります。

神社仏閣や古民家には、もっと太い柱が使われています。現在の一般住宅では、3寸角（90mm角）、3寸5分角（105mm角）、4寸角（120mm角）が普通です。3寸柱、3寸5分柱、4寸柱とも呼ばれます。1寸は30.3mmですが、この場合は30mmと丸めて（きりをよくして）計算します。分（ぶ）とは1/10を指し、1/10寸のことです。3寸5分とは3.5寸のことです。

$$3寸＝30mm × 3 ＝ 90mm$$
$$3.5寸＝30mm × 3.5 ＝ 105mm$$
$$4寸＝30mm × 4 ＝ 120mm$$

<u>一般的な住宅では、105mm角の柱を使います。</u>90mm角では細いですが、安い住宅では使われます。<u>120mm角は通し柱（とおしばしら）にだけ使う</u>ということがよく行われます。

通し柱とは、1階から最上階までを1本の柱でつくることです。上下階を1本でつくるので、ずれにくく、構造体は強くなります。長い木材が必要なので、大きな木材から伐り出されます。そのためコストは高くなります。

ほかの柱は管柱（くだばしら）と呼ばれて、1階、2階でそれぞれの高さ分の柱になります。管柱の頂部は、横材で押さえられます。

柱の背中にある割れは、わざと入れたもので、<u>背割り</u>といいます。乾燥・収縮して思わぬ所に割れが入らないようにするためのものです。背割りを入れておけば、収縮してもそこが開くだけです。木の芯を含む<u>芯持ち材</u>の柱には、必ず背割りを入れます。集成材の場合は割れの心配はないので、背割りは入れません。

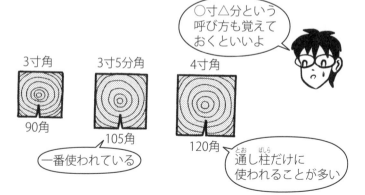

○寸△分という呼び方も覚えておくといいよ

3寸角
90角

3寸5分角
105角

4寸角
120角

一番使われている

通し柱だけに使われることが多い

$\mathbf{Q}$ 1インチは何 mm ？
▼
$\mathbf{A}$ 25.4mm です。

インチの起源も、寸と同じく、親指の幅です。寸は今では 30.3mm です
が、実際の親指はインチの 25.4mm に近そうです。

12インチで1フィートです。フィートの起源は、足の長さです。足は
foot、複数形で feet です。10インチで1フィートとされた寸法体系もあ
りましたが、現在は12インチに統一されています。

　　　　1インチ＝ 25.4mm
　　　　1フィート＝ 12インチ＝ 304.8mm

1インチ＝ 25.4mm は覚えておきましょう。ツーバイフォーなど、イン
チで断面寸法を呼ぶ材も多いからです。

モニターの寸法にもインチがよく使われます。17インチディスプレイ
とは、画面の対角線の寸法が17インチ＝ 17 × 25.4 ＝ 431.8mm というこ
とです。

フィートはダッシュ（'）、インチはダッシュを2つ（"）で表すことも
あります。1' 2" は1フィート2インチです。

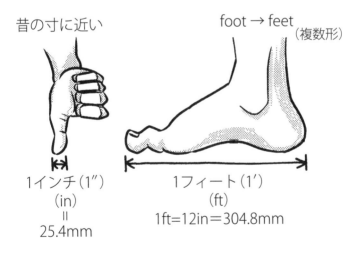

昔の寸に近い

foot → feet
（複数形）

1インチ（1"）
(in)
‖
25.4mm

1フィート（1'）
(ft)
1ft＝12in＝304.8mm

1
寸法

Q ツーバイフォーとは？

▼

A 2インチ×4インチの角材のことです。

 ツーバイフォー構法は、

> ツーバイフォー　（2インチ×4インチ　2″×4″）
> ツーバイシックス（2インチ×6インチ　2″×6″）
> ツーバイエイト　（2インチ×8インチ　2″×8″）
> ツーバイテン　　（2インチ×10インチ　2″×10″）

などの角材と合板を使って枠組みをつくり、それを組み立てる構法です。木造枠組壁構法ともいいます。よく使われるのがツーバイフォーの角材だったことから、その名称が広まりました。幅×高さなどを示す○×△は、英語では○ by △といいます。two by four とは、2×4の大きさという意味です。

この構法はイギリスのフレーム構法に端を発し、アメリカに渡ってバルーン構法という名で19世紀後半のシカゴで開発されました。枠を組んで板を釘で打ち付けたパネルを組み立てるという単純な構法なので、熟練した職人は不要でした。当初は「風船」のようにふくらます構法と名付けられて馬鹿にされましたが、強度と合理的、経済的な構法によって、世界中に一気に普及しました。

アメリカから日本に渡り、20世紀後半にはツーバイフォー構法として普及しました。舶来の優れた構法とされたツーバイフォーですが、もとはといえば、職人的な技術力のいらない構法でした。

現在では、在来構法とツーバイフォー構法は二大構法として、木造の世界を二分しています。それぞれ一長一短があり、在来構法にもそのよさが取り入れられています。

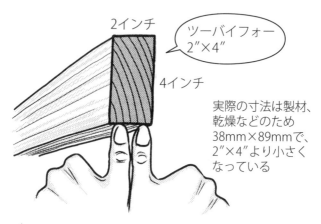

2インチ

ツーバイフォー
2″×4″

4インチ

実際の寸法は製材、乾燥などのため38mm×89mmで、2″×4″より小さくなっている

Q 図面の寸法をミリ表示する場合、3桁ごとにカンマ「,」を付けるのは?

▼

A メートルに換算すると、いくつになるかわかりやすくするためです。

3,600は3mと600mm、12,900は12mと900mm。カンマがあると、メートル数がすぐにわかります。別にカンマを付けなくてもよいのですが、付けるとわかりやすくなります。わかりやすいということは、図面などを読む側のミスも減るということです。

3桁ごとにカンマを付けるのは、お金の場合にもよく行われます。¥1,000は千円、¥1,000,000は百万円です。特に0がたくさんある百万の単位がすぐにわかるのが便利です。

英語の数え方では、カンマが3桁ごとにあるのが納得できます。3桁ごとに呼び名が変わるからです。1,000はthousand(千)、1,000,000はmillion(百万)、1,000,000,000はbillion(10億)となります。その間の数はその倍数で表します。たとえば10,000(1万)はten thousand、100,000(10万)はa hundred thousandとなります。カンマのところで区切って読めばよいわけです。

日本語の場合は、万は千の10倍ですが、次の単位の億は万の1万倍です。万と億の間の単位がありません。

1

寸法

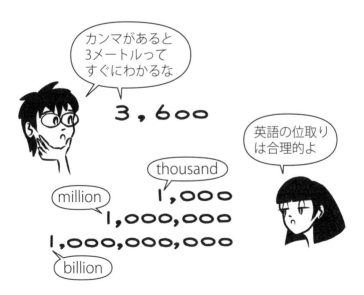

Q 食卓、事務机などのテーブルの高さは？

▼

A 約700mmです。

これまで基本的な大きさ、広さ、幅などの話をしてきましたが、次は基本的な高さの話です。テーブルの高さは約700mmです。身のまわりのテーブルの高さを、メジャーで測ってみるとわかりますが、69、70、71、72cmなど、70cm前後が多いはずです。

テーブルの高さは約700mmと覚えておきましょう。数字を覚えるだけでなく、テーブルの脇に立ってみて、自分の体のどの辺にくるのかも調べてみてください。

腰骨のあたり、股下のあたりなど、だいたいの位置を記憶しておきます。自分の人体寸法との関係も覚えておくわけです。それを基準にしておけば、この高さはどれくらいと、見当を付けることができるようになります。

デスクの高さは
約700mm

約400

約700

Q 食事や事務のための椅子の座面の高さは？

A 約400mmです。

座面とは文字どおり、座る面です。座る面の高さは、約400mm＝約40cmです。個人差もあるので最適寸法は400mmを前後します。ここでは大ざっぱな寸法として、400mmと覚えておきましょう。

> 椅子の高さ→約400mm
> テーブルの高さ→約700mm

便座の高さも350～450mm程度と、座りやすい高さに設定されています。ベッドも腰掛けることが多いので、300～500mm程度です。車椅子は椅子の高さ＋車なので400mm強です。浴槽の縁の高さも400mm程度。車椅子から便座、ベッド、浴槽への移乗（いじょう）は高さがそろっている方が楽です。

> 便座、ベッド、浴槽の高さ→400mm ± α

400mm程度の段差があれば、どんな所でも腰掛けることができます。大きな居間の中に、3畳や4畳程度の小さな畳のスペース、小上がりをつくる際、300～400mm程度、床を上げることがあります。そこに腰掛けることができるからです。（最近はバリアフリーや掃除ロボットの使いやすさから、和室もフラットにつなげる傾向にあります。）

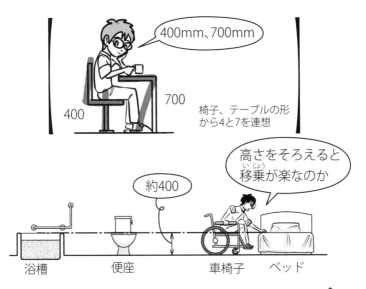

400mm、700mm

700
400

椅子、テーブルの形から4と7を連想

高さをそろえると移乗（いじょう）が楽なのか

約400

浴槽　便座　車椅子　ベッド

1
寸法

Q 座面からテーブルの甲板（こういた）までの高さは？

A 約300mmです。

座面からテーブルの上までの高さを、差尺（さじゃく）といいます。差尺は、約300mm＝約30cm＝約1尺です。テーブルの高さが700mm、座面の高さが400mmを覚えていれば、差尺300mmは引き算で出てきます。

座面高 400mm ＋差尺 300mm ＝甲板高 700mm

この足し算は、覚えておきましょう。次項でも登場しますが、非常に大事な寸法です。

甲板（こういた）は、テーブルの板のことです。甲板を「かんぱん」とか「こうはん」と読むと、船のデッキ（deck）になってしまいます。甲板のことはテーブルトップ（tabletop）とか天板（てんいた）ともいいます。

差尺は約300mmといいましたが、実際の最適な差尺は個人によって異なります。一般には、

最適差尺＝（身長×0.55÷3）－20　または　（座高÷3）－20

などの式で求められます。ただし、この式どおりであれば最適かというと、感覚にも個人差があって若干違うようです。また食事や読書、キーボードを打つなどの状況に応じたケースでも異なります。

座面の高さを変えられる椅子があれば便利ですが、そのような椅子は、事務用がほとんどです。

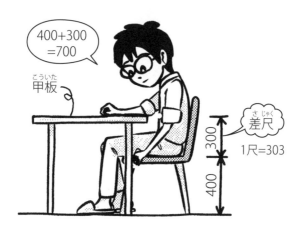

400+300
=700

こういた
甲板

さじゃく
差尺

1尺=303

300

400

Q 1　高さ900mmのカウンターテーブルの椅子の座面の高さと足掛けの高さは？
　　2　高さ1,000mmのカウンターテーブルの椅子の座面の高さと足掛けの高さは？

▼

A 1　椅子の高さ＝900mm －差尺300mm ＝600mm
　　　　足掛けの高さ＝600mm －普通の椅子の座面の高さ400mm ＝200mm
　　2　椅子の高さ＝1,000mm －差尺300mm ＝700mm
　　　　足掛けの高さ＝700mm －普通の椅子の座面の高さ400mm ＝300mm

　カウンターテーブルは、立ったまま飲食できるように、普通のテーブルよりも高くつくられています。また、キッチンの流し台などを隠すために、高くする場合もあります。カウンターテーブルの高さは900〜1,000mm程度でつくられます。
　そこに座るためには、椅子の座面も高くしなければなりません。差尺の300mmは、人の寸法で決まるので、カウンターテーブルになっても変わりません。そこで座面の高さを求めるには、カウンターテーブルの高さから、差尺の300mmを引けばよいわけです。
　座面を高くして、足を掛ける所をつくらないと、足がブラブラしてしまいます。足掛けを座面から400mm下がった所につくり、足が自然に置けるようにします。ステンレスや鋼のパイプ、板でつくったりします。足掛けは、床に付けたり椅子の脚に付けたりして固定します。
　テーブルの高さ＝差尺300mm ＋座面の高さ400mmは変わりません。700 ＝300 ＋400は、テーブルでもカウンターテーブルでも同じです。

1

寸法

400、300はテーブルと一緒

カウンター

差尺

普通の椅子の高さ

足掛けの高さ

300

400

200

900

足掛け

Q 座卓の高さは？

▼

A 350mm 程度です。

 テーブルから椅子までの高さ＝差尺＝300mmあれば、座卓でも理論上は座れるはずです。ただし椅子の場合は、足は下に下ろすのに対し、座卓では正座、あぐらなど、足を折り曲げなければなりません。その分、高さが余計に必要となります。

さらに座ぶとんを敷くケースも、多くあります。座ぶとんの高さ20～50mm程度の上に座るわけですから、その分の高さも必要です。350mmとか370mmでちょうどいい感じとなります。

　　座卓の高さ＝差尺＋α＝350mm 程度

Q 洗面台の高さは？
　▼
A テーブルより少し高めの、750mm ± α です。

テーブルより少し高めで、720 ～ 760mm 程度です。また奥行は 450 ～ 550mm と 500mm 前後が普通です。高さは 750mm ± α、奥行は 500mm ± α と覚えておきましょう。

　　洗面台 → 高さ＝ 750mm ± α　奥行＝ 500mm ± α

テーブルの高さの 700mm にすると、少し低いようです。またキッチンカウンターの高さ（R031）の 800mm とか 850mm にすると、少し高めとなってしまいます。テーブルとカウンターの中間、750mm 前後がちょうどよい高さです。

住宅の場合は、背の低い人に合わせて高さを決めるとよいでしょう。背の高い人は、背を丸めて対応できます。背の高い人に合わせると、低い人は使いにくくなります。

洗面台が身長に比べて高いと、ひじに水が伝ってしまいます。顔を洗うときに、水がひじを伝って床にこぼれたり、袖の中に入り込まないような高さがベストです。

車椅子の場合は、洗面器の下にひざがつかえないスペースがなければなりません。また、手が蛇口に届かないといけません。洗面器の高さはおおよそ 700mm 程度ですが、高さを上下できる製品も開発されています。

1

寸法

テーブルより
ちょっと高い

750 ± α

Q キッチンカウンターの高さは？

▼

A 850mm ± α です。

キッチンカウンターは立って作業するので、身長に大きく左右されます。メーカーでは、身長÷2＋50mmが最適などとされています。
既製品では、800、850、900mm程度が多く、ほとんどが800 ～ 900mmの高さにつくられています。ショールームで実際に確かめてみるのが、確実な方法です。800mmでも高いと思われる場合は、下の木製の台（幅木、台輪などと呼ばれる部分）をカットするという方法もあります。現場で大工さんに頼めば、簡単にできます。
奥行は650mm ± α で、650mmが多く、600、750mmなどもあります。750mmあると、ガス台の向こうに鍋を置くスペースができて、便利に使えます。キッチンの幅がとれないスペースの場合は、奥行でカバーすることも考えてみてください。

キッチンカウンター→高さ＝850mm ± α　奥行＝650mm ± α

キッチンカウンターの板（甲板、天板）は、テーブルトップと同様に、カウンタートップといいます。作業（**work**）するので、上部の板はワークトップとも呼ばれます。ステンレスがほとんどで、仕上げもヘアライン（髪の毛のような線）、エンボス（凹凸模様）などがあります。また、人造大理石（略称：ジンダイ、商品名：コーリアンなど）もあります。カウンターの奥には高さ100mm程度の水返しが付いていて、水がカウンターと壁のすき間に入らないように処理されています。

【箱の上で調理】
850

箱の上で調理
850

水返し

850±α

650±α

【　】内スーパー記憶術

Q 在来構法とは？

A 柱、梁（はり）などの軸、線材を組み立てる構法です。

◆日本の長い伝統の中で洗練されてきた構法で、軸組の方法に職人的な技を必要とします。木造軸組構法とか在来軸組構法とも呼ばれます。軸とは、要は棒のことです。棒を組み立ててつくる方法と考えればいいでしょう。

　　　在来構法→棒を組み立ててつくる

2

構法

棒を組み立てるのが在来構法

● ヨーロッパの木造建築も、柱梁を組み立てたものがほとんどです。人間が山に生えている木を見て、それで建物をつくろうと考える場合、柱を立てて梁を架けようとするのは自然の成り行きです。ツーバイフォー構法（枠組壁構法）のように、薄べったい桟で補強した板を組み立てようとするのは、製材技術と釘の量産が進んだ19世紀以降です。

　ちなみにヨーロッパは石やレンガが主流と誤解されていますが、ローマ、パリ、ロンドンでも、大火があるまでは木造の街でした。

Q ツーバイフォー構法とは？

▼

A 角材と合板でつくったパネルを組み立てる構法です。

ツーバイフォーとは、パネルをつくる際に使われる角材のひとつです。2インチ×4インチ（正確な寸法はそれよりやや小さい）の角材をよく使うので、このように呼ばれています。

ツーバイフォー構法は、木造枠組壁構法などとも呼ばれます。枠と呼ばれる平べったい桟に合板を打ち付けてパネル化し、それを組み立てるわけです。現場でパネルをつくる方法や、工場でパネルをつくって、現場で組み立てる方法など、いろいろなやり方があります。

パネルとは、面のことです。ツーバイフォー構法をひとことで言うと、面を組み立ててつくる構法です。

　　在来構法→棒を組み立てる
　　ツーバイフォー構法→面を組み立てる

面を組み立てるのがツーバイフォー

● コストをとことん下げようと思ったら、シンプルな箱形で切妻屋根のツーバイフォーが一番です。在来構法では、プレカット < ピン構法の順にコストが上がります。

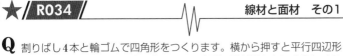

Q 割りばし4本と輪ゴムで四角形をつくります。横から押すと平行四辺形になってしまいます。もう1本足して四角形の形が崩れないようにするには？

▼

A 下図のように三角形をつくります。

🔲 三角形にすると、どのように押しても、形が崩れることはありません。反対向きの三角形にしても同じです。さらにもう1本追加して、バッテン（×）の形に入れると、さらに強くなります。

木造在来構法では、この三角形の仕組みを多くの所で利用しています。柱や梁は、その接合部分では直角を保つ力はありません。そのため、筋かいという斜めの材で三角形をつくって補強することになります。

巨大な柱に梁を差し込んだような宗教建築や一部の大型の民家（昔の農家）などでは、斜め材を入れなくても直角を保つ力はあります。現在の木造在来構法では、コストが掛けられないため、細い部材でつくります。よって、三角形をあちこちにつくらなければならないのです。

三角形が不要な構造体は、木造ではなく、鉄筋コンクリート造（RC造）や鉄骨造（S造）で可能となります。その構造方式は、ラーメン構造と呼ばれています。

2

構法

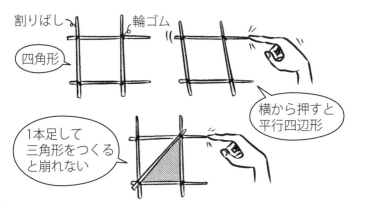

割りばし　　輪ゴム

四角形

横から押すと
平行四辺形

1本足して
三角形をつくる
と崩れない

Q 厚紙、セロハンテープ、はさみを使って、前項の割りばしの四角形が平行四辺形に崩れないようにするには？

▼

A 左下の図のように、厚紙で四角形の面を固めます。

四角形全体を厚紙で固めると、横から押しても平行四辺形に崩れることはありません。右下の図のように、部分的に厚紙で固めても、四角形を保持する力はあります。

面全体を固めて形が崩れるのを防ぐのは、ツーバイフォー構法の方法と一緒です。平べったい角材の枠を、合板に釘で打ち付けます。面全体が板によって固められるので、平行四辺形に崩れなくなります。

    <u>在来構法→角材で三角形をつくる</u>
    <u>ツーバイフォー構法→合板で面全体を固める</u>

在来構法でも、柱と柱の間に合板を渡して、面を強くする方法がとられることもあります。筋かいで三角形をつくって補強する場合、留め方がいい加減だと、大地震で抜けてしまうことがあります。合板を釘打ちした場合は、がっちりと面が固められているので、斜め材を入れるよりも強度があります。また逆に、ツーバイフォー構法でも壁の中に筋かいを入れて、壁を補強することもあります。

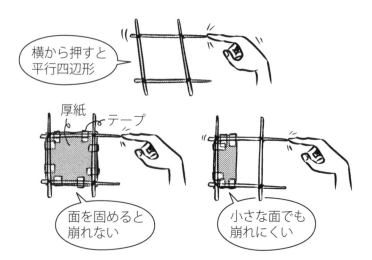

横から押すと
平行四辺形

厚紙 テープ

面を固めると
崩れない

小さな面でも
崩れにくい

● 壁を固めるために打ち付ける合板は、<u>構造用合板</u>やMDF（Medium Density Fiberboard：中質繊維板）などを使います。MDFの方がコストを安くできます。

Q 筋かいとは？

A 在来構法の壁の中に入れる斜め材で、三角形をつくって地震や風の水平力に抵抗します。

柱材を2つ割りや3つ割りにしたぐらいの角材を柱と柱の間に斜めに掛けて、下図のような金物で留めます。金物はボルトと釘で留めて、簡単に抜けないようにします。

下の例は、筋かいが押す力に抵抗する（圧縮に抵抗する）場合です（図の矢印は筋かいが抵抗する力）。逆に引っ張る力に抵抗することもできます。引張りに抵抗するためには、金物でしっかり留めていなければなりません。留め方がいい加減だと、抜けてしまって役に立ちません。大地震の際に引っ張る力で引き抜かれて、壁が平行四辺形に崩れてしまうこともあります。

反対方向にも筋かいを掛けて、バッテン（×）形にするたすき掛けの方法もあります。壁はより固くなって、崩れにくくなります。なお筋かいをたすきに掛ける場合は、片方を切り欠いてはいけません。筋かいとしての効果がなくなってしまいます。

2

構法

Q 火打（ひうち）とは？

A 在来構法の床に入れる斜め材で、下図のように三角形をつくって水平面の直角を保持します。

火打は、水平面の直角を維持するために入れる角材です。地震がなくても床はゆがむことがあるため、直角を維持する上で重要な部材です。
土台に入れるものを火打土台、2階の床や天井に入れるものを火打梁と呼ぶこともあります。いずれも90mm角程度の角材を入れ、ボルトを使って水平材にしっかりと留めます。理屈は、筋かいと同じです。筋かいの場合は、主に地震や風などの水平力に抵抗する役割を担いますが、火打は主に床のゆがみを防ぐためのものです。三角形をつくって面を固めます。その面の固さ、変形しにくさを面剛性（めんごうせい）といいます。水平面、垂直面ともに、面剛性は欠かせません。

　　筋かい→壁を固める
　　火打→床を固める

最近の根太レス構法（R148、R174参照）では、床も合板と釘で固めています。

床の直角を
固めるんだ

火打（ひうち）

Q ツーバイフォー構法で、壁と床の面剛性はどうやってつくる？

A 合板を打ち付けてつくります。

平べったい角材で枠をつくるだけでは、四角形は簡単に平行四辺形にゆがんでしまいます。ツーバイフォー構法も在来構法と同様に、筋かいを使いますが、メインは合板です。合板で面全体を固めて、形が崩れないようにして、直角を保つようにします。

<u>ツーバイフォー構法→合板を打ち付けることにより面剛性をつくる</u>

合板を打ち付けるのは、壁も床も同じです。壁では、縦枠・下枠・上枠と呼ばれる平べったい角材で枠組みをつくり、その外側に合板を打ち付けます。これで横から力が掛かっても、平行四辺形に崩れることはありません。
床では、<u>根太</u>（ねだ：在来構法の梁を兼ねる）に直接合板を打ち付け、床の形が崩れるのを防ぎます。面剛性が強くなった床のパネルは、1階の壁のパネルの上に載せるように置きます。そしてその上に2階の壁のパネルを立てていきます。要は壁と床という面を組み立てるわけです。

<u>壁パネルを立てる→床パネルを載せる→上階の壁パネルを載せて立てる</u>

2

構法

壁も床も合板で
固めるんだ

縦枠

合板

合板

根太は載
せるだけ

ねだ
根太

根太の下に天井を打ち上げて留める。
無駄がないので階高は低くできるが、
音は下に響きやすい

Q 本と割りばしを使って、本を半開きにした山形をつくるには？（割りばしを折るのも可）

A 下図のように、割りばしを短くして2本立て、その上に本を載せます。

棒で支えて屋根をつくる方法です。山形の屋根は、切妻（きりづま）とか切妻屋根と呼ばれるものです。割りばしで支えている山の頂部の線を、棟（むね）といいます。本の背の部分が棟です。

小さい屋根なら、棟の両端を棒で支えるだけで足ります。大きな屋根なら、中間も棒で支えます。この屋根を支える棒のことを、束（つか）とか小屋束（こやづか）と呼びます。束とは短い柱のこと、小屋とは屋根の軸組のことです。

棒で屋根を支える方法は、和小屋（わごや）といいます。在来構法では、主に和小屋で屋根をつくります。

棒で支えるのが和小屋だ

折った割りばしを2本立てる

束

和小屋

束

短い柱（束）で支える

Q 本と糸を使って、本を半開きにした山形をつくるには？

A 下図のように、本に糸を回して結んで、開く所を引っ張ればできます。

ツーバイフォー構法では、基本的にはこの方法で屋根がつくられます。三角形を組み合わせてつくる小屋組（屋根の軸組）の方法を、洋小屋といいます。

洋小屋の簡単なものは三角形ひとつですが、大きな屋根の場合は、複数の三角形を組み合わせることがあります。三角形を組み合わせる構造体は、トラスともいいます。

日本の伝統的な建物では、壁に筋かいを入れて三角形をつくることが行われてきましたが、屋根にはこのような構造は採用されませんでした。一部の学校や倉庫などの大型の建物に、明治ごろから洋小屋が採用されていますが、住宅にはあまり普及しませんでした。現代でも、在来構法では和小屋が主流となっています。

和小屋の場合でも、束が倒れないように、転び止めとして斜めに薄い角材を打ちます。しかし、斜め材は日本人の感性には合わなかったらしく、極力つくらないようにしていた傾向があります。古建築でも門などの副次的な建物を除くと、筋かいを使った建物は見受けられません。現代の木造では、木造軸組が壁の中や天井裏に隠れることが多いので、ツーバイフォー構法に見る合理的な構造方式から学ぶものは多いように思えます。

2

構法

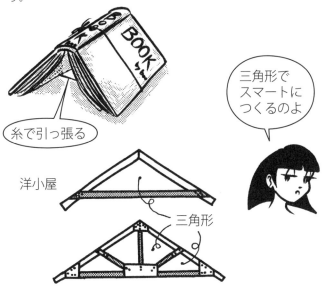

糸で引っ張る

洋小屋

三角形

三角形で
スマートに
つくるのよ

Q 和小屋の水平材（梁）はなぜ太い？

▼

A 梁には、束の重さを受けて湾曲させようとする力が働きます。細いと折れ曲がってしまうので、太くします。

和小屋の水平材は、梁とか小屋梁といいます。重さを受ける水平材のことを梁といいますが、屋根の小屋組に架かる梁を小屋梁、2階や3階の床組に架かる梁を床梁と使い分けることもあります。単に梁といっても通じます。

木造の現場に行くと、梁だけが異様に太く感じられますが、それは上からの重さを一身に受けているからです。重さは分散されることなく、梁に集中する仕組みとなっているからです。よって、梁は太く強い材でつくられます。曲がりにくいように、高さ方向に大きい材を使います。

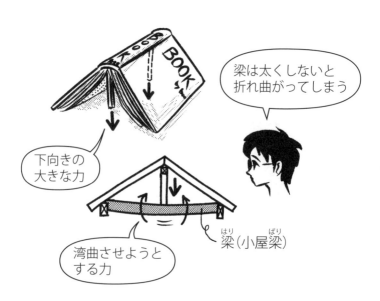

梁は太くしないと
折れ曲がってしまう

下向きの
大きな力

梁（小屋梁）

湾曲させようと
する力

Q プラスチックの定規を曲げるのに、横長と縦長ではどちらが曲げにくい？

A 下図のように縦長の方が曲げにくいです。

直感的にわかるとは思いますが、実際に曲げてみると、さらに実感できます。曲げる方向に対して断面の高さがあると、曲げにくくなります。梁でも同じです。上から重さが掛かると、上下方向に曲げようとする力が働きます。この力を曲げモーメント、曲げ応力といいます。

この曲げの力に対抗するには、縦長に梁を配置するのが正解です。梁の上では押す力（圧縮）に抵抗し、下では引っ張る力に抵抗しています。その高さの差が大きいほど、変形する量が増えて抵抗する力は大きくなります。

横長にすると、わざわざ曲がりやすいように配置することになってしまいます。梁の高さを梁成（はりせい）といいますが、梁成は天井の位置とも関係するので、設計では重要ポイントです。

梁は縦長！　これは木造でも鉄骨造でも鉄筋コンクリート造でも一緒です。

　<u>梁→曲がりにくいように縦長に配置する</u>

2

構法

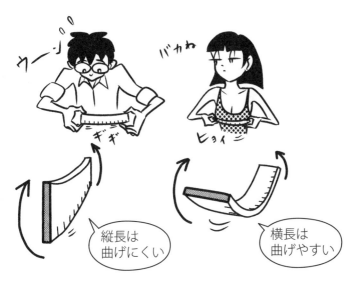

縦長は曲げにくい

横長は曲げやすい

Q ツーバイフォー構法の小屋組で、水平材が在来構法に比べて細いのは？

▼

A 力が引張りのみで重みが上から掛からないため、また細かいピッチで主要構造材を入れているためです。

在来構法の梁には、束を支える部分に上から重みが掛かります。一方、ツーバイフォー構法の水平材には、引張りの力しか働きません。山形の屋根が横に開かないように、水平材で引っ張っているからです。その水平材は、ツーバイフォー構法では<u>天井根太</u>と呼ばれています。三角形構造をした引張り材です。

屋根を支える斜めの梁のような部材は、ツーバイフォー構法では<u>垂木（たるき）</u>と呼びます。在来での垂木は45mm角程度の細い棒ですが、ツーバイフォー構法の垂木は、それだけで重さを伝えるため、40mm×200mm前後のごつい材です。在来構法の梁と垂木の両方の役割を果たしています。

また垂木と根太による三角形は、455mmピッチで並べます。平べったい部材による三角形を密に並べて合板で固めることで、全体として強度のある構造体となっています。

一方、在来構法では、柱や梁などの大きな部材を、1間ほどの間隔で入れて、そこに重みを集中させます。

<u>在来構法→1間間隔に入れた大きな部材で強度をつくる</u>
<u>ツーバイフォー構法→455mm×半間の間隔に入れた小さな部材で全体として強度をつくる</u>

垂木（たるき）

重さは掛からない

平べったい材をいっぱい入れて強くするんだ

天井根太（ねだ）

455ピッチ

Q 在来構法で2階床の根太と梁の上面は一致している？

A 高さがずれています。

梁の上に根太を載せるように掛けるので、根太の上面が梁よりも上にあります。

在来構法の一般的な軸組の方法ですが、直交させて組む場合、根太を上に載せるように組みます。彫り込んで組み込む場合も、上面が一致することはめったにありません。上に載せて釘を打つのが普通です。

根太とは、床板を支えるための細い棒です。その根太を約303mmピッチに並べて、その上に板を載せて釘を打ちます。ずらっと並んだ根太を下で受けるのが梁です。床組に使う梁なので、床梁ともいいます。梁は1間（約1,820mm）ピッチで架けます。

　　床板→根太（303mmピッチ）→梁（1間ピッチ）

根太には床板を打ち付けますが、梁に床板を打ち付けることはできません。梁の上面は根太の上面よりも下にずれているからです。そのため、板を打ち付けることによって面剛性をつくることは不可能となります。メインの構造材である梁に、板が直接打ち付けられないからです。そのため、火打を別に打って床の直角を保持することになります。根太レス構法（R148、R174参照）では、この欠点を補って、板のみで面剛性をつくります。

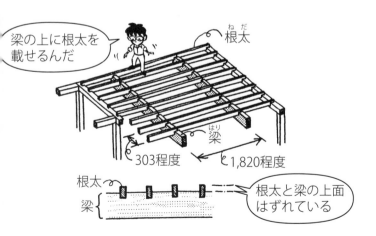

梁の上に根太を載せるんだ

根太

梁

303程度　　1,820程度

根太
梁
根太と梁の上面はずれている

2
構法

Q ツーバイフォー構法で床の根太の上面は梁の上面と一致している？

▼

A 一致しています。

 ツーバイフォー構法では、根太は梁の役割も担うような大きめの材です。それを1/2半間（455mm）ピッチ程度で並べます。1種類の根太だけで、床を支える構造です。そして、ずらっと並んだ根太の上から、合板を打ち付けます。この合板で水平面を固めて、床が平行四辺形に崩れたり根太の位置がずれたりするのを防ぎます。梁と根太の上面の位置が同じなので、合板を打って面剛性をつくることが可能となります。

床の上すべてに合板を張った後、その上に壁パネルを立てていきます。床をプラットフォームにしてその上に壁を立てる構法なので、プラットフォーム構法、プラットフォームフレーム構法とも呼ばれています。

ツーバイフォー構法の床は、鉄筋コンクリート造のリブ付きスラブ、鉄骨造の床に使うデッキプレートのような、細い梁が並んだ構造となります。在来構法と違って、かなり単純化した構造方式です。この床の構造は、現代の在来構法にも取り入れられています。壁は在来構法、床や屋根はツーバイフォー構法という方法は、建築家がよく好んで使います。

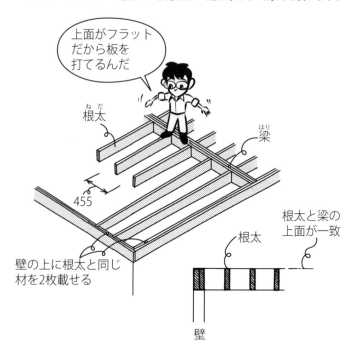

上面がフラットだから板を打てるんだ

根太

梁

455

壁の上に根太と同じ材を2枚載せる

根太と梁の上面が一致

根太

壁

Q 在来構法で床の根太と梁、梁と胴差しはどのように留める？

A 下図のように、上に載せるようにして留めます。

直交する材を組み合わせて留める方法を、<u>仕口（しぐち）</u>といいます。
在来構法の仕口は、上に載せるようにして留めます。<u>相互に材を彫り込んで、落とし込むように留める</u>わけです。

上に載せるようにして留めるので、相互の材の高さはずれてきます。上に載せる材と下の材とでは、上面の位置が異なります。両方の材を上から同じ板で打ち付けて、直角を保持することはできません。

根太は床下に並べる角材、梁は根太などの重さを受ける大きな横材、胴差し（どうざし）は壁の上に付ける横材です。直交する材は、上に載せて留めるところが、在来構法のポイントです。

<u>根太→梁に載せる</u>
<u>梁→胴差しに載せる</u>

2

構法

上に載せて留めるんだ

根太

仕口（しぐち）

梁

梁

仕口

胴差し（どうざ）

• 仕口を工夫したり金物を使ったりして、上面をフラットにするような納まりも在来構法で増えてきました。

Q ツーバイフォー構法で根太と梁はどのように留める？

A 下図のように、金物を使って上面を平らにして留めます。

ツーバイフォーの特徴のひとつは、根太、梁の上面をフラットにすることです。在来構法では、木造の仕口は上に載せる留め方なので、フラットにはできません。

ツーバイフォー構法では、床の構造材の上面は、すべて平らとなります。梁と根太の上面が、同一面になっています。そして床の構造材すべてに、合板を打ち付けていきます。合板によって、床の面剛性がしっかりと確保されることになります。

在来構法では合板を打とうにも、根太と梁と胴差しの高さがすべて違うため、根太にしか板が打てません。これでは面剛性は確保できないので、火打を打つ必要があります。

在来構法→床の構造材の上面は不一致→火打で面剛性をつくる
ツーバイフォー構法→床の構造材の上面は一致→合板を打って面剛性をつくれる

在来構法の仕口は職人の腕の見せ所で、いかに美しく部材どうしを納めるかにプライドがかかっています。そのため金物と釘だけで同一平面に納めてしまうツーバイフォー構法のやり方は、安易な仕口として職人受けはよくありません。日本でこの床組のやり方がなかなか普及しないのは、そのような理由もあります。しかし、構造的には、根太、梁、胴差しの上面をそろえて板で留めてしまう方が、はるかに頑丈になることは間違いありません。

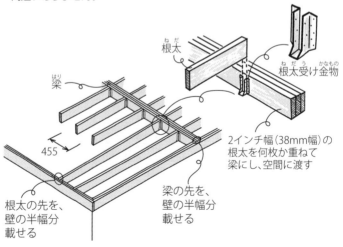

根太

根太受け金物

梁

455

2インチ幅（38mm幅）の根太を何枚か重ねて梁にし、空間に渡す

根太の先を、壁の半幅分載せる

梁の先を、壁の半幅分載せる

Q 木造の基礎に鉄筋コンクリートを使うのは？

A コンクリートは腐らないため、また基礎底面を広くして重さを分散させるためです。

木材は、水分のある所では腐ってしまいます。下図のような割りばしの架構を、土に差し込んで立てると、ほどなく腐って倒れてしまいます。割りばしにいくら塗装をしても、また焼いて表面を炭化しても、たいした違いはありません。また上から力が掛かると、先が細いため土の中へどんどんもぐってしまいます。このように、柱を土に直接埋める方法を、掘立て柱（ほったてばしら）といいます。現在では、仮設的な建物か伝統的な神社建築でしか使いません。

割りばしの架構を石の上に置くと、だいぶもちます。また上から力を掛けても、石の底面が広い場合は下にもぐっていきません。柱を石の上に置いただけの基礎も、古い民家では時々見られます。

また、コンクリートは腐りません。鉄はさびますが、鉄筋をコンクリートの中に入れてしまえばさびません。鉄筋コンクリートは、強度が高く、建物の重さをすべて引き受ける基礎の構造には最適です。

在来構法でもツーバイフォー構法でも、基礎は必ず鉄筋コンクリートでつくります。以前は鉄筋を入れない無筋コンクリートで基礎をつくったこともあります。それでも意外ともつものです。今では、コンクリートには必ず鉄筋を入れて補強します。

木造ばかりでなく、鉄骨造でも基礎は鉄筋コンクリートでつくります。鉄だとさびてしまい、また基礎底面を広げて重さを分散させることができないからです。土や水に接する部分の構造物は、人工的な石＝コンクリートの独壇場なのです（**R073**参照）。

2

構法

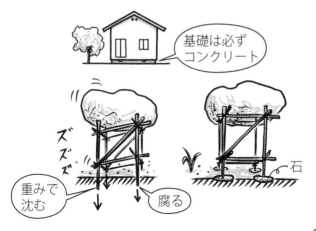

基礎は必ず
コンクリート

ズ
ズ
ズ

石

重みで
沈む

腐る

Q 在来構法で外装を張るまでの大ざっぱな工事の順序は？

A ①基礎をつくる
②主要な構造材の棒（柱、梁など）を一気に組み立てる（棟上げ：むねあげ）
③補助的な構造材の棒（筋かい、火打、根太、垂木など）を取り付ける
④屋根や床の下地板、屋根材、アルミサッシ、外装材、ガラスなどを取り付ける

まず、鉄筋コンクリートで基礎をつくります（①）。次に、仕口などの加工が終わった柱、梁などの棒をトラックに積んで持ち込み、一気に棟上げしてしまいます（②）。棟（むね）とは屋根の頂点の横材のことです。小さい住宅なら、1日で棟が上がってしまいます。

立ち上がった柱、梁などの棒は、平行四辺形になって崩れないように、細長い板で三角形状に仮留めしておきます。次に、棟上げの終わった構造体が崩れないように、本格的な筋かいや火打を入れます（③）。構造ができ上がったら、補助的な構造材の根太、垂木などの小さい棒を取り付けていきます。

棒関係が終わったら、次は板です。屋根の下地の板を張って、屋根材を葺きます。早く屋根材を葺いてしまうのがポイントです。構造材や室内に雨が掛からなくなるだけで、工事は楽になります。そのため、床などの補助的な構造材に取り掛かる前に屋根を葺くこともあります（④）。在来構法では構造材は、棟上げといって、一気に屋根まで建ち上げてしまいます。そして補助の構造材、板材、仕上げと進んでいきます。棒から板へという順番です。

構造材を一気に組み立てる（棟上げ）→補助構造材を取り付ける→板材ほかを張る

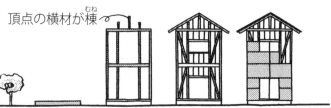

頂点の横材が棟

①基礎　②主要な構造　③補助的構造　④屋根、板、サッシ…
　　　　　［棟上げ］

棒 ⟶ 板

Q ツーバイフォー構法で外装を張るまでの大ざっぱな工事の順序は？

A ①基礎をつくる
②1階の床を組み立てる
③1階の床の上で1階の壁パネルを組み立て、
　壁パネルを立ち上げて留める
④2階の床を組み立てる
⑤2階の床の上で2階の壁パネルを組み立て、
　壁パネルを立ち上げて留める
⑥屋根を組み立てる
⑦屋根材、外装材、サッシ、ガラスなどを取り付ける

ツーバイフォー構法の場合は、<u>床→壁→床→壁→屋根</u>と、下から積み上げるように組み立てていきます。それぞれのパネルは、平べったい棒と板で固められています。壁パネルは床の上で組み立て、それを起こして、床と壁を相互にしっかりと留めます。

> <u>床パネル→壁パネルの立ち上げ→床パネル→壁パネルの立ち上げ→</u>
> <u>屋根→仕上げ</u>

壁パネルは工場で事前につくられ、現場にトラックで持ち込まれることもあります。クレーンで上から降ろして、床に取り付けた後、壁パネルどうしも取り付けていきます。棒＋板のパネルを工場でつくれる点で、ツーバイフォー構法の方が工期を短縮できます。

> 在来構法：棒の組み立て→板の取り付け
> ツーバイフォー構法：パネル（棒＋板）の積み上げ

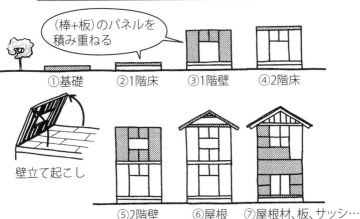

（棒＋板）のパネルを積み重ねる

①基礎　　②1階床　　③1階壁　　④2階床

壁立て起こし

⑤2階壁　　⑥屋根　　⑦屋根材、板、サッシ…

●棟上げまでの工程は、雨にぬれやすく、シートをかぶせなければなりません。

2
構法

Q 在来構法とツーバイフォー構法のうち、リフォーム、増築などがやりやすいのは？

A 在来構法です。

ツーバイフォー構法は、パネルを積み重ねて一体化した構造体です。枠と合板、パネルどうしは釘や金物でしっかりと接合されています。その中の1本の枠だけ、1枚の壁だけ取り替えるとか、壁に穴をあけて隣に部屋を増設したりするのは、非常に大変です。

一方在来構法は、土台が腐ったら土台だけ替える、柱が傷んだらその柱だけ取り替える、柱の一部だけ交換する、壁の一部を壊してドアを付ける、筋かいをはずして、隣の壁に付け替える、隣に部屋を増設する、などがかなり自由にできます。

> 在来構法→棒を組み合わせた構造→リフォームしやすい
> ツーバイフォー構法→パネルを一体化した構造→リフォームしにくい

ツーバイフォー構法はモノコック構造（一体構造）の車や飛行機のように、一部だけ改造するというのが難しい構造体です。

在来構法は、軸組でできた、もともと大ざっぱな逃げの効く構造体なので、取り替えたり増設したりすることが、かなり自由にできます。

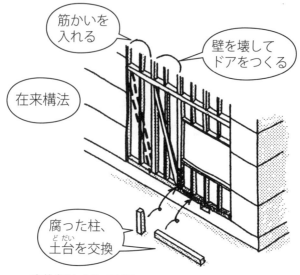

筋かいを入れる

壁を壊してドアをつくる

在来構法

腐った柱、土台を交換

交換部は金物で補強

Q 在来構法とツーバイフォー構法のうち、基礎の水平具合などの精度は、どちらが厳しくなければならない？

▼

A ツーバイフォー構法です。

ツーバイフォー構法は、基礎の上に1階の床をつくり、その上に1階の壁を載せ、その上に2階の床をつくります。どの床の根太も梁を兼ねていて、上面もフラットなので逃げる寸法の余地はありません。基礎が傾いていると、上の床も傾いてしまいます。

在来構法の床では、根太と梁の上面がもともとずれています。根太の方が上に上がっているため、根太の梁からの上がり具合で、後から水平を調整することができます。根太と梁の上面がそろっていないので、その部分に遊びがあり、調整の余地があります。

<u>在来構法→根太の高さの部分に遊びがあり、水平の調整の余地がある</u>
<u>ツーバイフォー構法→床の水平は基礎の精度しだいで、後からの調整は難しい</u>

2

構法

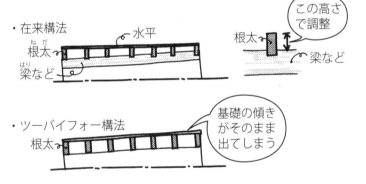

・在来構法

水平
根太（ねだ）
梁など（はり）

この高さで調整
根太
梁など

・ツーバイフォー構法

根太

基礎の傾きがそのまま出てしまう

● ツーバイフォー構法の天井は、2階根太に直接打ち付けるのが普通です（そのため階高を低くできます）。電気のケーブルを根太をまたいで通す場合、根太の中央付近に孔をあけなければなりません。ツーバイフォー構法はすき間が少なく、構造材どうしに遊びがないので、配線、配管には神経を使います。

● ツーバイフォー構法は、すき間のない組み方をするので、それにより長短が出ます。長所は地震に強く、材料に無駄がない。短所は配線、配管がしにくい、寸法に遊びがない、2階の音が響きやすいなどです。

左右頁のイラストで、在来構法とツーバイフォー構法の大まかなイメージを頭に入れまし

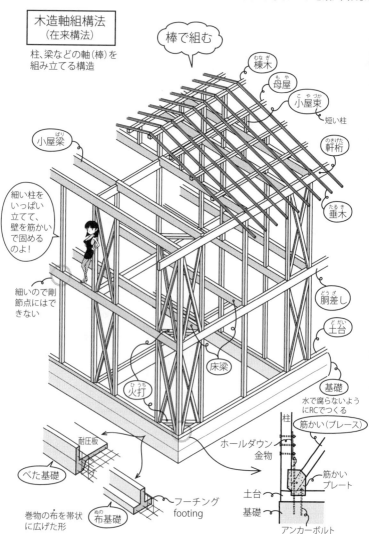

木造軸組構法
（在来構法）

柱、梁などの軸（棒）を
組み立てる構造

棒で組む

棟木（むなぎ）

母屋（もや）

小屋束（こやづか）

短い柱

軒桁（のきげた）

垂木（たるき）

小屋梁（ばり）

細い柱を
いっぱい
立てて、
壁を筋かい
で固める
のよ！

細いので剛
節点にはで
きない

胴差し（どうざし）

土台（どだい）

床梁

火打（ひうち）

基礎

水で腐らないよう
にRCでつくる

べた基礎

耐圧板

巻物の布を帯状
に広げた形

布基礎（ぬの）

フーチング
footing

筋かい（ブレース）

ホールダウン
金物

アンカーボルト

柱

筋かい
プレート

土台

基礎

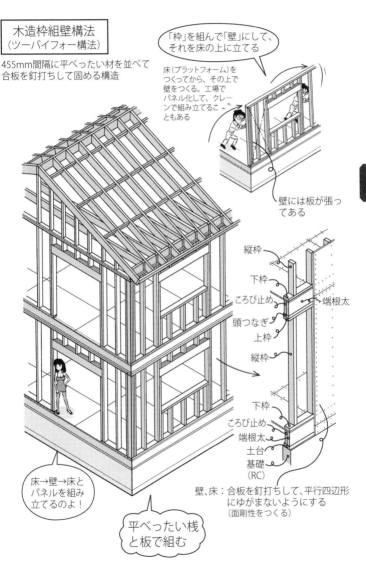

木造枠組壁構法
（ツーバイフォー構法）

455mm間隔に平べったい材を並べて
合板を釘打ちして固める構造

「枠」を組んで「壁」にして、
それを床の上に立てる

床（プラットフォーム）を
つくってから、その上で
壁をつくる。工場で
パネル化して、クレー
ンで組み立てるこ
ともある

壁には板が張っ
てある

縦枠
下枠
ころび止め
頭つなぎ
上枠
縦枠
端根太

下枠
ころび止め
端根太
土台
基礎
（RC）

壁、床：合板を釘打ちして、平行四辺形
にゆがまないようにする
（面剛性をつくる）

床→壁→床と
パネルを組み
立てるのよ！

平べったい桟
と板で組む

2
構法

Q 低地や谷地の地盤は硬い、軟らかい？

▼

A 軟らかい可能性が高いです。

低地や谷地には、水が集まります。川や沼があります。昔、大雨の際に洪水となって、川が氾濫した可能性もあります。水が運んできた土砂が積もっています。

そのような土地では、土の中に水分が多く、軟弱な土や砂などが層となっています。重さが掛かると中の水分が抜けて、沈下が起こりやすい土です。軟らかいと、地震の震度も大きくなります。振動の周期が長くなり、木造の長い周期と同期しやすくなり被害が大きくなるおそれがあります。

一般に木造住宅の地盤では、台地の方が優れています。台地とは文字どおり、台の形、テーブル状の地盤です。地図で見ると、川はそのエリアで一番低い場所にあります。水は一番低い所に集まるからです。地図からは川の方向へ土地が傾斜していることが読み取れます。

○○沢、○○谷、○○沼などの水に関係のある地名は、地盤が低くて軟弱な可能性があるので、注意しましょう。

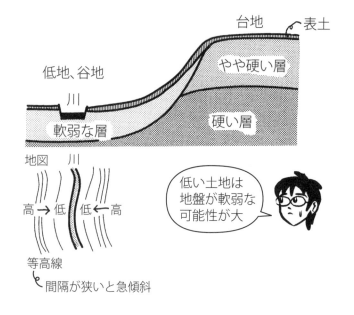

Q L形擁壁（ようへき）とは？

A 土を支えるLの形をした鉄筋コンクリートの壁です。

擁するとは、抱きかかえることです。擁壁とは、土を抱きかかえた壁です。今では、鉄筋コンクリート造が普通です。低い擁壁では、ブロックや石を積む場合もありますが、高い擁壁は鉄筋コンクリート造でないと危険です。

なぜLの形をしているかは、L形のブックエンドを想像すると納得できるでしょう。L形の下側を本で押さえると、ブックエンドは倒れにくくなります。逆に本で押さえないと、すぐに倒れてしまいます。

土の場合も同じで、Lの下の部分を土で押さえ込むようにすると、倒れにくくなります。ほとんどの鉄筋コンクリート造の擁壁は、このL形擁壁です。

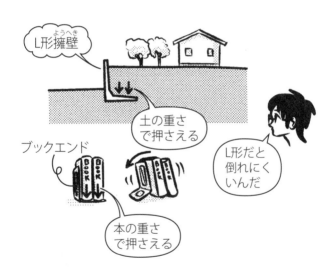

3

基礎・地盤

Q 切土（きりど）、盛土（もりど）とは？

▼

A 斜面の土を削り（切り）取るのが切土、上に付け足して盛るのが盛土です。

　傾斜地の造成では、土を切り取ったり、土を盛ったりする作業が必要となります。地面を平らにするための作業です。

　土を切り取る場合は、元からあった土がそのまま出てくるので、地盤は硬く締まっている場合が多いのですが、問題は盛土です。後から載せるので、長年の重さで締め固まった土とは違って、軟らかい地面となってしまいます。ちょっと機械で締め固めたくらいでは不十分です。上に建物を載せると、沈下してしまうこともあります。

　では盛土をしないで、切土だけで平坦地をつくればいいのかというとそうもいきません。切り取った土の処理の問題、L形擁壁の下の水平部分をつくるのに必要な土の切り出しなどが必要です。

　L形擁壁は、盛土の側を事前に少し切り込んで、擁壁ができてから、斜面の高い側を削り取って、その土を盛土に使います。L形擁壁の側は、必ず盛土となります。

　L形擁壁を使ったひな壇の造成地では、擁壁寄りの土地は軟らかい可能性が高いので、注意が必要です。

Q スウェーデン式貫入試験とは？

A 土の中にネジ状のもの（スクリューポイント）をねじ込んで、その抵抗から地耐力を推定する方法です。

下図のように、木ネジを木にねじ込む場合、軽く入るのは軟らかい木、力が必要なのは硬い木と推定できます。同様に土も、軽く入るのは軟らかい土、力が要るのが硬い土になります。

試験をする場合、同じ力でねじ込む必要があります。人の力では強弱のばらつきが出て、試験になりません。そこで同じおもりを付けて比較します。具体的には100kg程度のおもりを付けてねじ込み、25cm貫入させるのに何回転したかを数えます。同じ力でねじ込むわけですから、回転数が多い方が硬いというわけです。

実験室で地質別に同じ条件でねじ込み、この地質で何回転ならば硬さはこれくらいと事前に数表をつくっておきます。その回転数と実際の現場での回転数を比較して、現場の地盤の硬さを推定します。

スウェーデン式貫入試験は、手動のもののほかに機械によるものもあります。木造など軽い建物で、10m程度までの浅い地盤調査に使われます。手軽に安く調査ができるので、木造住宅などで多用されています。

スウェーデン式と呼ばれるのは、スウェーデンの国有鉄道が地盤調査に採用して一般に広まったからです。スウェーデン式サウンディング試験（SWS）ともいいます。サウンディングとは、たたいたり回転させたりして、その反応を見る試験のことです。医者が患者の胸をトントンたたいて、聴診（打診）するのに似ています。

3

基礎・地盤

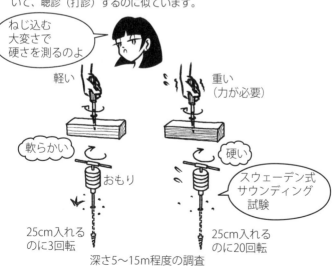

ねじ込む大変さで硬さを測るのよ

軽い　　　　　　　　重い（力が必要）

軟らかい　　　　　　硬い

おもり

スウェーデン式サウンディング試験

25cm入れるのに3回転　　　25cm入れるのに20回転

深さ5〜15m程度の調査

Q <u>不同沈下（ふどうちんか）とは？</u>

A 建物が斜めに沈下することです。

建物全体が一様に沈下するのであれば、被害は少なくてすみます。片方が大きく沈下して、片方が小さく沈下する不同沈下は、被害が大きくなります。大きな不同沈下では復旧不能となって、建物全体を取り壊さなければならなくなります。

被害は、床が斜めになるばかりではありません。不同沈下が起きると、建物の各部が平行四辺形にゆがんでしまいます。基礎が平行四辺形にひずむと、下図のように斜め方向に引っ張られ、クラック（ひび割れ）が発生します。ドア枠、窓枠が平行四辺形にひずむと、ドアや窓が開かなくなります。

地盤の片側が軟らかく、片側が硬い場合、不同沈下は起きやすいといえます。<u>盛土と切土をまたいで建物を建てた場合、何も対策を講じなければ、不同沈下の起きる可能性は高くなります。</u>

Q 地盤改良とは？

A 土にセメントなどを含む固化剤を入れてかき混ぜて、地盤を硬くする方法です。

🔲 固化剤の粉を、土に入れてかき混ぜます。セメント粉などを入れるので、しばらくすると固まってきます。かき混ぜた部分の土がある程度固まってくると、地面が建物を支持する力＝地耐力が増します。

支持基盤となる硬い地層までが深い場合、そこまでの土全体を改良するのは大変です。そこで円筒状に地盤を改良する方法があります。柱状改良と呼ばれる方法です。

柱状改良では、専用の機械を使って地盤に円筒状に穴をあけていきます。穴をあけながら固化剤を注入し、かき混ぜも行います。支持地盤まで到達したら、機械を引き抜きます。建物の基礎下に、何本も円筒状の地盤改良を行って、建物の沈下を防ぎます。

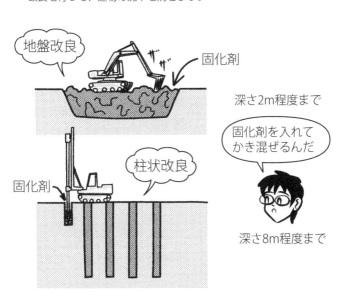

地盤改良

固化剤

深さ2m程度まで

固化剤を入れてかき混ぜるんだ

柱状改良

固化剤

深さ8m程度まで

Q 杭（くい）とは？

A 硬い地盤まで打ち込んで建物を支える棒状の材のことです。

杭とは一般には地面に突き刺す棒のことです。
建築工事で杭とは、杭基礎のことを主に指します。杭は木偏の漢字なので、昔は丸太などが多かったと想像できます。木は腐りやすいので、今では鋼製、コンクリート製が多くなっています。木造住宅では、鋼管の杭が一般的です。
軟らかい地層を貫いて、硬い地盤まで杭を打ち込みます。杭を何本も打って、建物を支えるわけです。地盤改良よりも杭の方が、一般には信頼性があります。
細い鋼管では2m間隔程度、太い鋼管ではそれ以上の間隔で打ち込みます。住宅の場合は、敷地が狭い、資材搬入などの理由で2m程度の短い杭をつなぎながら打ち込んでいくこともあります。
業者によって、さまざまな杭と工法が開発されています。杭の先にスクリュー状のものが付けられていて、ねじ込むように差し込む鋼管杭もあります。

小口径鋼管杭は深さ15m程度まで

Q 水杭（みずぐい）とは？

A 建物が建つ予定の位置の周囲に打つ、水平や基礎の位置を出す準備をするための細い木の棒です。

杭とは土に突き刺す棒のことで、普通は杭基礎を指しますが、水杭は細い木の棒です。工事の準備をするために、建物位置の1mほど外側に、1間（1.8m）ピッチ程度に打ちます。

水杭の頭は、下図のような互い違いに2カ所がとがった形（「いすか」といいます）にしておきます。いたずらで上を叩かれると、水平が狂ってしまいます。いたずらされたらわかるように、とがった形にするのです。昔はライバルの大工どうし、工務店どうしで、このような妨害行為もあったようです。

水杭には、水貫（みずぬき）という細長い板を打ちます。水貫の貫とは、柱などの垂直材に水平方向に差し込む長く平べったい板のことで、柱を貫いて差し込む横材なので、貫と呼びます。そこから、細長い板で横に打つものも、貫と呼ぶようになりました。

水杭、水貫と、なぜ水が付くかというと、水平をとるからです。水平の水ですが、昔は本当に水を使っていました。水平の水も、もとはといえば水からきています。溝を掘った細長い棒に水を入れて、水平をとっていました。ピラミッドの水平も、水を張って定めたといわれています。

水平をとる作業を水盛（みずもり）といいますが、前述の溝を彫った棒に水を盛って水平をとった作業からきています。今の現場で水盛とは、水杭、水貫を打ち、それを基準に水平を定める作業をいいます。

3

基礎・地盤

いたずら防止

いすか
…
省略することあり

水平を出す杭
だから水杭

みずぐい
水杭

振れ止め

みずぬき
水貫

Q ベンチマークとは?

A 高さの基準となる水準点です。

図面では、高さの基準は地盤面（GL：Ground Level）ですが、実際に建物をつくる場合、土はデコボコしています。基礎をつくるのに穴を掘ったりするので、GLは不安定です。

そこで、周囲にある動かないコンクリートやコンクリート部材に印（マーク）を付けて、それを高さの基準とします。そのようなコンクリートがない場合は、コンクリートの塊をどこかに埋めて、動かないように保護して、高さの基準をつくります。

その高さの基準となるのがベンチマーク（BM：benchmark）です。GLはベンチマークから＋500mmとか－200mmと事前に決めておくわけです。そこから逆算して、基礎の底面はベンチマーク－○○、基礎上面はベンチマーク＋○○として、工事を進めていきます。

ベンチマークはもともと計測のための基準点、水準点が原義ですが、コンピュータシステムの性能を測る指標や投資効率の指標（日経平均株価など）などに転用されています。

ベンチにマークしてもだめよ!

動かないコンクリート部材

動かないコンクリート

benchmark
計測水準点

Q 水杭に水平に水貫を付けるには？

▼

A レーザー水準器で水平にレーザーを照射して、そのレーザーの線に合わせて水貫を打ち付けます。

レーザー水準器は、水平、垂直に光を照射できます。レーザーの赤い線に合わせることで、水平、垂直を簡単にとることができます。

レーザー水準器には、設置する際、機械自体を水平に調整できるように、アルコールなどの液体の中に気泡が入った水準器が付けられています。使用する前にまず三脚で、水杭の打たれた敷地の真ん中あたりに、機械を水平に設置します。それから、各水杭にレーザーの光を水平に照射します。各杭にはレーザーの赤い線が映るので、その位置に墨（黒い線）を入れます。水貫は、その墨を上端にそろえて打ち付けます。通常基礎上20cmを目安にしてレーザーの高さを設定します。

レーザー水準器は、内装工事にも使えます。床の不陸（ふりく：平らでない）具合も、レーザー水準器を使うと簡単に測れます。まず部屋の中に水準器を水平に設置して、壁にレーザーを照射します。そのレーザーの位置から床までの高さを測ります。測定した場所によって高さが違っていたらその床は水平でないとわかります。

3

基礎・地盤

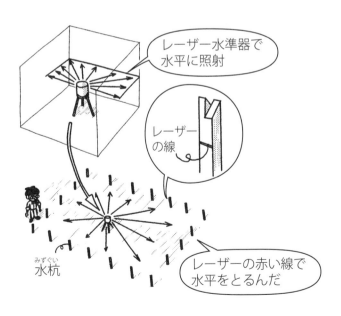

レーザー水準器で水平に照射

レーザーの線

みずぐい
水杭

レーザーの赤い線で水平をとるんだ

Q 水糸（みずいと）とは？

A 水貫の上に張る、基礎の中心などを示すための糸のことです。

水貫、水杭と同様に、水平を示す糸なので、水糸と呼ばれます。ナイロン製の糸で、黄色が多いですが、白や青の糸もたまに見かけます。

水貫は、レーザー水準器などを用いて水平に打たれ、高さは基礎上端より20cm上などに一定にされています。その水貫の上端に糸を張れば、その糸も基礎上端より20cm上の高さに水平に張られることになります。水貫上端に釘を打って張るだけで、水糸は水平になります。

直角をとるには、若干工夫が必要です。大きな平面の対角線を三平方の定理で計算して、縦横の長さと対角線の長さで三角形をつくって直角をつくります。

また、3：4：5の直角三角形を使う方法も行われます。貫などの材を使って、直角三角形の定規を現場でつくります。たとえば50cmを単位として、1.5m：2m：2.5mの直角三角形の大きな定規をつくります。その定規を使って、各部の直角をとるわけです。大きな直角は対角線の長さで、小さな直角は定規でとります。

水糸を基礎中心線の上に張って、水糸を目安として、基礎をつくっていくわけです。水杭を打つ、水平をとって水貫を打つ、直角をとって水糸を張るまでの作業を、水盛・遣り方（やりかた）といいます。遣り方は、水杭と水貫からなる仮設物を指すこともあります。手段や方法を表す言葉の「やり方」は、この遣り方からきているという説もあります。

　　水盛→水平をとる作業
　　遣り方→水杭、水貫を打って、水糸を張る作業

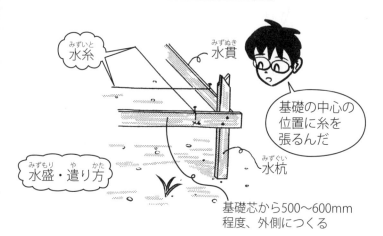

みずいと
水糸

みずぬき
水貫

基礎の中心の位置に糸を張るんだ

みずもり・や・かた
水盛・遣り方

みずぐい
水杭

基礎芯から500〜600mm程度、外側につくる

Q 地縄（じなわ）とは？

A 建物の位置を確認するために地面に張る縄のことです。

地面に張る縄なので、地縄と呼ばれます。地縄を張ることを地縄張り、または縄張りといいます。

水糸のような正確さは必要なく、あくまでも位置確認のために張るものです。地縄には、ナイロン製の黄色いロープ、黄色い水糸など、地面に張って見やすい色のひもを使います。

建物の形、向きが図面どおりにいくのか、塀とのあき、エアコンの室外機を置くスペースは十分にあるのか、車は入るのか、などをチェックします。場合によっては、地縄を見ながら建物の配置をずらすこともあります。

順番としては、水盛・遣り方の前に地縄張りを行いますが、水杭、水貫の設置後、水糸を張る前に地縄を張って確認することもあります。

地縄張り→水盛・遣り方で水糸張り→基礎工事

3

基礎・地盤

オレの縄張り！

地縄（じなわ）

縄を張って建物の位置を確認するのよ

地縄張り

Q 根切（ねぎ）りとは？

A 基礎などの工事のために地面を掘ることです。

基礎や地下室をつくる際は、必ず土を掘ります。その掘る作業を根切りといいます。建物が木だとすると、土の下にもぐっている部分が根になります。その根の部分を掘る、切り込むので、根切りとなります。

水糸を指標として、土に石灰で基礎芯を引きます。グラウンドに線を引く要領です。水糸をいったんはずし、その石灰の線を頼りに、穴を掘っていきます。バックホーという、地面より下を掘る重機を使います。小さい所は、スコップで微調整します。

穴の底は根切り底といい、ベンチマークから測って深さをそろえます。地下室をつくる場合は、根切り底は深くなります。土が崩れるおそれがある場合は、板を立てて崩れないようにします。土を留める板は、先をとがらせて差し込んだことから、矢板（やいた）と呼ばれています。矢板を立てる工事を山留めといいます。山とは土のことです。山留めとは土を留めることです。

　　根切り→土を掘ること
　　矢板→土を留める板のこと
　　山留め→土を留める工事のこと

Q <u>フーチング</u>とは？

▼

A 基礎の底面の広がっている部分のことです。

<u>フーチング基礎</u>ともいいます。足は foot、足を付けることは footing、そのフッティングの日本語なまりがフーチングです。

軟らかい土の上を歩くとき、ハイヒールだと細いヒールが、土にめり込んでしまいます。スニーカーのように、底の平べったい靴だと、底面が広いため、めり込みにくくなります。

人の足は足の裏、つまり底面が広くなっています。木造の基礎も同様に底面を広げます。底面を広げた方が、重さで沈みにくくなるし、安定もします。人の足がL字形なのは前に歩きやすくするためですが、木造住宅の基礎は歩く必要はないので、底面を対称形に広げています。その結果、基礎は逆T字形になります。

フーチング基礎は、鉄筋コンクリート造や鉄骨造でもよく使われます。柱の下だけ底面を正方形に広げるタイプ、壁の下に帯状に底面を広げるタイプなど、いろいろなタイプのフーチングがあります。

3

基礎・地盤

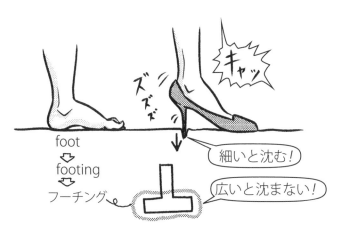

foot
⇩
footing
⇩
フーチング

細いと沈む！

広いと沈まない！

Q 布基礎（ぬのぎそ）とは？

A すべての壁の下に、連続して設けられる帯状の基礎のことです。

日本古来の布は、約**36cm**幅の巻物が普通でした。そこから、長く帯状
に連続した形を指して、布と呼ぶようになりました。
布基礎とは、壁の下に入れられる帯状の基礎です。下図のように、すべ
ての壁の下には基礎が入れられています。また、土中にある基礎の底面
には、フーチングが入れられています。この逆**T**字形断面の基礎が、
壁の下に帯状につくられたものが布基礎なのです。
鉄筋コンクリート造や鉄骨造でも、布基礎が使われることがあります。
柱から柱へと帯状にフーチング基礎をつくる場合は、連続フーチング基
礎ともいわれます。

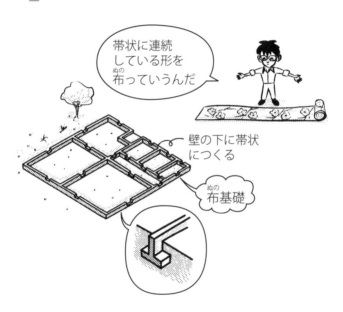

帯状に連続
している形を
布（ぬの）っていうんだ

壁の下に帯状
につくる

布基礎（ぬの）

Q べた基礎とは？

▼

A 建物の底面全体に鉄筋コンクリートの版を付けて、版全体で建物を支える基礎のことです。

図のような割りばしの構造体の場合、土に突き刺しただけでは、割りばしの先が細くとがっているので重さが掛かると沈んでしまいます。下に本を敷いておけば、まず沈みません。本全体に重さが分散されるからです。このように、底面が広いほど支える力は強くなります。

本のように「べたーっ」とした版の基礎を、べた基礎といいます。布基礎が壁の下だけなのに対して、べた基礎は建物の底面全体で支えます。布基礎にはフーチングを付けますが、それでも全体の面積は小さいので、それを補強するため建物の底面全体に基礎を広げてしまったのがべた基礎です。

布基礎→壁の下だけのフーチング底面で支える
べた基礎→建物を底面全体で支える

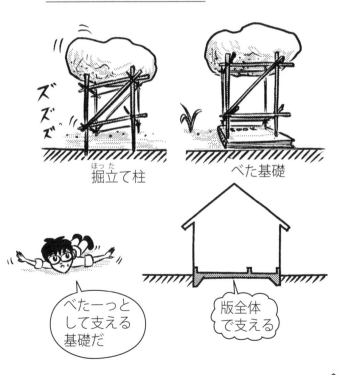

掘立て柱

べた基礎

べたーっ
して支える
基礎だ

版全体
で支える

3

基礎・地盤

Q 割栗石（わりぐりいし）とは？

A 基礎のコンクリートを打つ前に敷き込む石のことです。

 昔は、栗石と呼ばれる大きな玉石を割っただけの石を、とがっている方を下にして土に突き刺して並べました。栗石を割ったので、割栗石です。とがった方を差して上から突き固めると土にめり込んで、それ以上沈まなくなります。しっかりと地盤ができるわけです。このように縦にして並べることを、木端立て（こばだて）といいます。細長い玉石を、木端立てにして並べることも行われていますが、大きな岩を砕いた砕石（さいせき）が、今では一般に使われています。砕石は1号砕石（80〜60mm）、2号砕石（60〜40mm）、3号砕石（40〜30mm）などと、大きさによって分類されています。木造住宅では、1号砕石、2号砕石などがよく使われます。

今では基礎下に敷き込む大きめの砕石を指して、割栗石、栗石、グリなどと呼びます。

100mm弱の大きめの砕石を、100〜200mm厚程度で穴の底（根切り底）に敷き込みます。この作業を割栗地業といいます。地業（ちぎょう）とは土地をいじる作業のことで、根切りのことを根切り地業などともいいます。

大きな砕石は木端立てに並べるのが理想ですが、手間が掛かるわりには構造的な効果が低いため、行われていないのが現状です。

縦にして石を並べるのがベスト

砕石（さいせき）を使うのが多いけどね

割栗石（わりぐりいし）

図面表記

Q 切込み砂利（クラッシャーラン）とは？

A 0～40mmなどの、大小の砕石が集まった砂利のことです。

 割栗石の上に、切込み砂利という砂利を敷き詰めます。砂のような小粒の砕石から大きな砕石までが、混ざったものです。砕石とは、粉砕機（クラッシャー）で岩を砕いて、人工的につくった砂利です。その砕石をふるいに掛けて、ある大きさ以上のものを除いたのが切込み砂利と呼ばれる砕石です。切込み砕石ともいいます。粉砕機でつくった砂利という意味から、クラッシャーラン（crusher-run）ともいいます。

大小の砕石を40mmの網目をもつふるいに掛けると、40mmより小さい砕石がつくれます。40mmより小さい砕石を、C-40とかクラッシャーラン40～0などと表します。割栗石の上に敷く切込み砂利は、C-40程度が使われます。割栗石のすき間に入り込むには、小さな砂利から大きな砂利まで必要です。大きな砂利だけだと、すき間があいてしまいます。また、道路のアスファルトの下地などにも、切込み砂利は多用されます。

ふるいに残った40mm以上の砕石は、さらにふるいに掛けて、50mmの砕石とか200mmの砕石などをつくります。この場合は砕石の大きさが大まかに統一されていて、切込み砂利とは違う使われ方をします。

最近の木造では、50～100mm程度の深さに砕石を敷いた後、ランマー（地面をたたいて固める機械）やプレートコンパクター（地面に振動を与えて固める機械）などで転圧し、締め固めます。

3

基礎・地盤

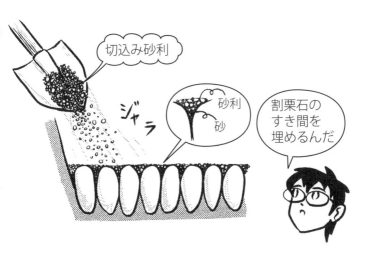

切込み砂利

ジャラ

砂利
砂

割栗石の
すき間を
埋めるんだ

Q 捨てコンクリートとは？

▼

A 割栗石の上に30〜50mm程度の厚みに打つ、基礎コンクリート工事の準備のためのコンクリートです。

土や砂利の上に直接構造体をつくろうとすると、重さが土に伝わりにくかったり、生コンが土にしみ込んだり、鉄筋を土の上に組まなければならなかったり、墨出しができなかったりと、いろいろと不都合があります。墨出しとは、墨と糸（墨糸）を使って基礎の位置を描くことです。そのため前述したように、割栗石を敷いた後、切込み砂利を敷いて、突き固めます。その上に捨てコンクリートを打ちます。捨てコンクリートは、捨てコンと略称されます。成分は普通のコンクリートと同じですが、水分を少なくすることもあります。

「捨てコン」と呼ぶのは、本体のコンクリートではなく、下地となるコンクリートだからです。内装工事で、仕上げの板の下に敷く下地板を捨て張りといいますが、それと同じです。捨てコンを打つ意味は、まず水平な面をつくるためです。デコボコした割栗石の上で、工事をするのは困難ですが、硬い水平面があれば、工事も楽になります。水平に高さを調整する、レベルを調整するコンクリートという意味で、レベルコンクリートとも呼ばれます。

捨てコンが固まった段階で、墨出しします。捨てコンの上に墨で線を引いて、基礎の位置などを確定していきます。鉄筋を組むのも、捨てコンの上です。捨てコンは硬い水平面ですから、鉄筋も水平に配置することが簡単にできます。捨てコンからのかぶり厚さ（コンクリート表面から鉄筋までの距離）も、スペーサー（間隔：spaceをつくる器具）を捨てコンの上に置くだけで確保できます。

型枠も、捨てコンがあると組み立てやすくなります。このように、捨てコンは、工事をする上で欠かせない工程なのです。

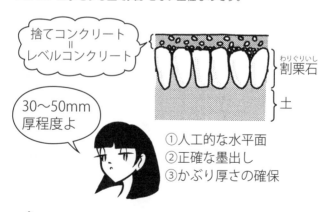

捨てコンクリート
＝
レベルコンクリート

30〜50mm
厚程度よ

割栗石 <small>わりぐりいし</small>

土

① 人工的な水平面
② 正確な墨出し
③ かぶり厚さの確保

Q RC とは？

A 鉄筋コンクリートのことです。

RCは、Reinforced Concreteの略です。reinforceは補強するという意味。よって「補強されたコンクリート」が、もとの意味です。

reinforceのreは、「再び」を表す接頭語。inは中に入れることを意味し、forceは力を表します。「再び中に力を入れる」とは、もとからあった力に、再び力を入れること、要するに補強することです。コンクリートは引張り力に弱いため鉄筋で補強します。木造でも基礎のほとんどは、鉄筋コンクリートでつくります。ですから木造の勉強をする場合も、ある程度は鉄筋コンクリートの知識が必要となります。

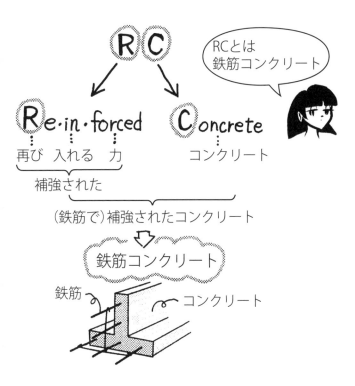

Q コンクリートを鉄筋で補強するのは？

▼

A コンクリートは引張りに弱いので、引張りに強い鉄筋で補強します。

コンクリートは押す力（圧縮）には強いけれど、引く力（引張り）には弱いという欠点をもっています。そこで引張りに強い鋼の棒（鉄筋）を入れて、引張りに強くしているわけです。

コンクリートと鋼は、熱に対する膨張の割合がほぼ同じです。太陽の熱にさらされても、コンクリートと鉄筋は同じように膨張・収縮します。この割合が大きく違うと、熱による変形で壊れやすくなります。コンクリートを鉄筋で補強できるのは、熱による膨張率がほぼ同じだからです。

またコンクリートはアルカリ性で、鉄はアルカリ性の中ではさびにくいという性質があります。その意味でも、鉄筋コンクリートは合理的にできています。

鉄に炭素を入れて粘り強くしたのが鋼です。鉄はアイアン（iron）、鋼はスティール（steel）で、その性質は少し違います。構造材として使う鉄は、正確には鋼です。鉄筋は、正確には鋼筋というわけです。

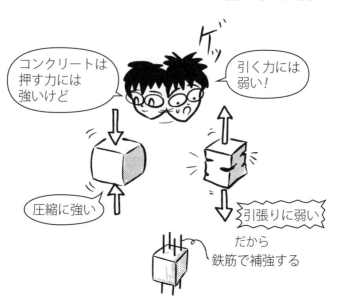

コンクリートは押す力には強いけど

ゲッ

引く力には弱い！

圧縮に強い

引張りに弱い

だから鉄筋で補強する

Q コンクリートは何でできている？

A セメント、砂、砂利、水でできています。

 細かい砂と小指の先くらいの大きさの砂利を、セメントという接着剤で固めたのがコンクリートです。セメントは、石灰石などからつくられる粉末です。水と混ざると、固まる性質があります。

砂と砂利はコンクリートの骨になる材なので、骨材（こつざい）と呼ばれています。砂は細かい骨材なので細骨材（さいこつざい）、砂利は粗い骨材なので粗骨材（そこつざい）といいます。

> 砂→細骨材
> 砂利→粗骨材

大ざっぱな体積比は、セメント：砂：砂利＝1：3：4程度です。
現場へは、セメント工場で調合した生コン（固まる前のコンクリート）を、ミキサー車で運ぶのが普通です。

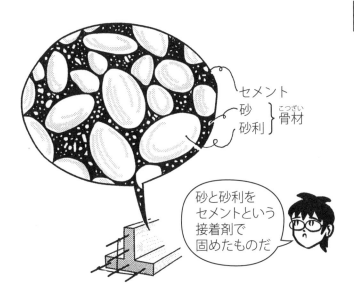

セメント
砂
砂利 } 骨材（こつざい）

砂と砂利を
セメントという
接着剤で
固めたものだ

Q モルタルとは？

A セメントと砂を混ぜて水を加えたものです。

モルタルは、コンクリートの仕上げなどに使われます。基礎のコンクリートは、表面がきれいではありません。そこでコンクリート表面に、モルタルを20〜30mm塗って仕上げとします。

モルタルはまずコテで塗ります。そのままでもいいのですが、上から刷毛（はけ）で引くこともあります。表面に刷毛の線が出て、きれいな仕上げとなります。これをモルタル刷毛引きといいます。

モルタル刷毛引きのコストを削減するために、型枠を合板ではなく、鋼板とすることもあります。鋼製型枠で生コンを打つと、型枠を取りはずしたときに、コンクリート表面がツルツルした表情になり、きれいに仕上がります。

モルタルはセメント＋砂、コンクリートはセメント＋砂＋砂利です。いずれも、セメントを接着剤として、砂や砂利を固めます。モルタルは、仕上げや補修に使われるため、モルタルだけで構造体をつくることはありません。構造体をつくるには砂利で体積をかせぐ必要があります。

モルタル→セメント（＋水）＋砂
コンクリート→セメント（＋水）＋砂＋砂利

モルタル

コテで塗った
後で刷毛（はけ）で
仕上げるんだ

モルタル
＝
セメント
＋
砂

コンクリート

Q セメントペーストとは？

A セメントに水を加えたものです。

🔲 セメントペーストは、モルタルやコンクリートの接着剤の部分です。ペースト（**paste**）とはのりです。砂や砂利をセメントペーストで接着して固めて、モルタルやコンクリートをつくるわけです。

セメントペーストは、のろとも呼ばれます。セメントペーストだけを使うことはあまりありませんが、たまに仕上げに使われます。モルタル仕上げの上に塗って、きれいな仕上げとします。のろ掛けといいます。のろ掛けをすると、ざらざらとしたモルタル表面はツルツル、すべすべの仕上げとなります。

セメントペーストがのろなら、それに砂を加えたモルタルはとろと呼ばれます。どちらも職人用語です。ここで、セメントペースト、モルタル、コンクリートの分類を、しっかりと覚えておきましょう。

①セメント＋水→セメントペースト（のろ）
②（セメント＋水）＋砂→モルタル（とろ）
③（セメント＋水）＋砂＋砂利→コンクリート

セメント＋水
＝
セメントペースト（のろ）

（セメント＋水）＋砂
＝
モルタル（とろ）

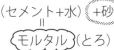

（セメント＋水）＋砂＋砂利
＝
コンクリート

3

基礎・地盤

Q 1 <u>基礎立ち上がりの厚みは？</u>
　2 <u>フーチングの厚みは？</u>
　　　▼

A 1 150mm 程度です。
　2 150mm 程度です。

 建物各部のコンクリートの厚みは、120、150、180mm 程度です。鉄筋コンクリート造の床版、壁の厚みなどは、最低で120mm、普通は150mm、少し厚くて180mm、そして200mm は厚い方です。RC 壁構造の壁厚は、180mm とか200mm が多いです。

木造の逆 T 字形の布基礎では、立ち上がり部分の厚みは150mm、建物の重さを支えるフーチングの厚みも150mm と覚えておきましょう。

<u>立ち上がり部分の厚み → 150mm</u>
<u>フーチング部分の厚み → 150mm</u>

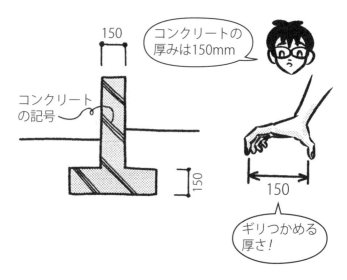

Q 1　フーチング底面はGL（地盤面）からどれくらい？
　　2　基礎上端はGLからどれくらい？
▼
A 1　300mm程度です。
　　2　300mm程度です。

GLとは Ground Level の略。Ground とは野球のグラウンドと同じで地面のこと、Level は高さのことです。よって GL は地面の高さ、地盤面の高さのことです。

基礎はGLから－300mm程度が底面、＋300mm程度が上端となります。底面の深さは、根入れ深さといいます。建物の根は基礎であって、その基礎を土に入れる深さだから根入れ深さと呼びます。根入れ深さは、地盤の硬さや建物の重さによって変わります。また凍結深度といって、土の中に含まれている水分が凍らなくなる深さによっても変わります。

水は凍ると体積が膨張して、基礎を押し上げてしまいます。根入れ深さを凍結深度より下にすれば、凍結によって持ち上げられる心配はありません。寒い地方ほど、凍結深度は深くなります。凍結深度60cmとは、60cmより下なら凍らないということです。そこでは、60cmより深い基礎にしなければなりません。

基礎上端の高さは、建設省告示（平成12年5月23日、第1347号）で300mm以上とされています。基礎の高さは、1階の床高によっても変わります。

まず、基礎はGL±300mm程度と覚えておきましょう。

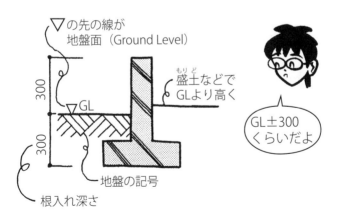

▽の先の線が
地盤面（Ground Level）

盛土などで
GLより高く

300

GL

300

地盤の記号

根入れ深さ

GL±300
くらいだよ

3

基礎・地盤

Q フーチングの幅は？

▼

A 300〜450mm 程度です。

　人間が自然に立つと、足と足の間隔は肩幅±α程度、300〜450mm程度
となります。木造のフーチングの幅も、300〜450mm程度につくります。
人間も身長によって足と足の間隔が違うように、建物の大きさや地盤の
硬さによって、フーチングの幅も変えます。大きい建物や軟らかい地盤
ほど、フーチングは広くつくります。
　割栗石を敷いて、その上に捨てコンクリートを打って水平面をつくり、
その上に基礎をつくります。割栗石、捨てコンクリートは、フーチング
よりも両翼にそれぞれ50mm程度、余計につくる必要があります。捨て
コンクリートの上に型枠を組み立てて、そこに生コンを流し込んで基礎
をつくる必要があるからです。

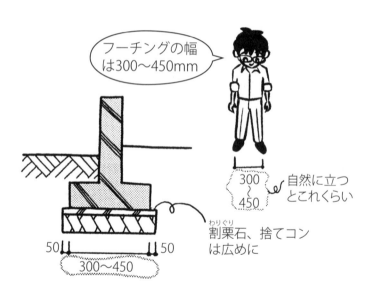

フーチングの幅
は300〜450mm

300〜450 ← 自然に立つ
とこれくらい

割栗石、捨てコン
は広めに

50　50

300〜450

Q 布基礎の上端（天端：てんば）はどのように処理する？

A モルタルで平らに均（なら）します。

コンクリートが固まって型枠をはずしただけの状態だと、上面がデコボコしています。基礎から上の工事は、基礎を頼りに行っていくわけですから、基礎がデコボコしていると困ります。

そこで、モルタルを15〜20mm程度の厚みに塗って、平らに均します。この平らに均すモルタルを、均しモルタルといいます。特別なモルタルではなく普通のモルタルですが、均すために塗るのでそう呼ばれています。

図面では、均しモルタル厚20とか、均しモルタル ア.20とか、均しモルタルt＝20などと表記します。ここで「ア.」とは厚みのこと、tとはthickness（厚み）のことです。

水平を簡単に出せる製品（商品名レベラーなど）も出ています。型枠をはずす前に、水を流すように流し込み、固まらせます。最初は水のように流動性があるので、自然に水平となり、コテ均しが不要のため作業を効率化できます。

3

基礎・地盤

均しモルタル
20
上面はデコボコ
モルタルで平らにするんだ
金ゴテ

Q 木造の布基礎内部にはどんな鉄筋を入れる？

▼

A 図のように上下にD13、中間とフーチング両翼にD10を入れて、さらに300mmピッチでそれらにからませるようにD10を入れます。

 D13とは、表面にこぶのある異形鉄筋の13mm径を指します。異形鉄筋とはコンクリートとの付着を良くするために、表面をデコボコさせた鉄筋です。部位によって直径が変わるので、直径13mmの円形断面の鉄筋と同じ重さとなるものを、D13と呼びます。
　異形鉄筋ではないツルツルの鉄筋は、丸鋼と呼ばれます。9mm径の丸鋼は、φ9と書きます。φは直径を表す記号で、ファイと読みます。

　　　D13→約13mm径の異形鉄筋
　　　D10→約10mm径の異形鉄筋
　　　φ9→9mm径の丸鋼

　基礎は上下に太いD13を入れて、ほかはD10とします。布基礎の軸方向にD13を2本、D10を3本、計5本入れます。その5本が相互にからまるように、D10を300mmピッチで入れます。D10を300mm間隔で入れることを、D10＠300と書きます。＠は間隔という意味ですが、D10は鉄筋コンクリート造でも補強的な意味で多く使われ、デートという愛称もあります。

　　　D10＠300→D10の異形鉄筋を300mmピッチに入れる

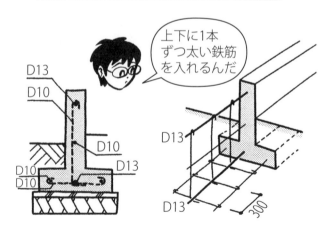

上下に1本
ずつ太い鉄筋
を入れるんだ

Q 木造の布基礎ができ上がるまでの工事の順番は？

A 下図のように①～⑤の順番です。
　①縄張り、水盛・遣り方、根切り
　②割栗石敷き、切込み砂利敷き、転圧、捨てコンクリート打ち、墨出し
　③鉄筋の配置（配筋）、型枠の組み立て
　④コンクリート打ち、型枠の取りはずし
　⑤基礎天端均しモルタル塗り

鉄筋の組み立ては、現場でやることもあれば、布基礎用にすでに組み立てられた鉄筋を持ち込む場合もあります。

鉄筋は捨てコンよりも浮かして配置します。鉄筋がコンクリート内に、完全に入っていないと、サビの原因となります。コンクリートがどれくらい鉄筋にかぶっているかを、かぶり厚さといいます。かぶり厚さの確保は、配筋の際の重要なチェックポイントです。

コンクリート打ちは、フーチングだけ先に打ってしまいます。フーチングが固まってから、立ち上がりの型枠を組んで、コンクリートを打ちます。フーチングと立ち上がりを同時に打つこともありますが、立ち上がりの型枠は浮いているため、工夫が必要です。

土工事、基礎工事で、文字どおり建物の基礎のでき上がりです。ここまでの工程で手抜きがあると、上でいくらがんばってつくっても、ダメな建物となってしまいます。基礎工事は工事の中で、もっとも重要な工程といえるでしょう。

3

基礎・地盤

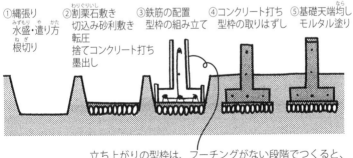

①縄張り　②割栗石敷き　③鉄筋の配置　④コンクリート打ち　⑤基礎天端均し
水盛・遣り方　切込み砂利敷き　型枠の組み立て　型枠の取りはずし　モルタル塗り
根切り　転圧
　　　捨てコンクリート打ち
　　　墨出し

立ち上がりの型枠は、フーチングがない段階でつくると、浮いていることになる（浮き型枠）。フーチングと同時に打つには工夫が必要

Q 基礎と土台はどう違う？

A 基礎はコンクリートでつくる建物最下部の構造体のこと。土台は基礎の上に敷く木材です。

基礎はコンクリート、土台は木です。柱のような棒を、基礎の上に横にして取り付けたものが土台です。基礎と土台は、一般用語では混用されていますが、木造の建物では厳密に使い分けます。初心者が、間違いやすい所なので、注意しましょう。

　　基礎→コンクリート
　　土台→木

土台は
120mm角程度
の棒だよ

土台…木

基礎…コンクリート

Q 土台を基礎に留めるには？

A <u>アンカーボルト</u>で留めます。

アンカー（anchor）とは、船の錨のことです。アンカーボルトとは、船が停泊するときに錨を下ろすように、部材が動かないように留めるためのボルトです。

基礎のコンクリートを打つ前にアンカーボルトを仕込んでおき、コンクリートを打って固めて、抜けないようにします。そして土台に穴をあけてアンカーボルトを通し、上からナットで締め付けます。

アンカーボルトは、通常M12という直径12mmのボルトを使います。Mはメートルネジという規格を意味します。全体の長さ（length）は450mm程度で、先端はL字やU字の形とされていて、コンクリートから抜けにくくなっています。図面表記では、アンカーボルトM12、ℓ＝450などと書きます。

アンカーボルト→ M12、ℓ＝450

120mmの土台から上に30mm程度、ボルトの頭を出すとすると、コンクリートの中には450 −（30 + 120）＝300mm程度埋め込まれることになります。

3

基礎・地盤

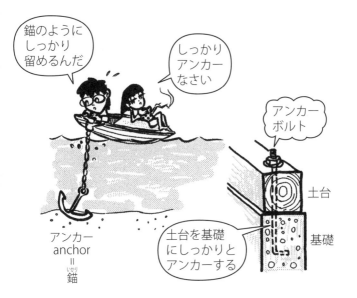

錨のようにしっかり留めるんだ

しっかりアンカーなさい

アンカーボルト

土台

アンカー
anchor
＝
いかり
錨

土台を基礎にしっかりとアンカーする

基礎

Q アンカーボルトの頭を土台の上に出さないためには？

A スクリュー座金（スクリューワッシャー、スクリューナット）を使うか、土台を座彫り（ざぼり）します。

根太を使わずに、厚さが24、28mmなどのぶ厚い合板を直接土台や大引に打ち付けるのが根太レス構法（根太のない構法）です。その場合、アンカーボルトが土台の上に出ているとじゃまになるので、下図のようなスクリュー座金を使うか、座彫りして上に出ないようにします。
ツーバイフォー構法でも土台の上に材を載せるので、スクリュー座金を使うか座彫りを行います。

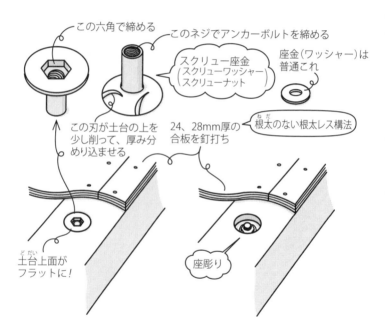

この六角で締める

このネジでアンカーボルトを締める

スクリュー座金
（スクリューワッシャー・
スクリューナット）

座金（ワッシャー）は
普通これ

この刃が土台の上を
少し削って、厚み分
めり込ませる

24、28mm厚の
合板を釘打ち

根太のない根太レス構法

土台上面が
フラットに！

座彫り

Q 土台を敷くのは？

▼

A 柱や間柱などの材が留めやすいからです。

柱や間柱（壁材を留めるための細い柱）などの材をコンクリートの基礎に直接留めようとすると、左下の図のようにそれぞれにアンカーが必要になります。柱や間柱ばかりでなく、床を支える根太などの細かい材を留めるにも、それなりの金具をコンクリートに埋め込まなければなりません。その結果、山のようにアンカー金物を埋め込むことになります。
しかし右下の図のように土台を基礎に敷いてから柱や間柱などを土台に留めれば、土台だけのアンカーですみます。根太は土台の上に載せて、釘を打てばいいだけです。
土台は木なので、釘やネジが効きます。簡単な金具で、材を留めることができます。基礎から上の工事は木工事なので、基礎の上にいったん土台を敷くことで、工事をやりやすくするわけです。
土台を敷くのは、柱や梁などと同じく棟上げのときです。土台は基礎工事ではなく、木工事です。

3

基礎・地盤

柱を基礎に留める　　柱を土台に留める

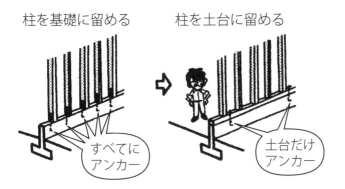

すべてにアンカー

土台だけアンカー

Q 土台を腐朽、シロアリから守るには？

A 防腐防蟻剤（ぼうふぼうぎざい）を塗布するか、注入材を用います。

土台は地面に近いので腐りやすく、シロアリにもやられやすい材です。ヒノキやヒバの芯持ち材は腐りにくいので、土台にはよく使われてきました。建築基準法（施行令49条）では、地面から1m以内を防腐処理すると規定されています。そのため防腐防蟻剤を土台や柱、間柱下部に塗るのが一般的です。さらに土台には、防腐防蟻剤を工場で加圧注入した注入材が売られています。筆者はヒノキよりも耐朽性に優れていると考えています。注入材の小口（こぐち）が土台コーナーに露出する場合、防腐防蟻剤を塗る必要があります。

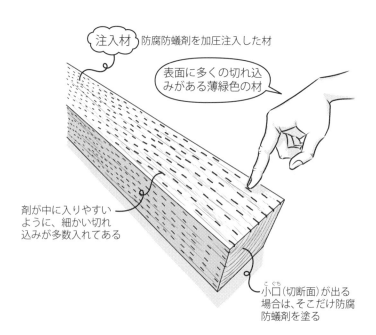

注入材　防腐防蟻剤を加圧注入した材

表面に多くの切れ込みがある薄緑色の材

剤が中に入りやすいように、細かい切れ込みが多数入れてある

小口（切断面）が出る場合は、そこだけ防腐防蟻剤を塗る

Q 基礎に換気口を付けるのは？

A 湿気がこもって土台や床組の木が腐ったり、シロアリに食われたりしないようにするためです。

木は湿気に弱いので、換気口は必須です。湿気がこもると腐りやすく、シロアリも付きやすくなります。鉄筋コンクリート造、鉄骨造など、床組に木を使わないものは、換気口は不要です。

土台には腐りにくいヒノキなどが使われます。また、耐腐食性のある薬品を注入させた注入材という土台専用の合成木材も製品化されています。

布基礎で囲まれた部分に空気が閉じ込められないように、四周の基礎に穴をあけます。外壁部分だけでなく、下図のように内部の壁下の基礎にも穴をあける必要があります。

内部の壁下の穴は、大きくして人が通れるようにする場合もあります。床に点検する穴を1カ所あければ、すべての床下に行けるようになるからです。この穴は人通口（じんつうこう）と呼ばれます。人通口を設けると、給排水管やガス管などの修理の際にも便利です。

外壁の換気口には、ステンレス製などのネットを付けておきます。虫やネズミの侵入を防ぐためです。換気口の下部のコンクリートは、外勾配にしておきます。雨が入っても、水が外に出ていきやすくするためです。

3

基礎・地盤

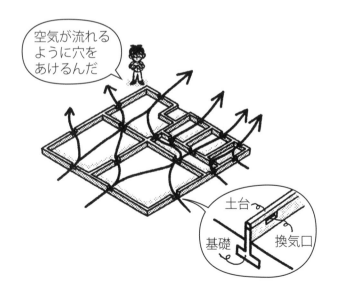

空気が流れる
ように穴を
あけるんだ

土台
基礎　換気口

Q <u>ネコ土台</u>とは？

▼

A 基礎の上に **20〜30mm** 厚程度のパッキンを入れて土台を浮かせて、換気を基礎と土台のすき間からとる工法です。

 <u>ネコ土台</u>、<u>基礎パッキン</u>、<u>土台スペーサー</u>などと呼ばれています。ネコは小さいものの形容詞として用いられます。硬い樹脂製や金属製のパッキンが製品化されています。栗の木や花崗岩（かこうがん）などでつくることもあります。

パッキンは **900mm** 程度の間隔に入れます。柱の下には必ず入れるようにします。柱の下にパッキンがないと、土台が柱の重さで曲がったり割れたりしてしまうからです。

土台自体が浮くので、土台下面に空気が通り、土台が腐りにくくなりますが、そのすき間から水や虫が入らないような工夫は必要です。

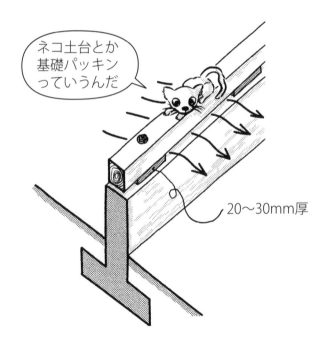

Q 換気口の穴をあけると、基礎立ち上がりの上部の鉄筋を切らなければなりません。その対策は？

▼

A 次の3つの方法があります。
①鉄筋で穴の周囲を補強する
②鉄筋を切らないように立ち上がりの中間に穴を設ける
③ネコ土台を採用する

換気口をあけると、基礎立ち上がりの上部に入れたD13を切らなければなりません。すると換気口部分で強度が落ちてしまい、地震時に換気口まわりで壊れる可能性があります。

対策として簡単なのは、補強筋を入れることです。D13を穴のまわりに斜めに入れて、さらに穴の下にも水平に入れます。その3本のD13で穴を補強するわけです。

上に通るD13を切らないような穴の形にするという方法もあります。下図のように、基礎立ち上がりの中間に四角い穴や丸い穴を設けます。この場合注意しなければならないのは、地面からの高さです。地面から穴が近い場合、水が入りやすくなります。

ネコ土台を使うと、基礎形状はまったく変わりません。鉄筋にもコンクリートにも欠損はなく、もっとも頑丈な基礎となります。

換気口の穴は、5m以内ごとに300cm²以上と建築基準法で決められています。その穴を設ける位置は、窓の下にするのが普通です。窓の下は柱がなく、重みが掛からないからです。

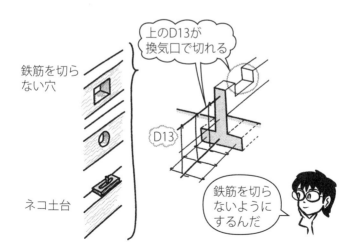

3

基礎・地盤

Q 換気口の大きさは？

▼

A 高さ150mm、幅300mm程度です。

建築基準法では、換気口の穴は5m以内ごとに300cm²以上となっています。15cm×30cm＝450cm²なので、300cm²はクリアしています。

換気口には、防鼠（ぼうそ）・防虫ネットを付けます。金属製や樹脂製の既製品が多く出ていて、大きな格子の裏に目の細かいネットが張り付けられて、ネズミや虫が入らないようになっています。ネットはモルタルを盛って留めます。その際、外勾配となるようにモルタルを盛ります。雨が掛かった場合も、水を外に流すためです。

基礎の断面図はどこで切るかによって、見え方が違ってきます。通常は換気口以外の部分で切って、換気口の位置は破線で示します（右下の図）。換気口の部分で切ると、左下の図のような断面図になります。

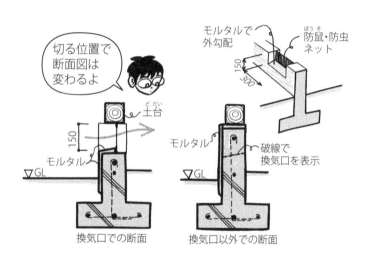

切る位置で断面図は変わるよ

モルタルで外勾配

防鼠・防虫ネット

150
300

土台

150

モルタル

▽GL

換気口での断面

モルタル

破線で換気口を表示

▽GL

換気口以外での断面

Q 床下に<u>盛土（もりど、もりつち）</u>するのは？

A 水が入りにくくするためと、湿気が上がりにくくするためです。

床下の部分に、50mm程度、土を盛ります。根切りで出た残土を使うことが多く、残土処理と盛土を兼ねています。

地盤面（GL）より50mm上げることにより、水が外から入りにくくなります。水は高い方から低い方へ流れるので、少しでも土が高い方がよいわけです。GLよりも低いと、外から内へと水が流れ込んで、床下に水溜まりができる可能性もあります。

また、既存の土の上に土をかぶせるので、湿気が上がりにくくなります。湿気が上がるのを防止するには、盛土よりも防湿シートやコンクリートの方が効果的です。

水が入りにくく
湿気が上がり
にくくするんだ

▽GL

50

）盛土
もりど
もりつち

Q <u>束石（つかいし）</u>とは？

A 束の下に敷くコンクリート製のブロックです。

 束とは短い柱のことです。1階の床下は土なので、床を支えるのは楽です。棒を多く立てて、支えればいいだけです。その床を支える棒のことを<u>束</u>、または<u>床束（ゆかづか）</u> といいます。

しかし、束を土にそのまま差し込んだだけだと、すぐに腐ってしまいます。しかも建物の重さで、土の中にめり込んでしまいます。そこで束の下に石を置くわけです。

束石といっても、今ではコンクリート製がほとんどで、縦・横・高さいずれも200mm程度の立方体が多いようです。束の当たる面の中央部に小さな穴（ほぞ穴）があいていて、束の先の突起（ほぞ）をその中に差し込みます。束がずれて落ちることがないようにするためです。

束石の高さ200mmのうち、80mm程度を土の上に出し、120mmは土の中に入れます。束石が転ばないように、土に埋め込むわけです。

束石の下は、割栗石100mm＋捨てコン30mm程度の処理をしておきます。束石をただ土に埋めただけでは、土の中にめり込んでしまうおそれがあるからです。

木は土に
付けると
腐るんだ

床

つか
束

つかいし
束石

Q 土間コンクリート（土間コン）とは？

A 土の上に砂利や砕石などを敷いて突き固め、その上に打ったコンクリートのことです。

土間コンクリートには鉄筋は入れませんが、亀裂防止のために、細い鉄筋のメッシュ（メッシュ筋、溶接金網）を入れることがあります。鉄筋コンクリートのように、構造に効くものではありません。

土間とは文字どおり土の間で、昔の民家では雨の日の作業や調理のための場所でした。それをコンクリートでつくったのが、土間コンのはじまりです。車庫の床、玄関の床などに、土間コンは多用されています。

床下に盛土しただけだと、湿気が上がりやすいので、土間コンを打つことがよく行われます。砂利を敷いて締め固めた後に、コンクリートを50〜150mm程度打ちます。また、床下に敷く土間コンは、防湿の役割を担うので、防湿コンクリートともいいます。

砂利の上に、厚みが0.15mm程度のポリエチレン製の防湿シートを敷くこともあります。砂利を省いて、土の上に防湿シートを敷き、その上にコンクリートを打つこともあります。また、床下に鉄筋を縦横に組んで打ったコンクリート版は耐圧版といって、土の圧力に耐える版です。建物全体の重さを土に伝える役割を担います。土間コンにはそのような力はありません。

耐圧版と土間コンは似ていますが、まったく役割が違うので注意しましょう。耐圧版の方が、防湿効果があるうえに一体型の強い基礎底面となるので、土間コンよりも高級な仕様です。

　　土間コンクリートの床下→防湿
　　鉄筋コンクリートの床下→基礎＋防湿

土間コンは構造には効かないよ

土間コンクリート（防湿コンクリート）
防湿シート
50〜150

3
基礎・地盤

Q べた基礎の<u>耐圧版</u>の厚みは？

A 150〜200mm 程度です。

耐圧版とは、べた基礎の底面のことです。建物の重さを分散して土に伝える版、土からの圧力を受ける版のことです。

普通、厚みは150〜200mmです。最低でも120mm、厚い場合は250mmとか300mmもあります。建物の階数や重さ、地盤に応じて変わります。コンクリートの厚みは、基礎立ち上がり部分、フーチングの厚み、耐圧版の厚みともに、150mm＋αと覚えておきましょう。最低で120mmです。基礎立ち上がりで120mmはよく使われますが、フーチングや耐圧版では120mmは避けて150mmとすべきでしょう。

　　　<u>コンクリートの厚み→150mm＋α</u>

コンクリートを打つには、布基礎の場合と同じで、

　　　<u>割栗石敷き→切込み砂利敷き→転圧→捨てコンクリート打ち→配筋</u>
　　　<u>→型枠の組み立て→コンクリート打ち</u>

の順となります。

捨てコンの上に、<u>防湿シート0.15mm厚</u>を敷くこともあります。耐圧版の上面は、GL（Ground Level：地盤面）よりも50mm程度上げます。水が入らないようにするためです。

耐圧版も
フーチングも
厚みは150mm
＋α

水が入らない
ようにGLより
高く

50

150〜200

耐圧版

Q 鉄筋コンクリート造耐圧版の隅に梁を付けるのは？

A 版だけだと強度が不足するので、梁を付けて補強するためです。

大きな建物だと、両脇だけでなく、中央にも梁を入れます。梁を入れるのは、版を強くするためです。ペラペラの紙はそのままでは弱いけれど、隅を折り曲げると強くなるのと同じ原理です。これが梁の原理です。また下向きに梁が出ていると、土をつかみ込むため、地耐力が多少よくなります。

鉄筋コンクリート造（RC造）、鉄骨造（S造）で耐圧版をつくる場合は、梁は版の上に付けます。RC造やS造の場合、耐圧版には下から土の力が掛かるので、梁は上に付けた方が合理的です。木造の場合はさほど大きな力は掛からないので、下に付けます。

木造のべた基礎で梁を下に付けるのは、その方が工事が楽だからです。耐圧版の上に梁が出ていると、梁の上まで耐圧版と同時にコンクリートを打つのが難しくなります。耐圧版上面でいったん生コンを留めると、梁の途中でコンクリートの継目（コールドジョイント）ができてしまいます。下に梁を付ければ、耐圧版と梁を一体で打つことが簡単にできます。

3

基礎・地盤

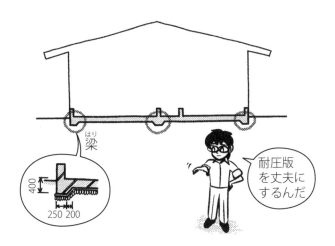

梁

400

250　200

耐圧版
を丈夫に
するんだ

Q べた基礎内部にはどのように鉄筋を入れる？

A 下図のように立ち上がり部の上下に、軸方向に太いD13を、その間にD10を入れます。さらに縦にD10を入れて上部はフック状に曲げ、下部は大きく曲げて耐圧版まで伸ばします。耐圧版にはD10をもち網状に入れて、その一方を梁に伸ばし、L形に折り曲げて、梁から抜けないようにします。

前述しましたが、D13は直径が約13mmの異形鉄筋（表面にデコボコがある鉄筋）、D10は直径が約10mmの異形鉄筋です。太い鉄筋は、基礎の立ち上がり上下にD13を2本。これはフーチングによる布基礎と同じです（R082参照）。主要な鉄筋なので、<u>主筋</u>と呼ばれます。
耐圧版では、D10を縦横にもち網状に入れて、版を強化します。より強い耐圧版にするには、このもち網状の鉄筋を上下2段で二重にします。
もち網状の鉄筋の一方を伸ばして、梁に定着します。梁のD10にからませるように、L字に曲げて引っかけます。このようにすると、鉄筋が抜けにくくなって、耐圧版の鉄筋がしっかりと梁に定着されるわけです。
基礎立ち上がり部のD10の縦筋も、梁に大きくからませて定着します。さらに耐圧版まで伸ばして、基礎立ち上がり部、梁、耐圧版を一体化させます。縦筋、耐圧版の鉄筋の間隔は、200mm程度です。

基礎縦筋、耐圧版の鉄筋 → D10 @ 200　　【<u>デート</u>は<u>2人</u>で】
　　　　　　　　　　　　　　D10　@200

耐圧版、梁、基礎立ち上がり部分が、鉄筋でがっちりとつながって、相互が一体化するように配筋するわけです。

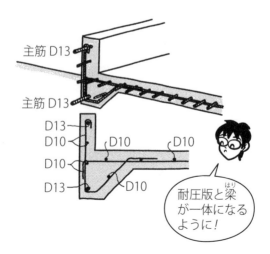

主筋 D13

主筋 D13

D13
D10　D10　　　D10
D10
D13　　D10

耐圧版と梁（はり）が一体になるように！

【 】内スーパー記憶術

Q べた基礎の場合、束石は必要？

A 不要です。

束は耐圧版のコンクリートの上に載せます。耐圧版は地盤面（GL）から50mm程度上げるので、水が上がる心配はありません。耐圧版はコンクリートなので直接束を載せても、束が腐る心配はありません。
よって布基礎で必要だった束石は、べた基礎では不要となります。布基礎の場合でも、土間コンを打つ場合は、束石は不要となります。
束を耐圧版や土間コンに留めるには、事前にコンクリート中にアンカーボルトを埋め込んでおくか、後からドリルで穴をあけてアンカーするか、コンクリート釘を使うなどします。金属製や樹脂製の束を使うことも増えました。

3

基礎・地盤

束は耐圧版
のコンクリートの
上に立てるんだ

束

● べた基礎にすると、耐圧版によって面が硬くなるので（面剛性）、1階の床がゆがみにくくなります。

Q <u>スリーブ</u>とは？

▼

A 配管が基礎や壁を貫通する際の孔、または孔に設けたさや管のこと。

スリーブ（sleeve）は袖が原義で、袖のように管を通すためにコンクリートにあけられた孔を指します。コンクリートを打つ前に塩ビ管などを留めておいて、スリーブをつくります。外壁は張った後から孔をあけられますが、コンクリートでは容易ではなく、鉄筋を切断してしまうおそれもあります。配管を露出させない場合は、耐圧版か梁にスリーブを設けることになります。さや管のさやとは、刃のさやのように、その中に別の管を通すための管のことです。

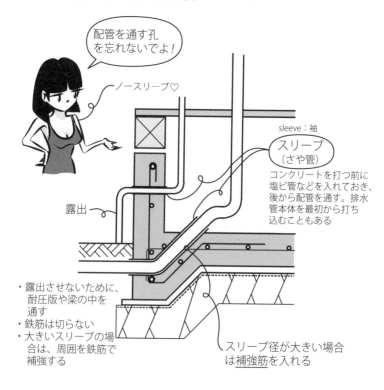

配管を通す孔
を忘れないでよ！

ノースリーブ♡

sleeve：袖

スリーブ
（さや管）

コンクリートを打つ前に塩ビ管などを入れておき、後から配管を通す。排水管本体を最初から打ち込むこともある

露出

・露出させないために、耐圧版や梁の中を通す
・鉄筋は切らない
・大きいスリーブの場合は、周囲を鉄筋で補強する

スリーブ径が大きい場合は<u>補強筋</u>を入れる

Q 立面図で基礎のコンクリートの上側の線は1FL（Floor Level）の線と同じ？

A 違います。

FLとはFloor Levelの略で、床高のことです。1FLとは1階の床高、床レベルです。同様に2FLは2階の床高。地盤面のGLと一緒に覚えておきましょう。

GL　→ Ground Level：地盤面
1FL → 1st Floor Level：1階床高
2FL → 2nd Floor Level：2階床高

1階の床は、コンクリートの基礎の上に土台を敷き、その上に根太を敷き、その上に板を張ってつくります。よって基礎天端よりも床は、土台120＋根太45＋板15＝180mm程度は上に上がります。通常は1階床高はGL＋500mm程度ですから、基礎天端＝500－180＝320mm程度となります。

基礎天端→ GL＋300～400mm程度

初心者の描いた立面図では、1FLに基礎天端の線を描いてしまう間違いが非常に多いです。テラスの掃き出し窓（床まである窓）の下は、1階のFLと一致しています。基礎天端のラインは、それより180mm程度は下になるはずです。掃き出し窓の下と基礎天端の線はずれているので、注意しましょう！

掃き出し窓の下→1FLと同じ
基礎天端→1FLよりも180mm程度は下

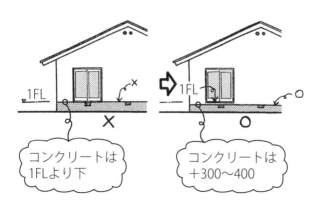

コンクリートは
1FLより下

コンクリートは
＋300～400

3

基礎・地盤

Q 土台の外側に基礎水切り金物を付けるのは？

A 水が基礎と土台のすき間に浸入するのを防ぐためです。外壁仕上げ材の見切り縁（ぶち）の役割も担います。

基礎水切り金物とは、断面が稲妻形の細長い金物です。単に水切り金物、水切りと呼ばれることもあります。また、そのギザギザした断面形状から稲妻金物ともいいます。

外壁を伝って落ちてきた雨水を、内側に入れることなく、外側に流す役目を担います。もし水切り金物がなければ、基礎と土台のすき間に雨水が浸入してきます。金物があると、たとえ内側に浸入したとしても、金物に立ち上がりがあるのでそれ以上中に入ることはありません。

金物によっては、立ち上がりの上部に折り返しが付けられているものもあります。台風などの強い風で吹き上げられた水も、この折り返しがあれば浸入することはありません。

ネコ土台の場合は、土台が基礎から浮いていて空間があいているので、水切り金物は必須です。それがないと、雨水が内部へ吹き込むことになります。

水切り金物は、外壁仕上げ材の見切り縁の役も担います。見切り縁とは、材料の端部をきれいに見せる細い棒のことです。水切り金物があるおかげで、外壁材がきれいに納まって見えます。土台の外側、外壁仕上げ材の最下部には、必ず水切り金物を付けます。昔は板金で0.35mm厚程度のカラー鉄板を曲げてつくりましたが、既製品も多く出ています。

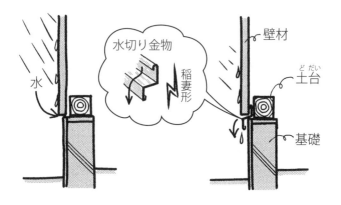

水切り金物　壁材　稲妻形　水　土台　基礎

Q 柱はどこに入れる？

▼

A 壁の角、壁の長さ1間以内、ドアや大きな窓の両側に入れます。

まず壁の角、L字形、T字形、十字形のコーナーに入れます。角に柱がないと、壁も建物全体も弱くなるからです。

木造の柱は、壁の中に入れるのが基本です。1間（1,820、1,818、1,800 mmなど）以内ごと、半間のグリッドに載るように入れるのが普通です。空間にポツンと独立して置く場合もありますが、例外的に広い部屋の場合です。普通の6畳、8畳、12畳などの部屋では、柱を部屋の中に置くとじゃまになるので壁の中に納めます。壁の中に入れても和室のように、柱を露出する場合もあります。

また、ドアはバタンバタンと開け閉めするときに力が掛かるので、両側に柱を入れて補強する必要があります。細い間柱でももちますが、長い間にゆがんでくるおそれがあります。同様に大きな窓の両側にも、柱を入れるようにします。テラスに出る窓（テラス窓）などの両側には必ず柱を入れておきます。窓は通常、幅が1間あるうえ、開け閉めの衝撃も加わりますから、柱を入れておかないと壊れてしまいます。小さな窓の両側は、間柱でも可能です。

下図は6畳の部屋の例です。どこに柱を入れたらいいのか？ と学生からよく聞かれます。鉄筋コンクリート造の太い柱と混同していることも多いので、ここで覚えておきましょう。

4

壁・軸組

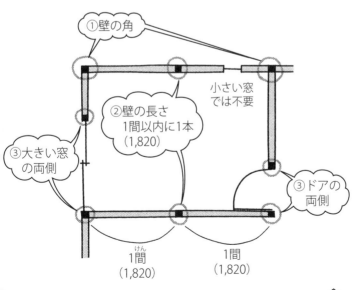

① 壁の角

② 壁の長さ
1間以内に1本
（1,820）

小さい窓
では不要

③ 大きい窓
の両側

③ ドアの
両側

1間（けん）
（1,820）

1間
（1,820）

Q 1間のテラス窓（掃き出し窓）、間口1間の押入れをもつ4畳半の簡単な平面を柱を入れて描くと？

▼

A 下図は一例です（いろいろなパターンがあります）。

4畳半は1間半角です。

まず、半間グリッド（910、909、900mmグリッド）を描き、壁の中に柱を入れます。柱は前項のとおり、①壁の角、②壁の長さの1間以内、③ドア、大きな窓の両側に入れます。下図の例では、周囲の壁に10本の柱が立つことになります。

図の上の壁（1間半の長さの壁）では、右の柱から1間の所にグリッドに載せるように柱を置きます。このとき半間右のグリッド上に置いても、またはグリッドからはずして1間半の中央に置いても、間違いではありません。

図からもわかるように、4畳半でも10本の柱が必要となります。何でこんなに多くの柱が必要かというと、柱が細いからです。古代の寺院に使われているような太い柱ならば、四隅に4本でも可能です。現代の木造住宅は、安価な細い柱で組み立てているため、柱が多く必要となるのです。しかも壁が平行四辺形に傾かないように、筋かいを入れて壁を固めなければならないのです。

半間グリッドに
壁を描いて柱を
入れるんだ

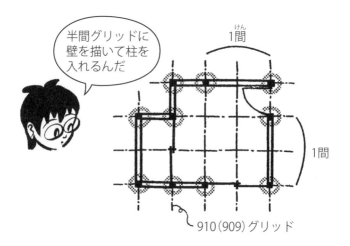

1間（けん）

1間

910（909）グリッド

Q 1/100の平面図で柱と壁はどう描く？

▼

A 壁は2本の太線、柱は壁と同じ幅に同じ太線で正方形に描きます。

🔲 左下の図のように、柱の両側に壁材を打ち付けるのが、一般的な壁のつくり方です。壁の厚みは、その壁材分だけ柱幅よりも厚くなります。
しかし、1/100の平面図は、描いてみればわかりますが、かなり小さい図面です。105mm角の柱は1.05mmしかありません。
壁厚を120mmとすると、1/100で1.2mmとなります。1.2mm厚の壁を描いて、その中にそれより小さい1.05mm角の柱を描くのは無意味なので、壁厚のままで柱を描くわけです。

壁厚 = 120mm → 1/100では1.2mm

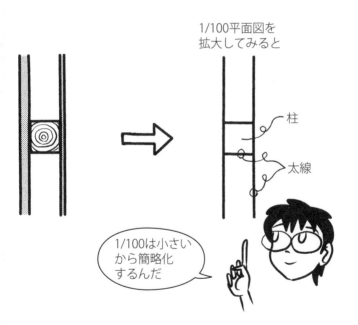

1/100平面図を
拡大してみると

柱

太線

1/100は小さい
から簡略化
するんだ

4

壁・軸組

Q 管柱（くだばしら）とは？

▼

A その階ごとに継ぎ足していく柱のことです。

 1階から最上階まで1本の柱なのが通し柱（とおしばしら）、その階ごとに継ぎ足していく柱が管柱です。

> 管柱→その階分の高さの柱
> 通し柱→1階から最上階まで1本で通る柱

通し柱の方が構造的には強いのですが、すべての柱を通し柱にするにはコスト的にも平面計画的にも無理があります。そこで管柱を立て、その上に横材を置き、その上に管柱を立てるというように継ぎ足して立てるのが普通のやり方です。管柱を「かんばしら」と読み間違えている学生もいるので、注意してください。

各階ごとの
柱が管柱

くだばしら
管柱

とおばしら
通し柱

● 通し柱の中央は二方向から横材を受けるため、仕口の断面欠損は大きくなります。そこで横材の方を通して（勝たせて）、通し柱ではなく管柱と金物補強とすることも増えました。

Q 胴差し（どうざし）とは？

A 管柱の柱頭をつなぐ横材です。

1階の管柱を立て、その上に胴差しと呼ばれる横材を取り付けます。そして、その上に2階の管柱を立てます。胴の部分に差すように入れるので、胴差しと呼ばれています。

　　　1階の管柱→胴差し→2階の管柱

胴差しは、外壁の上部をぐるりと回るように入れますが、同様に内部の壁の上部にも、必ず胴差しを入れます。胴差しがないと1階の柱がブラブラしてしまって、2階の柱が立てられません。梁を留めるにも困ります。つまり、1階のすべての壁の上には胴差しが付きます。

胴差しは、1間以内の間隔で柱がある場合は、105mm角、120mm角でも許容範囲です。1間幅以上の窓の上に梁が来る場合などは、より大きな断面が必要となるケースがあります。できれば120mm×210mm、120mm×270mm、120mm×300mmなどの材を、すべての壁の上に回した方が丈夫な構造になります。

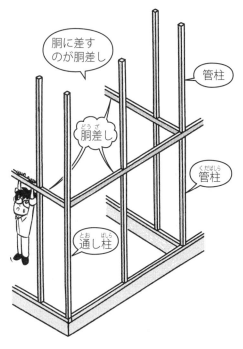

4

壁・軸組

Q 軒桁（のきげた）とは？

▼

A 屋根の軒の側で、柱頭をつなぐ横材のことです。

2階の柱頂部に置く横材は、胴差しとはいわずに軒桁といいます。平屋建ての1階では、屋根の軒側に置く横材は、屋根を支えるという意味で軒桁といいます。

軒桁は、単に桁ともいいます。桁と直交する方向の横材は梁といいます。壁の上ではなく、空間に架ける横材だけを梁ということもあります。しかし、木造では桁と直交する柱頭部を結ぶ横材も、広く梁と呼ぶ傾向があります。

    軒側の横材→軒桁、桁
    桁と直交する横材→梁

柱頭をつなぐ横材は、桁、梁のほかに、地回りということもあります。鉄筋コンクリート造、鉄骨造では、横材はすべて梁と呼ばれます。

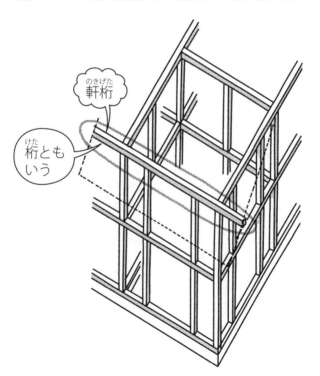

Q 矩計図（かなばかりず：断面詳細図）において、軒側の壁芯上で断面となって描かれる横材は？

▼

A 下から、土台、胴差し、軒桁です。

矩計図の矩（かね）とは、直角のこと。直角の方向を計る図、高さ方向を計る図という意味です。矩計図で重要なのは、土台、胴差し、軒桁などの横材の断面寸法や高さです。横方向の主要な構造材として、どんな大きさの部材がどこに入るのかが描かれています。そのほか、各部の高さ、仕上げなど、さまざまな情報が描き込まれます。矩計図を見るだけで、建物の仕様がかなりわかります。

普通は窓の所を縦に切断して、横から見た図を描きます。その際、土台、胴差し、軒桁は切断面となります。構造材の切断面なので、輪郭は太い断面線、内部には細線でバツ印を付けます。まずは、壁の中に入っている重要な横材、土台、胴差し、軒桁の名称をしっかりと覚えましょう。

　　壁の中の横材：土台→胴差し→軒桁

なお、矩計図では柱は断面ではなく、奥に見える見え掛かりとなります。横材は断面、柱は見え掛かりです。

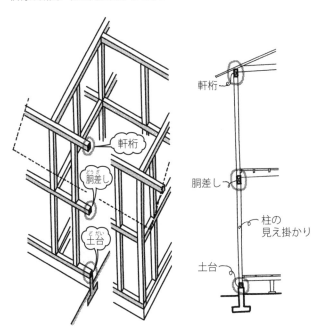

Q 土台、胴差し、軒桁の断面寸法は？

▼

A 土台　　：120mm × 120mm
胴差し：120mm × 120mm（120×150、120×180、120×210…）
軒桁　：120mm × 120mm（120×150、120×180、120×210…）

土台、胴差し、軒桁などの横材は、120mm角が最低寸法とまず覚えておきましょう。土台は120mm角が普通です。

胴差し、軒桁に何でこんなに種類が必要かというと、梁の受け方や梁の大きさなどで変わるからです。梁を柱の所で受ける場合は、さほど大きな横材は必要ありません。梁を柱と柱の間、特に大きな窓の上で大きな梁を受ける場合は、大きな横材が必要となります。梁の重みをその横材で支えなければならないからです。

最低でも120mm角ですが、できれば120mm × 150mmとか120mm × 210mmのような寸法の材を、外壁の上にぐるっと回した方が丈夫な構造になります。

柱の寸法も、ここで復習しておきましょう。普通の木造では、管柱は105mm角、通し柱は120mm角でつくります。コストに余裕がある場合は、すべての柱を120mm角とします。

　　　管柱→105mm × 105mm
　　　通し柱→120mm × 120mm

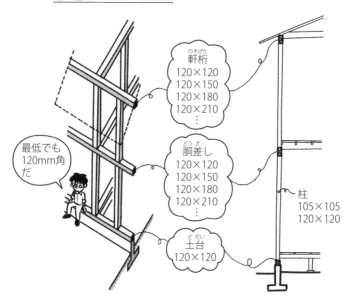

Q 柱と横材の仕口はどう留める？

A ほぞ差しで留めるのが普通です。

ほぞ差しとは、下図のように、柱の先を削って突起をつくり、横材の方には穴をあけて、柱の先をその穴に差し込んで留める仕口です。突起のある側が<u>ほぞ</u>、差し込まれる側が<u>ほぞ穴</u>と呼ばれます。汎用的な仕口で、木造のあらゆる場面で登場します。

柱と土台、柱と胴差し、柱と軒桁などは、ほぞ差しで留めるのが一般的です。梁が柱に当たる部分では、ほぞ差しのほかに、別の仕口も必要となります。

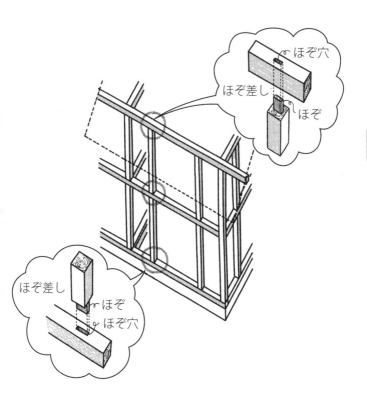

4

壁・軸組

Q 扇（おうぎ）ほぞとは？

A ほぞの断面が扇形（台形）のほぞです。

隅の柱と土台の仕口の場合、扇ほぞがよく使われます。土台の端の側の
ほぞ穴を狭くして、土台の強度が落ちるのを防ぎます。土台の端の断面
欠損を少なくするために、ほぞの形を台形にするわけです。

ほぞのある側を<u>男木（おぎ）</u>、ほぞ穴のある側を<u>女木（めぎ）</u>と呼びます。
これもついでに覚えておきましょう。

　　　<u>ほぞ側→男木</u>
　　　<u>ほぞ穴側→女木</u>

扇形断面
のほぞよ

おうぎ
扇ほぞ

どだい
土台の端
を傷めない
ように狭くする

Q 柱をほぞを使わずに金物で留めるには？

A 土台にパイプやプレートを付け、柱を差し込んだ後に横からドリフトピンを打ち込んで留めます。

ピン構法と呼ばれる、金具とドリフトピン（打ち込みピン）によって組み立てる方法です。金具はプレカット（事前に切断）工場で付けられ、現場では差し込んでドリフトピンを打ち込むだけで組み立てられます。ほぞよりも土台の断面欠損が少なくてすみます。

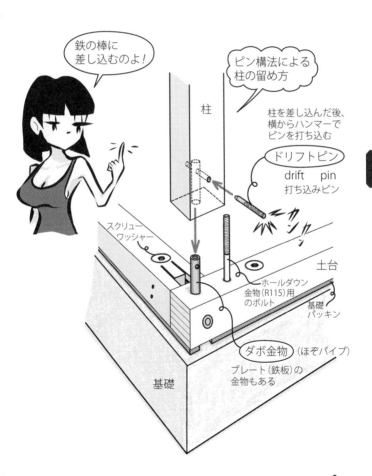

鉄の棒に差し込むのよ！

ピン構法による柱の留め方

柱

柱を差し込んだ後、横からハンマーでピンを打ち込む

ドリフトピン
drift pin
打ち込みピン

カンカン

スクリューワッシャー

土台

ホールダウン金物(R115)用のボルト

基礎パッキン

ダボ金物 (ほぞパイプ)

プレート（鉄板）の金物もある

基礎

4
壁・軸組

Q 管柱を横材に留める際に使われる金物は？

▼

A 山形プレート、短冊金物、T字形のかど金物などが使われます。

柱を横材にほぞ差ししただけでは抜けてしまいます。105mm角、120mm角などの細い柱では、金物を打たないと危険です。

かど金物には、L字形とT字形があります。隅の柱を留めるには、L字形のかど金物などが使われます。

（財）日本住宅・木材技術センターの基準に適合した金物の表示として、在来構法の金物には**Z**マーク、ツーバイフォー構法の金物には**C**マークが付けられています。

　　　在来構法の金物→**Z**マーク
　　　ツーバイフォー構法の金物→**C**マーク

山形プレート

短冊金物

かど金物

細くて弱い柱梁
金物打ってひと安心

たんざく
短冊

Q ホールダウン金物とは？

A 柱を基礎に直接留める金具です。

柱は普通、土台に留めます。土台はコンクリートの基礎に、アンカーボルトで留めます。しかしこの場合、柱と基礎は直接、金物で結ばれていません。

阪神・淡路大震災で、通し柱が抜けて倒壊する事例が多く見られました。震災以後、通し柱にはホールダウン金物が付けられるようになりました。直径16mm（M16）のアンカーボルトを、あらかじめ基礎に埋め込んでおきます。アンカーボルトで金物を留め、その金物は3本のボルトで柱に留めます。その結果、柱は土台を通り越して基礎に直接押さえ付けられることになり、基礎から抜ける心配がなくなります。

ホールダウンとはhold down（ホールドダウン）のことで、下に押さえ付けるという意味です。柱をボルトで引っ張って下に押さえ付けて、基礎に引き付けておくわけです。そのため引き寄せ金物とも呼ばれます。図で金具が土台から上に浮いて付けられているのは、隅には筋かいを入れるケースが多く、筋かいに金物がぶつかるのを防ぐためです。

ホールド　ダウン
hold down
下へ押さえ付ける

ホールダウン金物

下へ押さえ付ける

4

壁・軸組

Q 矩（かな）折れ金物とは？

▼

A 直角に折り曲げられた金物です。

🔲 矩とは直角のことです。矩折れ金物とは、直角に折り曲げられた金物のことをいいます。通し柱と横材の補強などに使われます。出隅（ですみ）に巻き込むように金物を打ちます。

かど金物は、L字形、T字形をした平らな金物です。間違えやすいので注意しましょう。

> 矩折れ金物→直角に折り曲げられた金物
> かど金物→L字形、T字形の平らな金物

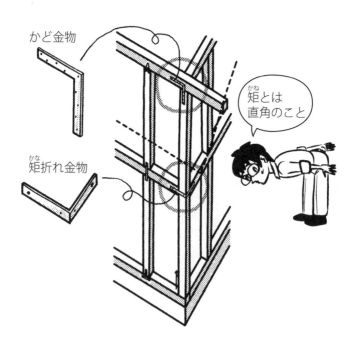

かど金物

矩折れ金物

> 矩とは
> 直角のこと

Q <u>羽子板ボルト</u>とは？

▼

A 羽子板の形をしたボルトです。

梁を軒桁に架ける場合など、直交する材を留める際によく使われます（R190参照）。梁を軒桁に仕口を使って落とし込み、さらに羽子板ボルトで締めて抜けないようにします。

羽子板の板の部分の穴にボルトを2本通して梁に取り付けます。羽子板の柄に当たる部分は直径12mm（M12）のボルトになっており、この部分を軒桁に通して、反対側からナットで締め付けます。管柱を胴差しに留める際に使われることもあります。

ボルトやナットが軒桁の外に出て外装のじゃまになる場合は、軒桁のボルトが飛び出す分、木を少し彫り込んで、ボルトの頭が軒桁の内側に納まるようにします。そのような金物のための小さな彫り込みを、<u>座彫り</u>といいます。ボルトやナットの座る所を彫るからです。

　　羽子板ボルト→直交する部材どうしを締め付けるボルト

羽子板の
形をした
ボルトよ

羽子板ボルト

Q 梁をあらわしで使う際に、羽子板ボルトの板を隠すには？

A 羽子板ボルトを梁の上に付ける、引きボルト、隠し金物、ピン構法による梁受け金物を使うなどします。

羽子板が露出すると美しくないので、金物を隠す方法がさまざまに考えられてきました。ナットの部分を穴に隠して蓋をする、ピン構法でピンの頭だけ出すなど。ボルトの頭の部分を彫り込む座彫りは、ほかの部材とぶつかることを防ぎ、蓋をすれば見ばえもよくすることができます。

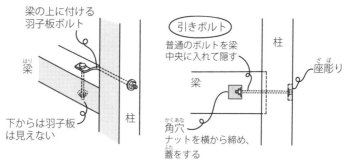

梁の上に付ける
羽子板ボルト

梁

下からは羽子板
は見えない

柱

引きボルト

普通のボルトを梁
中央に入れて隠す

柱

座彫り

梁

角穴
ナットを横から締め、
蓋をする

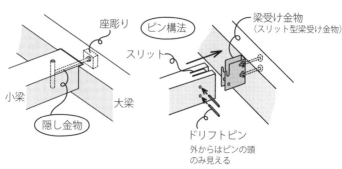

座彫り　ピン構法

小梁

隠し金物

大梁

スリット

梁受け金物
（スリット型梁受け金物）

ドリフトピン
外からはピンの頭
のみ見える

Q 筋かいプレートとは？

A 筋かいを柱と横材に留めるための金物です。

筋かいとは、柱と横材でつくられた枠が平行四辺形に崩れないように、斜めに入れる角材のことです。45mm×90mmがよく使われます。90mm×90mmの柱材を半分にした断面形です。

　　筋かい→ 45mm × 90mm

筋かいは、以前は長い釘だけで柱や土台などに留めていました。その場合、押す力（圧縮力）には強いのですが、引く力（引張り力）が加わると抜けてしまいます。筋かいプレートはそうした弱点を補強するためのものです。

筋かいプレートは、下図のように、長方形のコーナー部分が切り取られた平たい金物です。コーナーが切られているのは、かど金物、羽子板ボルトなどのほかの金物に当たらないようにするためです。筋かいのいろいろな角度に対応できるように、釘用の穴が多くあけられています。大きな穴はボルト用です。

筋かいプレートは外側で留めますが、図の右上のように内側で留める金物もあります。この場合、横材には上から釘を打つことになるので、引っ張られると抜けやすく、外側から留めるほど強度は高くありません。

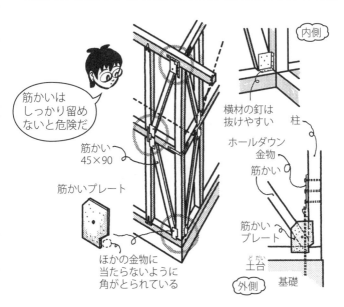

筋かいは
しっかり留め
ないと危険だ

筋かい
45×90

筋かいプレート

ほかの金物に
当たらないように
角がとられている

（内側）

横材の釘は
抜けやすい

柱

ホールダウン
金物

筋かい

筋かい
プレート

土台

基礎

（外側）

4

壁・軸組

Q 筋かいの<u>たすき掛け</u>とは？

A バツ印状に筋かいを入れることです。

45mm×90mmの筋かいを壁の中に対角線が交差する形に入れて、壁を補強します。筋かい1本の、約2倍の力をもつようになります。

和服の袖をたくし上げるのに、ひもを斜め十字に掛けたものがたすきです。そこから斜め十字形の筋かいを、たすき掛けと呼ぶようになりました。たすき掛けに対して1本の筋かいを、<u>片筋かい</u>といいます。

建築基準法では、木造の壁の耐震性を示すグレードとして、<u>壁倍率</u>を定めています。壁倍率は、壁や筋かいが負担できる水平力の大きさを表す指標です。

45mm×90mmを1本入れた片筋かいは、壁倍率は2倍です。45mm×90mmをたすき掛けにした場合は、壁倍率は4倍となります。

<u>45mm×90mmの片筋かい→壁倍率＝2倍</u>
<u>45mm×90mmのたすき掛け→壁倍率＝2×2倍＝4倍</u>

たすきに掛けると強さは倍増！

たすき掛け

Q 合板を筋かいの代わりにするには？

A 左右の柱、上下の水平材に掛かるように合板を張り、釘を100mm間隔などに打ち付けます。

合板を多くの釘で打ち付けると、筋かいのように抜けやすくなく、水平耐力が大きくなります。壊れるときは合板が割れるのではなく、釘が曲がったり抜けたりして横力に耐えようとします。

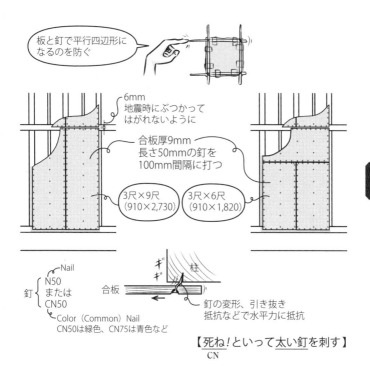

板と釘で平行四辺形になるのを防ぐ

6mm
地震時にぶつかってはがれないように

合板厚9mm
長さ50mmの釘を100mm間隔に打つ

3尺×9尺
(910×2,730)

3尺×6尺
(910×1,820)

Nail
N50
釘 または
CN50
Color（Common）Nail
CN50は緑色、CN75は青色など

ギ ギ 柱
合板
釘の変形、引き抜き抵抗などで水平力に抵抗

【死ね！といって太い釘を刺す】
CN

4
壁・軸組

• 板は構造用合板、MDF（Medium Density Fiberboard：中質繊維板）など。釘は長さ50mmの鉄丸釘N50、太め鉄丸釘CN50（主にツーバイフォー用）を100mm間隔（間柱200mm間隔）など。板の厚み、釘の間隔、筋かいとの併用などで壁倍率が異なります。

Q 耐力壁の平面上の配置は？

▼

A 位置、方向ともにバランスよく置きます。

耐力壁とは、筋かいや構造用合板を取り付けた、水平力に抵抗する壁です。筋かいや構造用合板のない壁は、耐力壁にはなりません。

梁の方向を梁間方向、桁の方向を桁行方向といいます。一般的には、短い方が梁間方向、長い方が桁行方向となります。

耐力壁は、梁間方向、桁行方向にバランスよく配置します。角の部分には力が集中するので、耐力壁で固める方が安全です。コーナーウィンドウをつくりたい場合は、その窓の両脇の壁を固める必要があります。

建築基準法では、壁量が決められています。簡易的な構造計算です。耐力壁の長さを各方向で別々に足し算して、その長さが一定量以上になるようにしなければなりません。その壁の長さは、実際の長さに壁倍率を掛けます。耐力壁の効力によって、倍率を変えるわけです。必要壁量は、建物の床面積や壁の表面積などで決められます。この計算では全体の壁の長さだけで、位置まで問われていませんが、注意する必要があります。

x方向の（壁の長さ×壁倍率）の合計≧必要壁量
y方向の（壁の長さ×壁倍率）の合計≧必要壁量

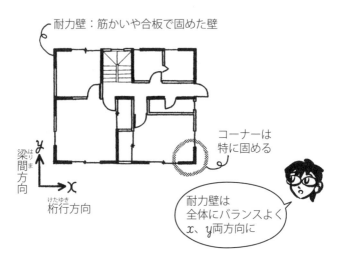

耐力壁：筋かいや合板で固めた壁

コーナーは
特に固める

梁間方向
桁行方向

耐力壁は
全体にバランスよく
x、y両方向に

● アンカーボルトは、耐力壁が倒れそうになったときに引き抜きの力が働くような場所に入れます。耐力壁のすぐ横か端にアンカーすると、引き抜き防止に効きます。

Q 南側に東西方向に長い縁側（えんがわ）のある場合の注意点は？

A 南側の耐力壁が少なくなるおそれがあることです。

下図のように南側の採光を最大に採ろうとする場合、どうしても南側だけ壁が少なくなります。南側の壁だけ弱くなり、そこが構造上の弱点となります。地震や台風によって横からの力が掛かると、南側壁面だけ平行四辺形になって、建物がねじれてしまいます。

また、長い縁側があって壁が少なく、屋根が瓦で重い建物は、地震に対して弱くなります。昔ながらの長い縁側をもつ家は、地震に対して注意が必要です。

対策として、南の壁にも、耐力壁をバランスよく配置する必要があります。窓が小さくなるのは、やむをえません。南面の採光を重視したい場合は、筋かいを露出して配置し、その外側にサッシを付けることもあります。筋かいを化粧として見せるわけです。露出した筋かいが無骨に見えるのを避けるために、<u>9mm 径程度の鉄筋を筋かいとして入れる</u>こともあります。その場合の鉄筋は、引張り方向にしか効きません。

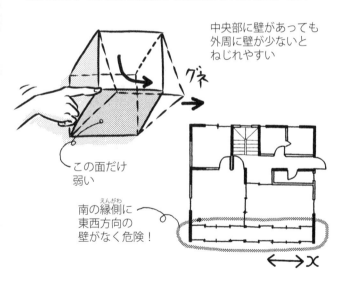

中央部に壁があっても
外周に壁が少ないと
ねじれやすい

グネ

この面だけ
弱い

南の縁側に
東西方向の
壁がなく危険！

←→X

4

壁・軸組

Q 2階の主要な壁の下に1階の壁は必要？

A 原則として必要です。

 2階の壁の下には、基本的には壁が必要となります。2階の壁の重さは、1階の壁が支えるからです。

小さな壁は、下に壁がなくても、梁で支えることができます。しかし柱を何本も立てる大きな壁の下に壁がないと、重さがうまく伝わりません。また耐力壁の下が空間だと、次項で述べるように構造的に問題となります。

1階をLDK、2階を寝室とする平面計画は多くありますが、その場合、1階の方が広い部屋となります。2階の個室の壁の下に壁をつくれないケースも出てきます。その場合は、LDKに小さな壁を入れて、補強するのがよいでしょう。構造のことを考えると、2階に広いLDKを置いて、下に狭い個室を並べる方が丈夫です。都市型の住宅では、日当たりのよい2階を広くて天井の高い居間にすることも考えてみましょう。構造的にも、計画的にも合理的な案と思われます。

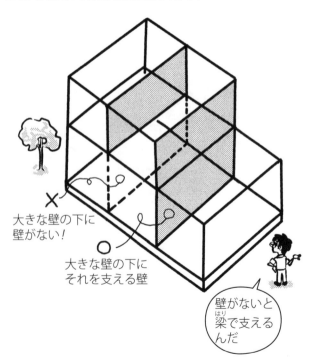

大きな壁の下に
壁がない！

大きな壁の下に
それを支える壁

壁がないと
梁で支える
んだ

Q 2階の耐力壁の下に耐力壁は絶対に必要？

A 絶対に必要です。

🔷 耐力壁の下に耐力壁がない場合、左下の図のように胴差しに下向きに大きな力が掛かります。胴差しが折れてしまうかもしれず、2階が壊れなくても、1階が壊れてしまいます。

壁の下には原則として壁が必要ですが、<u>耐力壁の下には必ず耐力壁を設けます。上下の耐力壁が一体となって、力を発揮します。</u>

上が固く下が柔らかい構造の例としては、<u>ピロティの駐車場の上に部屋</u>をつくった場合が挙げられます。1階に柱しかなく、2階には固い壁が多い場合、1階の柱に変形が集中して折れやすくなります。頭（屋根）が重く太っていて（2階が固い）、足腰が弱い（1階が柔らかい）ものは倒れやすいのです。

逆に、1階の耐力壁の上に耐力壁がないのは、何とかなります。下が固く、上が柔らかい場合は、上だけ固い建物よりも倒壊の心配は少なくなります。

耐力壁

耐力壁

固い

危険

耐力壁の下に
耐力壁がない
のは危険！

4

壁・軸組

Q 2階の柱の下に柱は必要？

▼

A 原則として必要ですが、部分的になら、なくても大丈夫です。

🔲 壁の下に壁があるように、柱の下には柱を置くのが原則です。ただし、部分的にずれるのは許容範囲です。胴差しや梁などの横材が、上の柱を支えることになります。

あまり極端に下の柱とずれている場合は、横材の負担が大きくなり、構造的に弱くなることもあります。メインの壁と柱は上下で一致、小さい壁や柱は部分的にずれていてもOKです。

> 耐力壁→上下で絶対に一致させる
> 大きな壁→上下で一致させる
> 小さな壁→上下不一致でも可
> 柱→上下で一致させる。部分的に不一致でも可

横材が
支える

柱の下に柱
がなくても
部分的ならOK

Q 間柱（まばしら）とは？

A 柱と柱の間に入れる壁を支えるための、45mm×105mm程度の角材です。

柱と柱の間に入れるので、間柱と呼ばれています。間柱といっても、柱のように太くはありません。45mm×105mmとか30mm×105mm程度の角材なので、重さを支える力はありません。壁の板がへこまないように、壊れないよう支えるために取り付ける材です。間柱は455mm程度の間隔で立てます。間隔が広いと、壁がたわんでしまうからです。

柱と間柱によって、両側の壁板を支えるので、壁の内部は空洞となっています。外壁ではこの空洞に、断熱材などを入れますが、内壁では空洞のままです。

柱→105mm×105mm、120mm×120mm
間柱→45mm×105mm、30mm×105mm

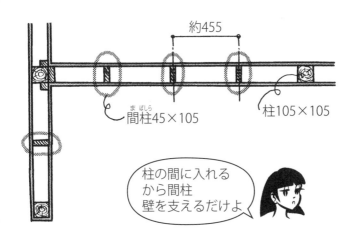

約455

まばしら
間柱45×105

柱105×105

柱の間に入れる
から間柱
壁を支えるだけよ

4

壁・軸組

• 間柱、筋かい、根太、垂木などの柱梁以外のサブの材のことを、羽柄材（はがらざい）といいます。隠れてしまう材という意味で野物材（のものざい）と呼ぶこともあります。一方、鴨居、敷居、天井板などの仕上げ材を造作材（ぞうさくざい）といいます。羽柄、野物、造作は大工用語でもありますが、ここで一緒に覚えておきましょう。

Q 間柱は1/100、1/50平面図ではどう表現する？

A 1/100では省略し、1/50では断面の中に細い斜め線を描きます。

1/100では柱幅の120mmは1.2mmにしかなりません。そのような縮尺の図面では、構造的に重要でない間柱は省略します。壁は太い1本線、柱は壁の中に正方形を描くだけです。いずれも太い断面線で描きます。1/50はもう少し細かい部分まで描けます。壁板の厚みも、2本線で何とか描けます。柱はその壁板の中に、正方形断面を描き、構造材とわかるようにバツ印を細い線で描いておきます。1/50でも間柱は小さくてバツ印は描きにくいので、細い斜め線を引いておきます。場合によっては、省略しても大工さんにはわかります。

　　構造材→バツ印、間柱→斜め線

1/50といえども間柱は小さいので、1本線で簡略化して描くこともあります。

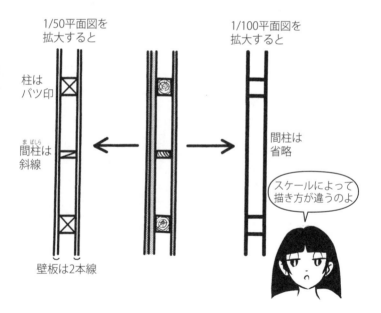

1/50平面図を
拡大すると

1/100平面図を
拡大すると

柱は
バツ印

間柱は
斜線

間柱は
省略

壁板は2本線

スケールによって
描き方が違うのよ

Q 筋かいと間柱がぶつかる所では、どちらを欠き込む？

A 間柱の方を欠き込み、筋かいを通して納めます。

筋かいは、柱と横材でつくられる枠が平行四辺形に崩れるのを防ぐ、大事な構造材です。筋かいを欠き込んだら、地震時に折れるおそれがあります。筋かいが折れれば、建物は倒壊します。

一方、間柱は壁を留めるための補助材です。重さを支えるわけでも、地震力に抵抗するわけでもありません。筋かいのある所では、必ずといっていいほど間柱とぶつかります。そこでは筋かいを勝たせて、間柱の方を欠き込む処理をします。間柱は筋かいや上下の土台、胴差し、軒桁などの横材に釘で留めるだけです。壁板を支えればいいだけだからです。

間柱

筋かいの方を勝たせるのよ

間柱は壁の板を支えるだけ

筋かいは欠き込まない！

Q <u>根太</u>とは？

A 床板の下に並べる角材のことです。

 食べ終わった駅弁の箱の上に割りばしを並べて、薄い蓋を置きます。このように棒を並べると、薄い蓋の上におもりを置いてもへこまなくなります。これが根太の原理です。

木造の場合も同様に、床板だけでは重みですぐに割れてしまうので、棒を下に並べて補強します。このように床を丈夫にするために、床板の下に等間隔に並べる角材のことを根太といいます。

床板を支える
棒が根太

Q 根太の太さと置く間隔は？
▼

A 45mm × 45mm（45mm角）、40mm × 45mm程度の太さで、303mm程度の間隔に置きます。

根太は断面が45mm × 45mm（45mm角）程度、片手で握ってもてるくらいの角材です。40mm × 45mmを使うこともあります。その場合は曲がりにくいように、45mmの方を縦にします。

間隔は910mmを3等分した303mm程度が基本ですが、和室では家具を置くことが少ないので、455mm間隔にすることもあります。またピアノや大型の本棚など重いものを置く所では、根太を303mmよりも密に入れます。

45mm角の角材を303mm間隔で並べることを、45×45@303と書きます。根太は45 × 45 @ 303と覚えておきましょう。

　　1階の根太→ 45 × 45 @ 303

@ 303と図面に書いたからといって、正確に現場で303mmピッチで並べるわけではありません。現場で部屋の長さを測って、何等分かにして303mmに間隔を近づけて工事をします。

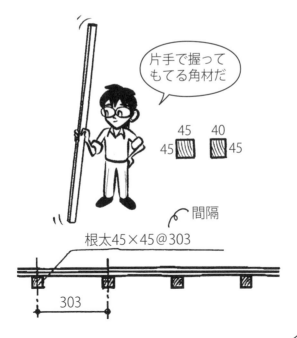

5

1階床組

Q 際根太（きわねだ）とは？

▼

A 床の端部、壁際に入れる根太のことです。

際（きわ）とは端部、境目のこと。床の際、壁際に入れる根太だから際根太といいます。部材はほかの根太と同じで、45mm×45mmや40mm×45mmを使います。際根太を指して根太といっても、間違いではありません。根太の中で重要な役目を担うので、際根太と呼ばれるわけです。初心者の描く断面図では、際根太がよく忘れられます。際根太がないと、床がたわんでしまいます。壁際にはタンスや本棚など重い家具を置くことが多く、壁材の重みも掛かることがあります。重みが集中する壁際の根太を省くと、床が壊れてしまいます。

ただし図面で際根太を忘れても、現場では大工さんが入れてくれるはずです。際根太を入れないと、床工事がうまくいかないからです。

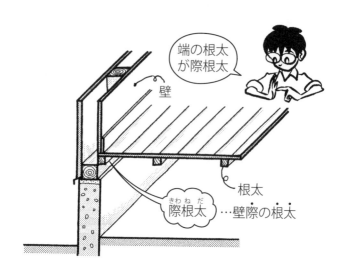

端の根太
が際根太

壁

際根太（きわねだ）…壁際の根太

根太

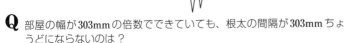

Q 部屋の幅が303mmの倍数でできていても、根太の間隔が303mmちょうどにならないのは？

▼

A 土台や際根太などの幅の分、根太を割り付ける幅が狭くなるからです。

図面で根太45×45＠303と書いてあっても、実際の根太間隔が303mmピッタリになることはまずありません。部屋幅が303mmの倍数であっても、土台の幅120mmや際根太の幅45mmの分、狭くなるからです。

壁から壁の芯々寸法が909mmの部屋に、根太を掛けることを考えます。中心線で909mm離れていても、土台には120mmの幅があります。左右60mmずつ引くと、909 − 2×60 = 789となります。幅789mmの床の両側に45mm角の際根太を置くと、際根太間の芯々寸法は789 − 2×22.5 = 744mmとなります。

744 ÷ 303 = 2.455と、303では割り切れません。この場合は744を3等分して、248mm間隔で根太を配置します。2等分して372mm間隔でも床はもちます。909mmという狭い例で考えましたが、6畳、8畳などの根太の割付けでも同じことがいえます。

土台の上に根太が載る場合は、柱、間柱の幅を引いた寸法となります。細かい寸法は現場で調整します。根太の場合は、階段の割付けなどと違って、ピッタリ等間隔に割る必要はありません。図面では＠303と書いていても、壁の芯々寸法と、土台や際根太などの部材の幅を入れた寸法との間にはずれがあるということです。

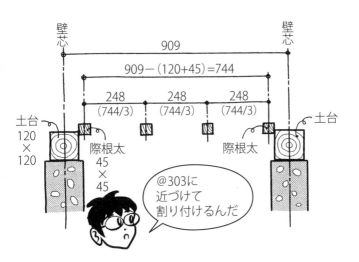

Q 根太と直交方向、平行方向の断面図はどうなる？

A 根太と直交方向では、根太の切断面が並んだ断面図となります。根太と平行方向では、根太は見え掛かりとなります。

根太と直交する方向で切断する場合は、わかりやすい断面図になります。根太の切断面が並んだ断面図になるからです（下図のⒶ）。

切断したものの輪郭線は、太い断面線で描きます。またその断面に斜め線を入れて、構造材の断面であることを表現します。柱や土台などの太い材の場合は、バツ印を入れます。記号である斜め線やバツ印は、細い線で描きます。1/10程度の大きい図面では、構造材の断面に年輪を描くこともあります。

根太と平行方向の断面図は、根太が奥の方に見えるだけとなります（下図のⒷ）。これを見え掛かりといいますが、見え掛かりの輪郭線は細い線で描きます。

　　　根太と直交方向の断面→切断面の形→太い断面線、細いバツ印や斜
　　　　　　　　　　　　　め線（記号）
　　　根太と平行方向の断面→見え掛かりの形→細い見え掛かり線

断面と見え掛かりの線の強弱、メリハリを付けることは、作図上、非常に重要です。初心者の図面では、断面と見え掛かりの違いを理解していないため、メリハリが付いていないものが多くあります。断面と、見え掛かりに、注意しましょう！

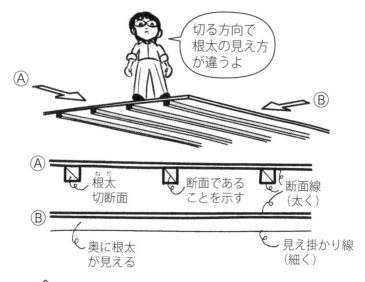

切る方向で
根太の見え方
が違うよ

Ⓐ

Ⓑ

Ⓐ　根太
　　切断面

断面である
ことを示す

断面線
（太く）

Ⓑ

奥に根太
が見える

見え掛かり線
（細く）

Q 根太を土台に留めるには？

▼

A 載せて留める。あるいは土台に根太彫（ねだぼ）りして、根太を少し欠き込み、少し落とし込んで留める。さらには、根太を土台にまったく載せない方法もあります。

根太をそのまま土台に載せると、根太上面の高さは、

根太上面の高さ＝基礎上面の高さ＋土台の高さ120mm＋根太の高
さ45mm
　　　　　　＝基礎上面の高さ＋165mm

となります。その上に板を張るわけです。1階の床高を低く抑えたい場合は、土台を根太彫りして根太を少し欠き込むなどの方法で、根太を落とし込みます。根太を20mm落とし込むと、根太の高さは実質25mmとなるので、

根太上面の高さ＝基礎上面の高さ＋土台の高さ120mm＋根太の実
質高さ25mm
　　　　　　＝基礎上面の高さ＋145mm

となります。土台の上に柱や間柱がある場合は、土台に根太を載せられない部分が出てくるので、別の方法を考えなければなりません。

Q 根太掛け（ねだがけ）とは？

A 根太端部を掛けるための30mm×90mm程度の角材です。

根太は土台に載せる場合もありますが、土台に直接載せるよりも低くする場合、高くする場合、柱や間柱がじゃまで載せられない場合などに、根太掛けを打ちます。

30mm×90mmの角材を釘で土台や柱に打ち付け、その上に根太を載せます。根太を受けるので、根太受けともいいます。根太受けは、普通はツーバイフォー構法で使う根太を支える根太受け金物を指しますが、この場合の根太掛けも根太受けと呼ぶことがあります。

　　根太掛け→根太を下で受ける材…根太と直交
　　際根太→壁際の根太…根太と平行

初心者の描く矩計図（断面詳細図）では、この根太掛けと際根太が描かれていないものが多く、また混同している場合も多いので注意しましょう。

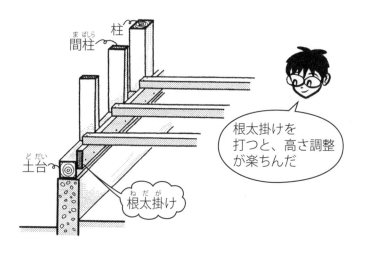

柱

間柱（まばしら）

土台（どだい）

根太掛け（ねだがけ）

根太掛けを
打つと、高さ調整
が楽ちんだ

Q 1　壁際の根太は何という？
　　2　根太を端で支える材は何という？

▼

A 1　際根太といいます。
　　2　根太掛けといいます。

💠 際根太、根太掛けを、もう一度復習しておきましょう。際根太、根太掛けは、初心者が忘れやすく、混同しやすいものです。下図でしっかりと理解して、覚えておきましょう。

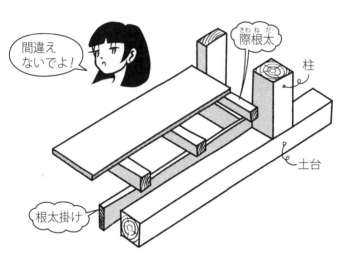

間違えないでよ！

きわ ね だ
際根太

柱

土台

根太掛け

Q <u>大引（おおびき）</u>とは？

▼

A 根太を支えるための90mm×90mm程度の角材で、根太に直交して910mm程度の間隔で配置します。

 45mm角の細い根太を土台から土台に掛けただけでは、すぐに曲がってしまいます。そこで、910mm（半間）程度の間隔で太い角材を入れて、細い根太を下から支えるようにします。その太い角材を大引といいます。大引には一般に、90mm×90mmの角材が使われます。90mm角の角材は柱材としては細めですが、両手を使わないともてない太さです。105mm×105mmの大引も、たまに見られます。

根太などを掛け渡す寸法を<u>スパン</u>といいます。つまり横材を橋渡しする寸法、どれくらい飛ばすかがスパンです。ここでは、大引の間隔が、根太を掛け渡すスパンとなります。

大引の間隔は半間程度ですが、建物の基本寸法が910mmの場合は910mm間隔（@910）、基本寸法が909mmの場合は909mm間隔（@909）とします。

　　　<u>大引→90×90＠910</u>

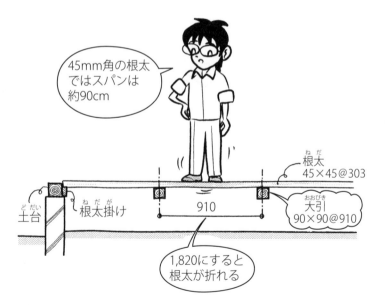

45mm角の根太ではスパンは約90cm

根太
45×45＠303

土台

根太掛け

910

大引
90×90＠910

1,820にすると根太が折れる

Q 断面図を描く際、切る方向を変えると根太と大引はどうなる？

A 根太の切断面が見える場合（下図の⒜）は大引は見え掛かりとなり、大引の切断面が見える場合（下図の⒝）は根太は見え掛かりとなります。

　根太と大引は直交しているので、一方が切断面であれば、一方は見え掛かりとなります。切断面の輪郭線は太い断面線で描き、根太の切断面には斜め線、大引の切断面にはバツ印を記号として細い線で描きます。奥に見える見え掛かりの場合は、輪郭線も細い見え掛かり線で描きます。切断部分の太い線と見え掛かり部分の細い線は、くっきりとメリハリを付けてください。初心者の図面では、この区別ができていないケースが多いです。断面の太線、見え掛かりの細線の区別、メリハリはしっかりとここで覚えておきましょう。

　　切断面→太い断面線、細い斜め線（根太）、バツ印（大引）
　　見え掛かり→細い見え掛かり線

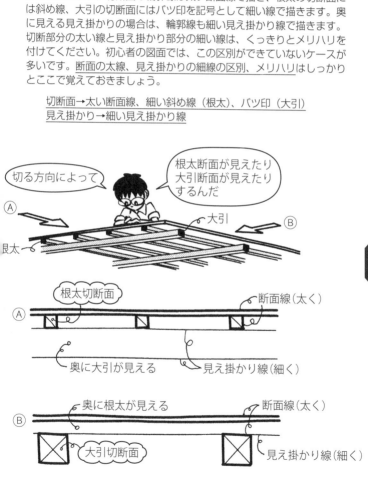

Q 大引はどうやって支える？

A 910mm（半間）程度の間隔で束を立てて下から支えます。

短い柱のことを束といいます。1階の床に使う束は、床束とも呼びます。束は90mm×90mm程度の大引と同じような柱材を使います。大引は910mmピッチで並べるので、束は910mmの正方形グリッド状に並ぶことになります。

910mmピッチは建物全体の基準寸法によって、909mmピッチ、900mmピッチとなることもあります。

束を直接土の上にそのまま立てると、重さで沈んでしまって、束も腐ってしまいます。そうしないためにも、束石というコンクリートのブロック（200mm×200mm×200mm）の上に立てます。べた基礎の場合は、耐圧版がコンクリートでできているので、そのまま耐圧版の上に束を立てます。

> 根太→45×45＠303
> 大引→90×90＠910
> 束→90×90＠910
> 束石→200×200×200

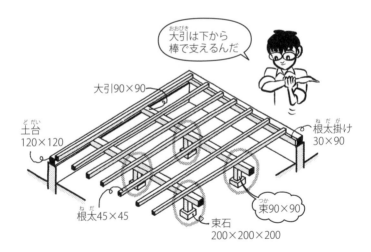

大引は下から棒で支えるんだ

大引90×90

土台 120×120

根太掛け 30×90

根太45×45

束90×90

束石 200×200×200

• 束とは短いことを意味し、束の間は短い時間、束柱は短い柱を指します。その束柱を省略して束と呼ぶようになりました。

Q 鋼製束（こうせいづか）とは？

A 鋼でできた、高さの微調整ができる既製品の束です。

木製の束は、90mm×90mmの角材を高さを決めて切るので、後から高さの微調整はできません。既製品の鋼製の束には、ボルトが仕込まれていて、ナットを回すことで高さの微調整ができるようになっています。最初に大枠の高さを決めてその高さでロックし、後からボルト部分で微調整するような仕組みです。

鋼（steel）は、鉄（iron）に炭素を入れて粘り強くしたものです。鋼製束にはサビを防ぐために、表面に亜鉛めっきが施されています。木製の束のように、シロアリの心配もありません。

既製品にはプラスチック製の束（プラ束）もあります。マンションでコンクリートの版から床を持ち上げる場合などに、プラ束や鋼製束がよく使われています。木造住宅でも、既製品の束がかなり使われるようになってきました。

既製品の束を使う場合でも、910mm（半間）程度の間隔で大引を支えます。また、束石や耐圧版の上に立てるのも木製の束と同様です。

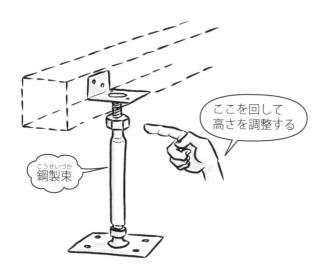

ここを回して
高さを調整する

こうせいづか
鋼製束

5

1
階
床
組

Q <u>根がらみ貫</u>とは？

A 束どうしを留めるために打つ 15mm×90mm 程度の角材です。

 <u>平べったい角材のこと</u>を貫（ぬき）といいます。柱の中を貫いて柱どう
しを連ね、柱が転ぶ（倒れる）のを防いだことに由来します。昔の木造
では、このような貫を多く使いました。根がらみとは、束を根として、
それにからみ付くように留めることです。根にからむように留める貫だ
から根がらみ貫といいます。柱の貫は柱に穴をあけて、その中を通すも
のですが、束の場合は横から釘で打ち付けるだけで OK です。
根がらみ貫は、大引と直交する方向に取り付けます。大引方向は、大引
が束の頭を留めているので、振れたり転んだりする心配はさほどありま
せん。大引と直交する方向は、転ぶ心配があるからです。長い束の場合
は、両方向に根がらみ貫を入れて補強します。

束の転び止め
のためだよ

根がらみ貫（ぬき）
15×90

大引（おおびき）と直交方向

Q 大引と束を<u>かすがい</u>で留めるのは？

A 相互が離れないようにするためです。

かすがいとは、下図のようなコの字形の釘です。横から大引と束の両方に打ち込んで、相互が離れないようにします。

長さは大引の高さと同じ90mm、直径は9mm程度です。断面は三角形のもの、円形のものなどがあります。三角形のものは木の内部にめり込んで、よりしっかりと留まります。

束は平らに切ることが多いですが、大引がずれないようにデコボコにほぞを彫ることもあります。

部材相互が離れないようにする場合、かすがいはよく使われています。柱を土台に付ける場合、以前はかすがいが使われました。最近ではより離れにくくするために、ホールダウン金物や山形プレートなどを使います。

「子はかすがい」とは、夫婦間に子がいる場合、離れにくくなることを指し、この金物に由来することわざです。

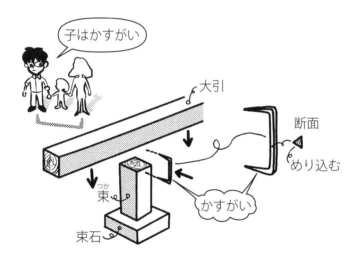

子はかすがい

大引

断面

めり込む

束

かすがい

束石

5

1階床組

Q 幅1間×長さ2間（1.8m×3.6m）の1階廊下の床組は？

A 下図の上のように、大引を廊下中央の長手方向に入れ、根太は直交方向に入れます。

計算を簡単にするため1間＝1.8mとします。大引は太い材なので、なるべく少なく使うことを考えて床組をします。下図の下のように短手方向に大引を半間間隔で3本入れるとすると、3本×1.8m＝5.4mですから、5.4m程度の長さが必要となります。長手方向に入れた場合の3.6m程度よりも長くなってしまいます。

大引は、部屋の長手方向に入れるのが定石です。長手方向に入れれば、大引の総延長を短くすることができます。根太は大引に比べて細く、安い角材なので、大引の方向を先に決めておくわけです。

根太、大引、土台を描いた床組の平面図を、床伏図といいます。1階の床なので、1階床伏図です。1階の床板をはがして、1階に立った目線の高さで水平に切断して、下を見た場合の構造図が、1階床伏図です。床伏図には、束（バツ印）、柱（下図では省略）、アンカーボルト（下図では省略）なども描き込みます。

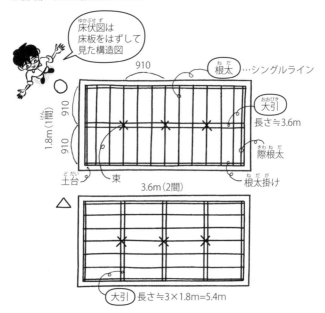

• 最近では、床伏図もプレカット業者が描き、設計者は床伏図、プレカット図をチェックするだけのこともあります。

Q 1階の6畳の部屋（2.7m × 3.6m）の床組は？

A 下図のように、大引を長手方向に2本通し、それと直交するように根太を303mm間隔に入れます。

 大引は、長手方向に入れます。大引の総延長は2本×3.6m＝7.2m。短手方向に大引を入れると3本×2.7m＝8.1mと少し長くなります。短手方向に大引を入れても間違いではありませんが、普通は大引が短くなる方向に入れます。

根太の間隔は303mmが普通です。和室では、間隔を455mmとすることもあります。畳の部屋の真ん中には、大きな家具を置かないからです。45mm角の根太を303mm間隔に入れることを、45×45 @ 303 と間隔のことを@（アットマーク）で表します。

910mmのグリッドを3等分して根太を描くと、土台の側の根太と際根太の間隔だけ狭くなります。部屋の隅だけ根太間隔を狭くする掛け方もあります。部屋の隅には、家具を置くことが多いからです。

図面ではこのように描いても、現場で間隔を調整して、ちょうど等間隔に根太を配置することもあります。その場合は、根太は910mmの位置からずれることになります。その場合でも図面では面倒なので、910mmのグリッドに載せて根太を描きます。束の×印の所を、根太が通ることになります。

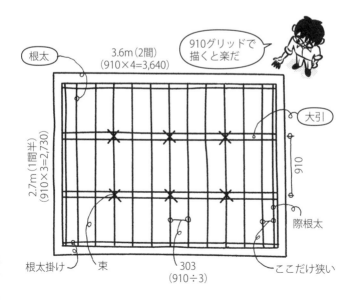

5

1階床組

Q 1階の4畳半の部屋（2.7m × 2.7m）の床組は？

A 下図のように、大引を2本通し（縦、横どちらでも可）、それと直交するように根太を303mm間隔に入れます。

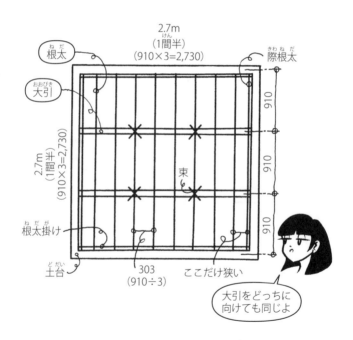

4畳半は正方形なので、大引はどちら向きに入れても同じです。大引の方向、根太の方向は、経済性だけで決めることがほとんどです。

縁甲板（えんこういた）といって細い板をつなぎながら床板をつくる方法があります。その縁甲板を下張りの板なしに張る場合、根太と縁甲板は直交している必要があります。その場合は、大引ではなく、根太の方向にこだわる必要が出てきます。

8畳の部屋も、3.6m × 3.6mなので、大引はどちら方向に入れても同じことになります。

図中のラベル：
- 根太（ねだ）
- 際根太（きわねだ）
- 大引（おおびき）
- 束
- 根太掛け（ねだがけ）
- 土台（どだい）
- 2.7m（1間半）（910×3＝2,730）
- 2.7m（1間半）（910×3＝2,730）
- 910 / 910 / 910
- 303（910÷3）
- ここだけ狭い
- 大引をどっちに向けても同じよ

Q ツーバイフォー構法では、1階の床組はどうする？

A 背の高い平べったい根太を土台から土台まで掛け渡し、455mm間隔で並べ、合板を打ち付けて固めます。

幅が2インチ（38mm）の平べったい根太を455mmピッチに機械的に並べて、合板を釘打ちして水平方向の面剛性を出します。<u>根太端部は、土台の半幅だけ土台に載せ、根太ころび止めをはさむ</u>というツーバイフォー構法独特の組み方をします。1階床組だけ在来構法のように束、大引、根太と、組むこともあります。<u>合板を釘打ちすることで面剛性を出すので、火打は不要です。</u>

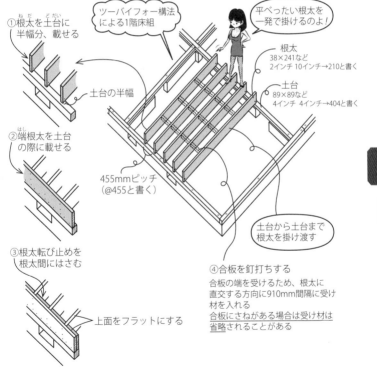

① 根太を土台に半幅分、載せる

土台の半幅

② 端根太を土台の際に載せる

③ 根太転び止めを根太間にはさむ

上面をフラットにする

ツーバイフォー構法による1階床組

平べったい根太を一発で掛けるのよ!

根太
38×241など
2インチ 10インチ→210と書く

土台
89×89など
4インチ 4インチ→404と書く

455mmピッチ
（@455と書く）

土台から土台まで根太を掛け渡す

④合板を釘打ちする
合板の端を受けるため、根太に直交する方向に910mm間隔で受け材を入れる
合板にさねがある場合は受け材は省略されることがある

5

1階床組

Q 1階の床を、根太を使わない根太レスで組むには？

A 大引などの横材を910mm（半間）間隔に格子状に組み、厚い合板を架けて、釘を150mm間隔に打ち付けます。

 横材の上端を、ツーバイフォー構法のようにフラットにして、上から24、28、30mmなどの厚い合板を打ち付けます。厚板の釘打ちによって水平面の固さ（面剛性）を出すので、火打は不要となります。火打は留め方によって効果があやしくなりますが、合板と釘による構法は、水平面がしっかりと固まり、頑丈な床（剛床：ごうしょう）となります。ツーバイフォー構法の利点を、在来構法に取り入れた形です。根太を使わないので根太レスと呼ばれます。

<u>根太レス　910角の正方形グリッドに横材を組む→厚板を釘打ち</u>

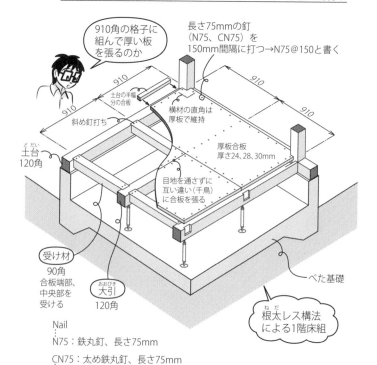

Nail
N75：鉄丸釘、長さ75mm
CN75：太め鉄丸釘、長さ75mm
Color（Common）Nail　ツーバイフォー構法用だが、在来構法でも使われる

Q 1階6畳の部屋を根太レスで組んだ場合の床伏図はどのようになる？

A 下図のように、120mm角の大引と90mm角の合板の受け材（甲乙梁：こうおつばり）を910mm角の正方形グリッドに組み、上から24、28、30mmなどの厚板を打ち付けます。

長手方向に大引を910mm間隔に入れ、それに直交させて受け材を910mm間隔に大引から大引に掛けます。全体として910角の正方形グリッドができるのが、根太レス構法の特徴です。4.5畳でも8畳でも似たような組み方となります。

大引、受け材、土台の上面はそろえ、厚板を釘で打ち付けて面剛性を出します。アンカーボルトの頭を出すとじゃまになるので、スクリュー座金（R086参照）を用いて土台上面をフラットにします。

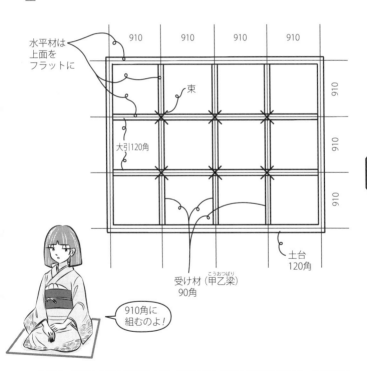

水平材は上面をフラットに

910　910　910　910

910　910　910

束

大引120角

土台120角

受け材（甲乙梁）こうおつばり　90角

910角に組むのよ！

5

1階床組

• 合板は、1階は大引と直交方向に、2階は梁と直交方向に敷きます。合板相互の端は910mmずつずらし、千鳥（ちどり）に配し、弱点となる継目が通らないようにします。2階では梁に直交方向で千鳥に張ります。

Q 火打土台を土台に留めるには？

A 傾ぎ大入れボルト締め（かたぎおおいれボルトじめ）で留めます。

火打とは、45°に傾けて、直交する部材の直角を維持するために補強する斜材のことです。火打土台とは、土台に入れる火打です。火打梁とは2階の梁や胴差しに架ける火打です。

火打土台は、90mm×90mm程度の部材を使って、12mm径程度のボルトで留めます。30mm×90mmの部材を釘打ちで留めている例もありますが、面剛性（面の硬さ）を維持する力はかなり弱くなり、おすすめできません。また鋼製の既製品もよく使われます。

大入れとは、材の断面全体をほかの部材に入れることです。材の大きさごと、そのまま突っ込むわけです。傾ぎ（かたぎ）とは、傾きです。材の先端を傾けて差し込むことです。

よって傾ぎ大入れとは、先端を傾けて、材の全断面をそのまま差し込む仕口のことになります。傾ぎ大入れボルト締めとすることで、土台と火打土台が一体化されて、土台の直角が崩れにくくなります。

仕口とは、部材と部材がある角度で交わる接合部のことです。普通は90°の接合部ですが、火打の場合は45°の接合部です。

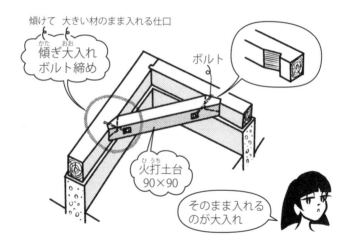

傾けて　大きい材のまま入れる仕口

傾ぎ大入れ
ボルト締め

ボルト

火打土台
90×90

そのまま入れる
のが大入れ

Q 土台の継手（つぎて）は？

A 腰掛けあり継ぎ（こしかけありつぎ）です。

継手とは、部材を軸方向につなぐ接合部のことです。角度をもった接合部は仕口、軸方向の接合部は継手です。

> 継手→軸方向の接合部
> 仕口→角度をもった接合部

あり（蟻）とは、先の広がった台形のほぞです。ほぞとは、部材の先を削り出して、別の部材を差し込む部分のことです。三角形の蟻の頭に似ていることから、あり継ぎと名付けられたともいわれています。ありで継ぐと、引っ張っても抜けなくなります。

腰掛けとは、互い違いに部材を削って、一方が他方に腰掛けるように継ぐことです。上に載る方にアンカーボルトを締め、下の基礎に押さえ付けます。そうすると下になった部材は、浮き上がらなくなります。

引っ張って抜けない、上に浮かないという利点から、土台の継手には腰掛けあり継ぎが一般に使われます。

【土台に腰掛ける蟻さん】
腰掛け　あり継ぎ

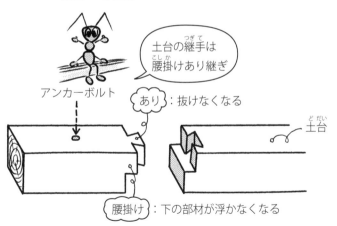

土台の継手は
腰掛けあり継ぎ

アンカーボルト

あり：抜けなくなる

土台

腰掛け：下の部材が浮かなくなる

5

1階床組

Q <u>腰掛け鎌継ぎ（こしかけかまつぎ）</u>とは？

A 下図のような、土台などに使う継手です。

土台の継手では、腰掛けあり継ぎが一般的ですが、腰掛け鎌継ぎを使うこともあります。腰掛け鎌継ぎは、加工も精密になるので、より高度な方法とされています。

ほぞの形がありか鎌かの違いです。ありは斜めの台形状に広がりますが、鎌は垂直に広がります。抜ける方向に対して、鎌の方が引っ掛かりやすく、そのため抜けにくくなります。

<u>四方鎌継ぎ</u>という、面白い継手もあります。柱の4面、どれを見ても同じ形の鎌が見えます。その形から、夫婦の寝室の柱に使うと子宝に恵まれるという俗説まであります。同じようなものに、<u>四方あり継ぎ</u>もあります。

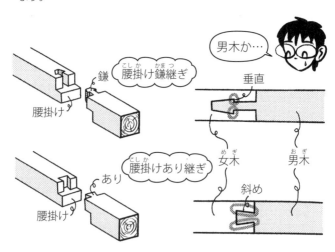

Q プレカットとは？

A 広義には事前に（pre）切断する（cut）ことですが、狭義にはプレカット工場にて継手、仕口を含めて機械でカットすることです。

継手、仕口は、以前は大工さんが手作業でつくっていました。今ではプレカット工場での製作が一般的になりつつあります。高度な職人技が不要、工期短縮、経費削減などのメリットによります。

プレカットした継手、仕口は、機械で削るため円弧状の部分が多いので、すぐにわかります。ありや鎌の形も、機械が簡単につくってくれます。円弧状にくり抜くため、ノミで彫った角ばった継手、仕口に比べ、力や変形が角に集中しにくく、割れにくくなり、耐力は手彫りよりも高い傾向にあります。

手作業による職人技がすたれて、機械作業に取って代わられています。馬車から蒸気機関へ、手織物から機械織物へ、原稿用紙からワープロへ、手描き図面からCAD図面へ、時代の流れは止められません。機械を否定するのではなく、むしろ変化に柔軟に対応して、少しでも良質の建物をつくることを考えるべきかもしれません。

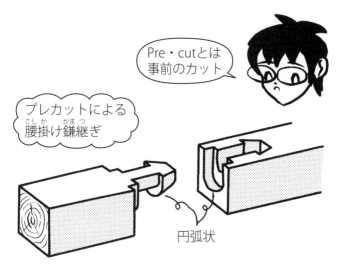

Pre・cutとは
事前のカット

プレカットによる
腰掛け鎌継ぎ

円弧状

Q 継手と仕口の違いは？

▼

A 継手は直線状の接合部、仕口は角度の付いた接合部です。

木造の基本的な用語なので、ここで覚えておきましょう。

在来構法では、大工さんは継手、仕口に情熱をそそぎます。その部分がきれいに納まるか否かで、建物の出来がかなり違ってくるからです。継手、仕口は何百年もの間、無数の大工さんたちが試行錯誤を繰り返してでき上がったものです。金物を使わずに、すっきりと木と木を一体化させるための技術です。

ツーバイフォー構法では金物と釘ですませてしまいますが、在来構法では多くの継手、仕口の形が伝えられています。最近では機械で継手、仕口を事前にカット（プレカット）する場合もあります。しかし機械の削り出す形も、従来の継手、仕口を参考にしたものです。

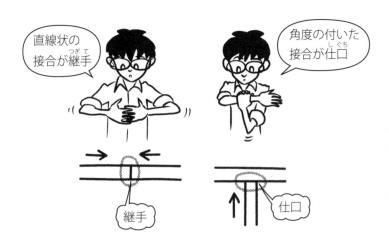

Q 2階の床に使う根太の太さと置く間隔は？

A 45mm × 105mm 程度の太さで、303mm（300mm）間隔に置きます。

1階の根太は 45 × 45 @ 303、2階の根太は 45 × 105 @ 303 です。@は間隔という記号で、@ 303は303mm間隔という意味です。間隔は同じですが、根太の太さはだいぶ違います。

45mm × 45mmの角材は、片手で簡単にもてますが、45mm × 105mmは片手ではかなり重い感じです。2階に使う根太は、柱を半分にした程度の角材を使います。まずはこの太さと間隔を覚えてしまいましょう。

1階根太 → 45 × 45 @ 303
2階根太 → 45 × 105 @ 303

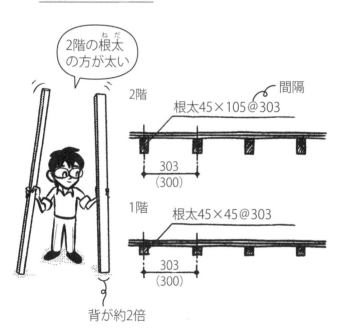

2階の根太
の方が太い

間隔

2階
根太45×105 @ 303

303
(300)

1階
根太45×45 @ 303

303
(300)

背が約2倍

6

2階床組

Q 2階の根太が1階の根太に比べて太いのは？

▼

A 2階の根太の方がスパンが長いからです。

2階の部屋の床の下にある根太は梁で支えられています。部屋の中に柱は立てられないので、梁を架けて根太を支えるわけです。梁は太い材で高価なので、少なめに入れます。普通、梁は1間おきに入れるので、根太のスパンも1間となります。1間のスパンだと、45mm×45mmの細い材ではもちません。45mm×105mmの太い材が必要となります。

一方、1階の部屋の床下は土なので、束が立てられます。束はたくさん立てても、床下なのでじゃまにはなりません。束で大引を支えて、それに根太を掛けます。大引は安い材なので、半間間隔で入れます。半間のスパンだと、根太は45mm×45mmでももちます。

2階の根太は1間のスパンなので、太い材が必要になるわけです。梁を半間間隔に並べれば、45mm×45mmでももちますが、コストが掛かってしまいます。根太は安いけれど、梁は高いのです。

> 2階→根太のスパン＝1間→45mm×105mm
> 1階→根太のスパン＝半間→45mm×45mm

束(つか)が立てられないから梁(はり)を架けるんだ

下が空間だから梁で支える

スパンが長いので太い根太が必要

1間(けん)

Q 2階の床の断面図を描く際、切る方向を変えると根太と梁はどうなる？

A 下図のように、根太と直交する方向（下図の⒜）で切ると、根太の切断面が並び、梁は見え掛かりとなります。根太と平行の方向（下図の⒝）で切ると、根太は見え掛かりとなり、梁は切断面となります。

断面図とは、ある面で切断して見た図です。切断面の奥にあるものは、見えるだけなので、見え掛かりと呼びます。切断した材の輪郭線は太線の断面線で描き、奥に見えるものは細い見え掛かり線で描きます。根太や梁の切断面には、構造材とわかるように根太には斜め線、梁にはバツ印を細い線で描き込みます。

この断面と見え掛かりをはっきりと区別して考え、メリハリを付けて描き込むことが重要です。初心者の図面では、この断面と見え掛かりが区別できていないことがよくあります。頭ではわかったと思っていても、実際に図面を描くと線の太さが一緒になってしまったりします。最初のうちは立体をイメージしながら、意識してメリハリを付けましょう。

切断面→太い断面線
見え掛かり→細い見え掛かり線

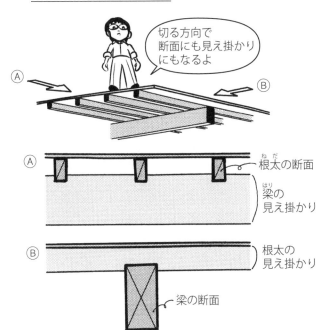

切る方向で
断面にも見え掛かり
にもなるよ

⒜

⒝

⒜　根太（ねだ）の断面

梁（はり）の
見え掛かり

⒝　根太の
見え掛かり

梁の断面

6

2階床組

Q スパンが2間（3,600mm）、1間半（2,700mm）の場合、梁の大きさは？

A それぞれ約120mm×300mm、120mm×210mmです。

梁を1間（1,800mm）間隔で並べるとすると、樹種によって多少の違いはありますが120mm×300mm、120mm×210mm程度の材となります。梁成（梁の高さ）は、スパンの約<u>1/12</u>です。梁の並べ方の間隔を密にしたり疎にしたりすると、梁の太さは変わってきます。<u>普通は1間間隔に並べます。</u>

これくらいの太い材になると、2人がかりでやっと持ち上げられる重さです。棟上げのときは、クレーンを使うことが多いです。

<u>スパン2間（3,600mm）→梁：120mm×300mm</u>
<u>スパン1間半（2,700mm）→梁：120mm×210mm</u>

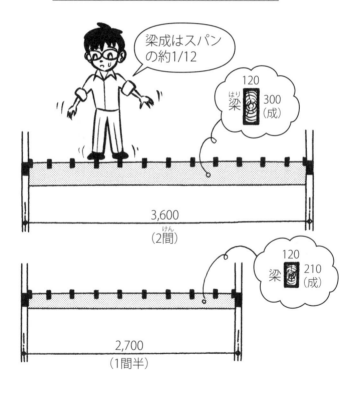

梁成はスパンの約1/12

120
梁（はり）300（成）

3,600
（2間）（けん）

120
梁 210（成）

2,700
（1間半）

Q 幅1間×長さ2間（1.8m×3.6m）の2階廊下の床組は？

A 下図のように、短辺の方向に45mm×105mmの根太を303mm間隔に掛け渡します。

45mm×105mmの根太は、1間、掛け渡すことができます。1間のスパンしかない場合は、そのまま根太をすなおに並べるのが正解です。

1階の根太に使う45mm×45mmを使って床を組むこともできます。しかし、45mm×45mmは、半間しか渡りません。それ以上長いスパンでは、根太が折れてしまいます。そこで半間の位置に梁を入れて支えることになります。この梁は2間のスパンなので、120mm×300mmという大きなものです。45mm×45mmという細い根太を掛けるために、120mm×300mmという大きな材を使わなければなりません。これでは不経済です。やはり45mm×105mmで1間渡してしまう方が合理的です。

45mm×105mm→1間スパン
45mm×45mm→半間スパン

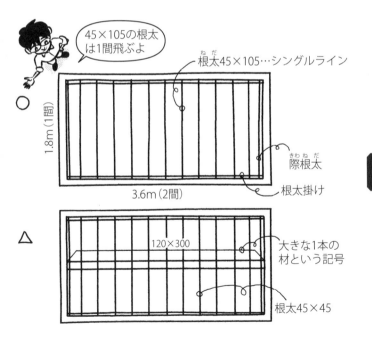

45×105の根太
は1間飛ぶよ

根太45×105…シングルライン

○

1.8m（1間）

3.6m（2間）

際根太

根太掛け

△

120×300

大きな1本の
材という記号

根太45×45

Q 2階の6畳の部屋（2.7m × 3.6m）の床組は？

A 下図のように、3.6mの中央に120mm × 210mmの梁を架けて、それと直交するように45mm × 105mmの根太を303mm間隔に置きます。

梁を小さなものですませる工夫が、工費を安くするためには必要です。梁を小さくするために、スパンの短い方に架けます。

　　短いスパン→梁が小さくてすむ

3.6mに梁を架けると120mm × 300mmの材が必要となります。よって短い2.7mの方に梁を架けます。2.7mのスパンならば、120mm × 210mmの材ですみます。

3.6mの中央に梁を架けると、根太のスパンはちょうど1.8m、1間となって好都合です。45mm × 105mmの根太がちょうど渡ります。

梁の架け方は、何度か練習すると、数表を見ながらできるようになります。梁の架け方のパターンを暗記する必要はありません。

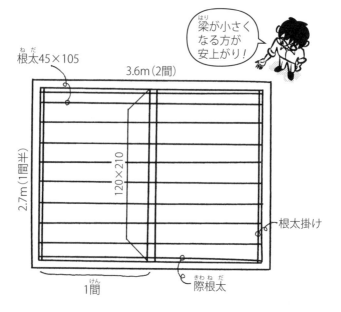

梁が小さく
なる方が
安上がり！

根太45×105

3.6m（2間）

120×210

2.7m（1間半）

根太掛け

1間

際根太

Q 2階の4畳半（2.7m × 2.7m）の床組は？

A 下図のように、120mm × 210mmの梁を1本渡し、それと直交するように45mm × 105mmの根太を303mm間隔に置きます。

120mm × 210mmの梁は、中央に架けても、半間グリッドに載るように（壁から半間の位置に）架けてもかまいません。

梁は胴差しにも置けるので中央に架けてもいいのですが、できれば柱の上に載せる方がよいでしょう。重さが直接柱に掛かり、胴差しなどの横材に余計な力が掛かりません。柱は半間グリッドに置くことが多いので、下図のように描いてみました。

どちらの架け方にしろ、根太のスパンは1間（1.8m）以内となって、45mm × 105mmの根太で十分もちます。根太のことだけを考えると、梁を中央に置いた方がスパンが短くなって、根太自体がたわみにくくなります。

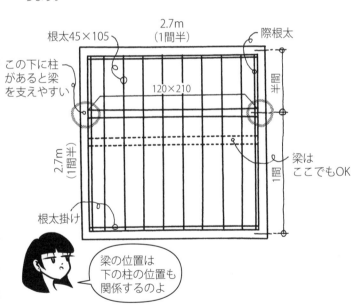

根太45×105

2.7m
（1間半）

際根太

この下に柱があると梁を支えやすい

120×210

1間半

2.7m
（1間半）

1間

梁はここでもOK

根太掛け

梁の位置は下の柱の位置も関係するのよ

Q 8畳（3.6m×3.6m）の1階、2階の床組は？

A 下図のようになります。

おさらいの意味で、8畳間の1階床伏図と一緒に、2階床伏図を描いてみましょう。一見、複雑に見えますが、考えながら描くと、案外簡単に描けるものです。
柱は想定で入れてあります。下の階の柱（束）はバツ印（×）、その階の柱は黒塗り（または太い断面線）で示します。柱は105mm×105mmです。120mm×120mmの通し柱も入れてみました。通し柱は丸印（○）で表します。
火打も描いてみました。1階の火打は火打土台、2階の火打は火打梁ともいいます。床の面剛性をつくるために入れる90mm角（または105mm角）の角材です。
1階の根太は45mm×45mmでスパンは半間、2階の根太は45mm×105mmでスパンは1間です。1階には90mm×90mmの大引を半間間隔に、2階は120mm×300mmの梁を中央に入れます。

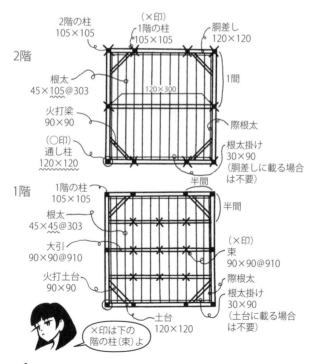

Q 組床（くみゆか）とは？

A 大梁の上に小梁を載せて、その上に根太を並べる方法のことです。

たとえば5.4m×5.4m（3間×3間）の場合、下図のように大梁を中央に架けて、その上に1間間隔に小梁を載せる方法も考えられます。梁を2段に組むわけです。スパンの大きい部屋で検討される床組の方法です。根太だけで床を組む方法を、根太床または単床（たんしょう）、梁の上に根太を掛ける方法を梁床または複床、梁を2段に組む方法を組床といいます。

> 根太だけ→根太床、単床
> 根太＋梁→梁床、複床
> 根太＋小梁＋大梁→組床

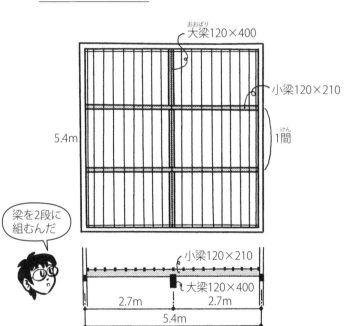

おおばり
大梁120×400

小梁120×210

けん
1間

5.4m

梁を2段に
組むんだ

小梁120×210

大梁120×400

2.7m　2.7m

5.4m

6

2階床組

Q 2階の根太と梁はどうやって留める？

A 下図のような、渡りあごなどの仕口を使って留めます。

渡りあご（渡りあご掛け）とは、直交する横材どうしを留める場合によく使われます。大梁に小梁を載せる際にも、渡りあごで留めます。

相互の材を下図のように欠き込んで、上の材を留める仕口です。下の材に渡して、あごを留めるので、渡りあごと呼ばれます。

根太を継ぐ場合は、梁の中央で継ぎます。渡りあごで根太を梁に落とし込み、上から釘を打ってしっかりと留めて、2つの横材を一体化します。

梁は湾曲すると、下側が引っ張られて（伸びて）、上側が押されます（縮みます）。梁の下側を欠き込むのは危険ですが、上側ならばある程度は大丈夫です。さらに、根太がピッタリと穴に埋め込まれるので、構造的には丈夫になります。

根太を渡りあごで留めると、根太が横に転んだり横にずれたりする心配もなくなります。仕口をつくらず、梁の上に根太を載せて釘留めしただけだと、根太が転んでしまう可能性があります。その場合は根太が転ばないように、根太に直交するように材を打ちます。

渡りあごにすると、根太が少し下に沈みますが、その分、天井裏の寸法を低く抑えることができます。

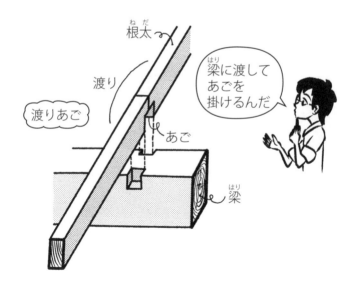

梁に渡してあごを掛けるんだ

Q 2階の梁を柱に留めるには？

▼

A 下図のように、<u>傾ぎ大入れほぞ差し</u>などの仕口で、<u>箱金物ボルト締め</u>とします。

傾ぎとは、材の断面を斜めにすることです。柱を斜めに彫り込んで、そこに梁を架けます。梁が落ちないようにする工夫です。

その際、梁が横にずれないように、ほぞ差しとします。さらに抜けないように、コの字形の箱金物をボルトで取り付けます。胴差しに羽子板ボルトで取り付けることもできます。

下図では柱だけに梁を付けていますが、管柱の場合は、胴差しと柱を一緒に欠き込んで傾ぎ大入れとします。

梁はこのように柱に留めるのが一番ですが、窓の上などで柱がない場合もあります。できるだけ窓の上などで梁を受けることは避け、柱の本数を増やしてでも柱で受ける納め方の方が無難です。

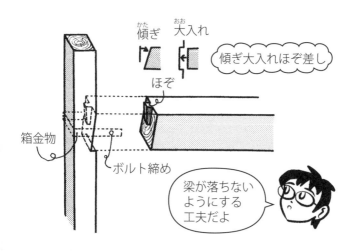

傾ぎ　大入れ

傾ぎ大入れほぞ差し

ほぞ

箱金物

ボルト締め

梁が落ちない
ようにする
工夫だよ

6

2階床組

Q 2階の梁を胴差しに載せて留めるには？

▼

A 下図のように、滑りあご掛けなどの仕口で留めて、短冊金物などで補強します。

あご掛けだけでも載せられますが、梁の内側方向に抜けやすくなります。そのため、滑りを設けます。滑りとは外側に向かって勾配をつけた形で、外側に滑ろうとするので、内側に抜けにくくなります。

さらに抜けにくくするために、滑りあごの先端をあり形（逆台形）にすることもあります。上から落とし込めば、ありの頭の形が抜けるのを防いでくれます。

1階の管柱の上に胴差しを置き、その上に梁を置き、その上に2階を置く場合も、このような仕口となります。柱に掛けずに胴差しに載せるわけです。

胴差しの上に載せて留める形なので、柱のない所でも梁を受けられますが、胴差しに大きな負担が掛かります。その場合、胴差しの下にさらに補強のための材を足すこともあります。窓の上などで梁を受ける場合は、滑りあご掛けで胴差しに載せて留めます。根太レスなどの胴差しの上端と梁の上端をそろえたい場合は、胴差しを梁より大きい材として、大入れあり掛け羽子板ボルト締め（R170参照）、または梁受け金物で受けることになります。

> 胴差しに載せる→滑りあご掛け
> 胴差しに横から掛ける→大入れあり掛け、梁受け金物
> 柱に掛ける→傾ぎ大入れほぞ差し

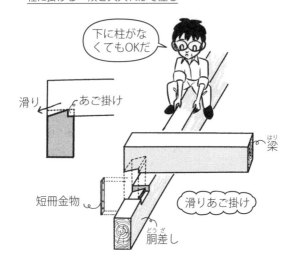

下に柱がなくてもOKだ

滑り　あご掛け

梁

短冊金物

滑りあご掛け

胴差し

Q 管柱＋胴差しに対して横から梁を留めるには？

▼

A 下図のように、傾ぎ大入れほぞ差しなどの仕口で留めて、箱金物ボルト
締めとします。

💠 柱に梁を留める場合と同様に、胴差しと管柱を一緒に斜めに削って、そ
こに梁を架けます。梁が抜けないように、箱金物ボルト締めとします。
1階と2階の管柱を留めるために、胴差しの仕口は複雑になります。上
下にほぞ穴を彫って、ほぞ差しとします。
このやり方は、梁を柱に横付けにする、柱を勝たせる方法です。

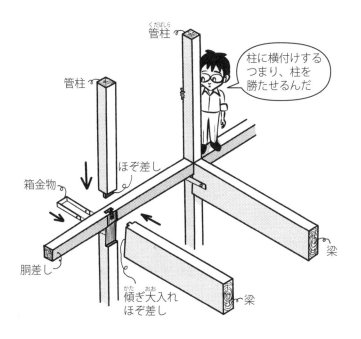

6

2階床組

Q 管柱＋胴差しに対して上に載せて梁を留めるには？

A 下図のように、胴差しの上に滑りあご掛けなどの仕口で梁を留め、2階の管柱を梁の上に扇ほぞ差しで留めた後に、長めの短冊金物で補強します。

胴差しの上に梁を載せるので、上の柱は梁に留めなければなりません。普通のほぞよりも、扇ほぞの方が梁先を傷めずにすみます。扇の小さい方を先にすると、穴が小さくなり、断面欠損が少なくてすむからです。これは梁の方を柱よりも勝たせる組み方です。梁を勝たせるか、前項のように柱を勝たせるかは、その場その場で選択します。

梁の上にさらに横材（台輪と呼ばれます）を置いて、その上に柱を置くこともあります。

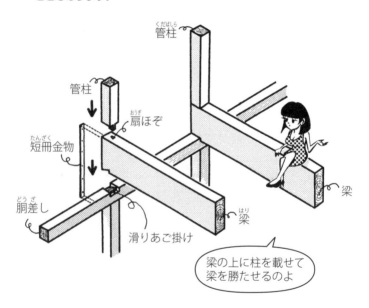

管柱（くだばしら）

管柱

扇ほぞ（おうぎ）

短冊金物（たんざく）

胴差し（どうさ）

滑りあご掛け

梁（はり）

梁

梁の上に柱を載せて
梁を勝たせるのよ

Q 手違いかすがいとは？

A 下図のようなひねったかすがいで、直交する材がずれて離れないように
するために打ちます。

普通のかすがいはコの字形の金物ですが、手違いかすがいは、直角にひ
ねってあります。高さがずれた位置で直交する材どうしをつなぐには、
直角にひねった手違いかすがいが適しています。梁と胴差し、小梁と大
梁などの直交する材どうしなどをつなぎます。
大きな材を留めるには、両側に手違いかすがいを打ちます。両側に留め
る場合、ひねり勝手が逆になっています。右にひねってあるかすがいと、
左にひねってあるかすがいがあります。

　　かすがい→大引ー束など
　　手違いかすがい→梁ー胴差し、小梁ー大梁など

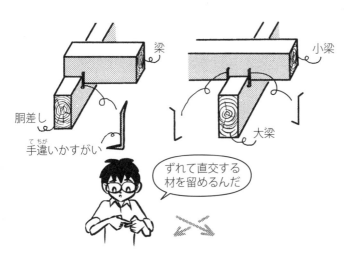

梁

小梁

胴差し

大梁

手違いかすがい
てちが

ずれて直交する
材を留めるんだ

Q 上面をそろえて梁を胴差しに留めるには？

▼

A 下図のように、大入れあり掛けなどの仕口で留めて、羽子板ボルトで補強します。

🔷 大きな梁を胴差しに載せて架けると、胴差しと梁の上面には段差ができてしまいます。横材の上に横材を架けるので、仕方がありません。しかし、工夫しだいで横材どうしを平らに留めることもできます。

大入れとは、部材の断面の大きさのまま入れる仕口です。大入れのままでは抜けてしまうので、あり掛けとします。ありとは、蟻の頭のような台形の形のほぞのことです。さらに抜けないように、羽子板ボルトで締めます。

上から掛けるので大入れあり掛けといいますが、上から落とし込んでもいるので大入れあり落しとも呼ばれます。

大入れあり掛けの仕口を使うと、梁と胴差しの上面を平らにすることができます。平らにできれば、そのまま板を打ち付けられるので、火打を打ったように面剛性が増します。上面をそろえてT字形の仕口をつくるには、梁掛け金物などを使うこともあります。根太レス構法には、大入れあり掛けや金物が多用されます。

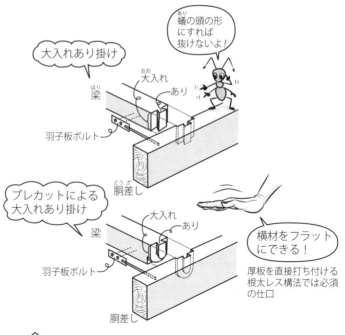

あり
蟻の頭の形
にすれば
抜けないよ！

大入れあり掛け

大入れ
あり

梁

羽子板ボルト

プレカットによる
大入れあり掛け

胴差し

大入れ
あり

梁

羽子板ボルト

横材をフラット
にできる！

厚板を直接打ち付ける
根太レス構法では必須
の仕口

胴差し

Q スリット型梁受け金物とは？
▼

A 下図のように、梁を柱で受ける際に梁にスリットを切って、その中に差し込むようにして留める金物です。

さまざまな梁受け金物が開発されていますが、スリット型は強度の上で信頼性が高いものです。梁の断面欠損がスリットという小さい部分に限られるからです。

この金物は、上から見るとT字形をしていて、まず柱にボルトで留めます。次にT字の先の刃の部分を梁のスリットに差し込んで、横からピンを差し込みます。一番上のピンを梁に打ち込んでおいて、梁を金物に上から落とし込んでスリットに差し込み、次に横から下のピンを打ち込んで組み立てます。

横から打ち込むピンは、ドリフトピンとも呼ばれます。強度のある鋼製のピンで、それだけで梁が落ちなくなります。

T字形のほかに、U字形の梁受け金物もあります。U字形の場合は、刃を2枚、梁に差し込むことになります。スリット型の金物は、梁受け金物、柱を基礎に留めるための柱脚金物なども開発されています。

梁受け金物と大きな集成材（組み合わせてつくった材木）の柱梁を使って、鉄骨造のようなラーメン構造やそれに準じた構造（準ラーメン構造）をつくることも可能です。ラーメン構造とは、柱と梁の接合部分の直角が、仕口だけで確保でき、筋かいなどが不要な構造です。一般の木造では部材が細くて無理ですが、大断面の集成材とスリット型の金物だと可能になります。

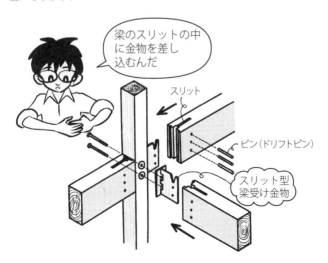

梁のスリットの中に金物を差し込むんだ

スリット

ピン（ドリフトピン）

スリット型
梁受け金物

6

2階床組

Q 2階ベランダはどうやって支える？

A 下図のように、太めの根太を横材（胴差しと台輪）ではさみ、根太を奥まで伸ばして梁の下に掛けます。

いろいろな支え方がありますが、ここでは根太だけで支える方法を示しました。ベランダを支える根太は持ち出し（キャンティレバー）になるので、少し太めの60mm×180mm程度の角材を使います。

　　2階根太→45×105@303
　　ベランダ根太→60×180@303

胴差しを低めにして、その上にベランダの根太を掛けます。胴差しを低くしたので、2階の根太を掛けたり柱を立てたりする横材がもうひとつ必要となります。また、ベランダの根太をしっかりと上から押さえるためにも、もうひとつの横材を根太の上に敷きます。それが台輪と呼ばれるものです。

ベランダの床を2階床より下げるのは、雨水が2階床に浸入しないようにするためです。簡単な断面図を描くときも、ベランダの床は2階床から100mm程度は下げて描きましょう。

台輪は、最近の木造では省略される傾向にありますが、昔の木造ではベランダではない所にも置きました。台輪は、タンスや流し台のような箱物家具の下に敷く、幅木のような部分を指すこともあります。

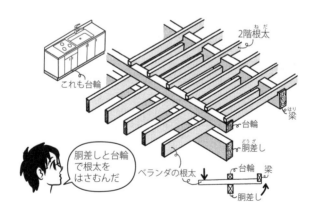

これも台輪

2階根太

台輪

梁

胴差し

ベランダの根太

台輪　梁

胴差し

胴差しと台輪で根太をはさむんだ

• ツーバイフォー構法の場合は、根太をそのまま外へ張り出します。床勝ちのツーバイフォー構法ならではですが、窓上には防水のため、少し立ち上がりが必要となります。

Q ツーバイフォー構法では、2階床根太はどうする？

A 背の高い平べったい根太を壁から壁へ掛け渡し、455mm 間隔で並べ、合板を打ち付けて固めます。

幅が2インチ（38mm）の平べったい根太を455mmピッチに機械的に並べて、合板を釘打ちして水平方向の面剛性をつくります。<u>根太端部は、壁の上に壁の半幅分だけ載せ、根太ころび止めをはさむツーバイフォー構法特有の組み方をします。</u>在来構法のように、縦横に梁、根太と組み上げる方法はとりません。そのため天井ふところが最小限の寸法ですみ、階高を低くできるというメリットがあります。一方空間にゆとりがなくて水平の修正がしにくく、電線を通すときに根太中央に孔をあけねばならなくなります。また音も下階に伝わりやすくなります。

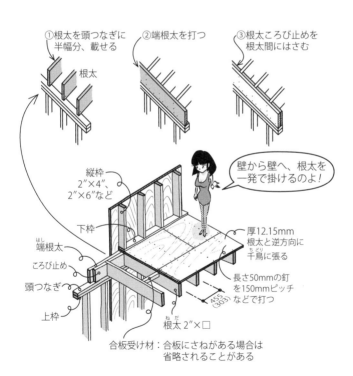

①根太を頭つなぎに半幅分、載せる

根太

②端根太を打つ

③根太ころび止めを根太間にはさむ

縦枠 2″×4″、2″×6″など

下枠

端根太（はし）

ころび止め

頭つなぎ

上枠

根太（ねだ） 2″×□

合板受け材：合板にさねがある場合は省略されることがある

壁から壁へ、根太を一発で掛けるのよ！

厚12.15mm 根太と逆方向に千鳥に張る（ちどり）

長さ50mmの釘を150mmピッチなどで打つ

6

2階床組

Q 2階の床を、根太を使わない根太レスで組むには？

▼

A 梁、小梁、胴差しなどの横材を910mm（半間）間隔に格子状に組み、厚い合板を釘打ちして固めます。

横材の上端をフラットにして910mm角に格子状に組み、上から24、28、30mmなどの厚い合板を打ち付けます。厚い板と釘によって水平方向の固さ（水平剛性）をつくります。板と釘で固めるというツーバイフォー構法の利点を、在来構法に取り入れたものです。梁、胴差しの上端をフラットにするため、大入れあり掛け羽子板ボルト締めか、ピン構法の梁受け金物などを用います。ピン構法によると、若干コストが上がります。

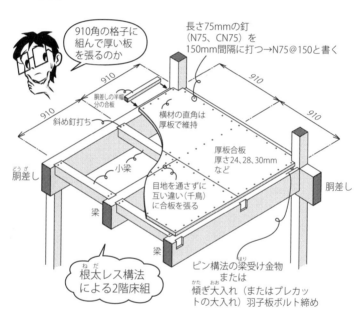

910角の格子に組んで厚い板を張るのか

長さ75mmの釘（N75、CN75）を150mm間隔に打つ→N75@150と書く

910

910

910

910

胴差しの半幅分の合板

横材の直角は厚板で維持

斜め釘打ち

どうざ
胴差し

小梁

厚板合板厚さ24、28、30など

目地を通さずに互い違い（千鳥）に合板を張る

胴差し

梁

梁

ねだ
根太レス構法による2階床組

ピン構法の梁受け金物
または
かた　おお
傾ぎ大入れ（またはプレカットの大入れ）羽子板ボルト締め

Q 1階8畳の上に2階8畳を、根太レスで組んだ場合の床状図はどうなる？

A 下図のように、120 × 300mm の梁を910mm 間隔に架け、90mm × 90mm の合板受け材を910mm 間隔に梁から梁へ掛けます。

ピン構法や大入れ羽子板ボルト締めで上面をフラットにした水平材を910mm 角グリッドに組み、その上に24、28、30mmの厚板を打ち付けて面剛性をつくります。梁の上に垂木を載せる方法に比べて、天井裏の寸法が小さくなり、階高を小さくすることができます。

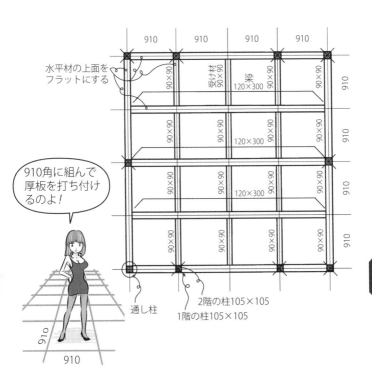

水平材の上面を
フラットにする

梁
120×300

120×300

120×300

120×300

910　910　910　910

910　910　910　910

910角に組んで
厚板を打ち付け
るのよ！

通し柱

2階の柱105×105
1階の柱105×105

• 厚板を張った根太レスの床は、面剛性のある硬い床なので、剛床（ごうしょう）と呼ばれます。2階の床のゆがみが小さくなると、地震時に屋根がゆがんで屋根材がはがれることがなくなります。1階の床は剛床でなくとも、べた基礎の耐圧盤が面剛性をもつので、問題はさほど大きくありません。

Q 垂木 とは？

A 屋根板の下に並べる角材のことです。

垂木は椽とも書きます。難しい読みなので、まず読み方から覚えましょう。

屋根板はそのままでは強度が足りないので、下に棒を並べます。屋根では流れ方向に棒（垂木）を置くのが普通です。流れと直交方向（桁行方向）に垂木を入れる設計をすると、大工さんにいやがられることがあります。

床板の下に並べる棒を根太といいますが、屋根板の下に並べる棒は垂木と呼びます。まったく同じ材を使うこともありますが、使われる所によって呼び名も変わってきます。

　　床板下の棒→根太
　　屋根板下の棒→垂木

屋根の垂木は
床の根太のよう
なもの

たるき
垂木

Q 軒が半間（910mm）程度出ている屋根では、垂木の太さと間隔は？

▼

A <u>45 × 105 @ 455、45 × 60 @ 455</u> 程度です。

@は間隔（ピッチ）を表す記号です。@455とは、半間（910mm）の半分の455mm間隔で並べるという意味です。

根太は普通@303（和室では@455のときもあり）ですから、根太よりも広い間隔です。床と違って屋根には人や家具が載らないので、ピッチを広くとることができます。もちろん@303で密に並べて、屋根をより丈夫にすることもできます。

45mm × 105mmは、2階の根太でよく使われる角材です。垂木は2階の根太と同じ角材と覚えておきましょう。

45mm × 60mmでも、軒の出が半間程度なら大丈夫です。軒とは、壁より外側に出ている屋根の部分です。

　　1階根太→ 45 × 45 @ 303
　　2階根太→ 45 × 105 @ 303
　　垂木→ 45 × 105 @ 455、45 × 60 @ 455

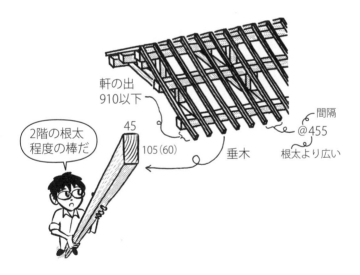

軒の出
910以下

間隔
@455

根太より広い

2階の根太
程度の棒だ

45
105（60）

垂木

7

小屋組

Q 垂木を受ける横材の間隔は？

A 半間（910mm）以下が普通です。

1階の床組では、根太を受けるのに、大引を半間ピッチで並べます。屋根の軸組（小屋組）も、それに似ています。垂木を受ける横材を、半間ピッチで並べます。

45mm×105mmの垂木なら1間幅でもOKですが、45mm×60mmでは半間以下のピッチでないともちません。一般には半間以下に横材を並べて、そこに垂木を並べます。この大ざっぱな組み方を、まずは覚えておきましょう。

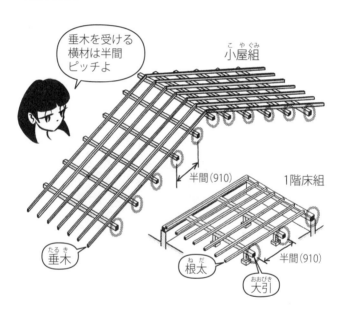

垂木を受ける横材は半間ピッチよ

小屋組（こやぐみ）

半間（910）

1階床組

垂木（たるき）

根太（ねだ）

半間（910）

大引（おおびき）

Q 垂木を支える横材は？

▼

A 棟木、軒桁、母屋（もや）です。

屋根面の交差する稜線の部分を棟といいます。山でいえば稜線が棟です。屋根の稜線に架ける横材を、<u>棟木（むなぎ）</u>といいます。材木を組み上げて、最後に上げるのが棟木です。<u>棟上げ</u>とは、そのときに行う儀式のことです。<u>上棟（じょうとう）</u>ともいいます。

軒とは、壁から出ている屋根の部分です。軒が出ていないと、雨が屋内に入りやすくなったり、日射や雨で壁が傷みやすくなったりします。木造では軒は、非常に重要な役を果たします。

また、軒の壁の上に架ける横材を、<u>軒桁</u>といいます。木造では非常に重要な材です。

棟木と軒桁の中間に入れる横材を、<u>母屋</u>といいます。母屋は垂木を受けるためだけの、ちょっと太めの材です。まず、棟木、軒桁、母屋の位置と名前を覚えておきましょう。

　　<u>垂木を受ける横材→棟木、軒桁、母屋</u>

7

小屋組

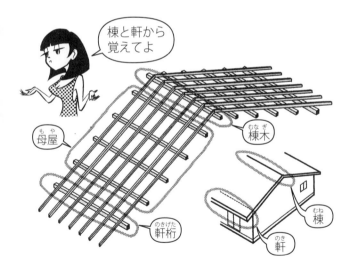

棟と軒から覚えてよ

母屋（もや）

棟木（むなぎ）

軒桁（のきげた）

棟（むね）

軒（のき）

Q <u>ひねり金物</u>とは？

A 下図のように、垂木を母屋や軒桁などの横材に留めるための金物です。

文字どおり、平らなプレートをひねった金物です。垂木と横材の交点に、ひねり金物を釘打ちします。垂木と横材は、直交するので、ひねる必要があるわけです。

横材には、垂木を置くための溝を彫ります。<u>垂木道（たるきみち）</u>、<u>垂木彫り（たるきぼり）</u>、垂木欠きなどと呼ばれます。垂木を垂木彫りに落とし込んだ後にひねり金物でしっかり留めます。斜めから釘打ちして留めることもありますが、金物を使う方が台風のときに屋根が吹き上げられなくなります。

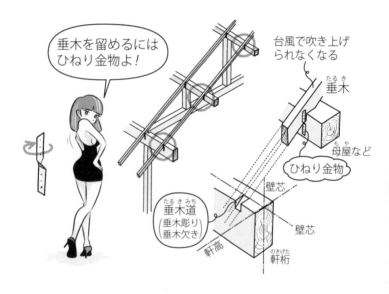

垂木を留めるには
ひねり金物よ！

台風で吹き上げ
られなくなる

垂木（たるき）

母屋（もや）など

ひねり金物

垂木道（たるきみち）
（垂木彫り
垂木欠き）

壁芯

壁芯

軒高（のきだか）

軒桁（のきげた）

• <u>くら金物</u>とは、垂木の上に馬のくら状にまたいで、桁、母屋に留める金物。ひねり金物よりも頑丈になり、垂木が上にはずれにくくなります。

Q 棟木、母屋の太さは？

A 105mm × 105mm 程度です。

105mm × 105mm は柱の太さ程度です。棟木だけ 120mm × 120mm とすることもあります。

1階床組の大引は、普通 90mm × 90mm を使います。棟木、母屋は、大引よりも若干太めです。スパンが大引よりも長いからです。棟木、母屋のスパンについては、後述します。

棟木、母屋→ 105mm × 105mm
大引→ 90mm × 90mm

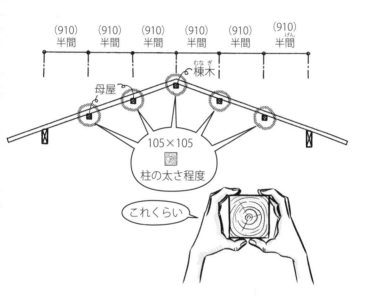

（910）半間　（910）半間　（910）半間　（910）半間　（910）半間　（910）半間

棟木（むなぎ）

母屋

105×105

柱の太さ程度

これくらい

7

小屋組

Q 軒桁を、棟木や母屋よりも太くするのは？

A 太い小屋梁を受けるため、外壁頂部で柱を受けるためです。

小屋梁を受けるには、いろいろな方法があります。小屋梁の受け方によって、軒桁の太さが違ってきます。

　　軒桁＋小屋梁＋柱→さまざまなパターンあり

軒桁は、細いものでは105mm×105mmも使いますが、120mm×120mmの方がベターです。そのほか、120mm×150mm、120mm×180mm、120mm×210mm、120mm×240mm、120mm×300mmなども用います。軒桁の幅は柱幅かそれより少し大きい程度、高さ（成：せい）はさまざまですが、大きいものだと梁成以上のものもあります。

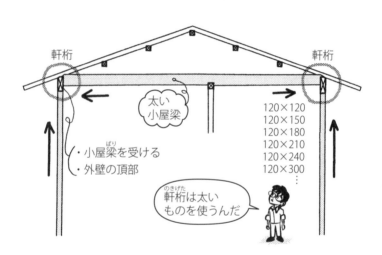

Q 小屋束（こやづか）とは？

　▼

A 棟木、母屋を支える短い柱のことです。

　屋根の軸組のことを、小屋組といいます。短い柱のことは、束といいます。小屋束とは、屋根の軸組に使う短い柱です。
　束とは短いという意味で、束の間とは短い時間、束柱とは短い柱を指します。その束柱を省略して束と呼んでいます。

　　屋根の軸組→小屋組
　　短い柱→束

棟木や母屋は、屋根の勾配をとるために、小屋梁から上に持ち上げられています。その持ち上げる役割を果たすのが、小屋束です。
1階床組で、大引を地面から持ち上げるのが床束でした。棟木、母屋を小屋梁から持ち上げるのは、小屋束といいます。どちらも、単に束といっても間違いではありません。床束は90mm×90mm（3寸角）、小屋束は若干太めの105mm×105mm（3寸5分角）をよく使います。どちらも、柱材を決められた高さに切って使います。

　　地面から大引を持ち上げる→床束→90mm×90mm（3寸角）
　　小屋梁から棟木、母屋を持ち上げる→小屋束→105mm×105mm
　　　　　　　　　　　　　　　　　　　　　　　　（3寸5分角）

7

小屋組

Q 小屋筋かいとは？

A 小屋束が倒れないように打つ筋かいです。

15mm×90mm程度の、薄い板の形をした貫材（ぬきざい）を打ちます。貫とは、柱を横に貫く材で、昔の木造構法ではよく使われました。そのような薄い角材を貫と総称しますが、小屋筋かいには、そのような薄い角材を使います。それほど力が掛かる部分ではないので、壁に使うような太い筋かいは必要ありません。小屋筋かいは雲筋かいとも呼ばれます。床束が倒れないようにする貫は、床束を木の根と見立て、それにからむように打つので、根がらみ貫と呼ばれます。小屋束と床束では、呼び名は違いますが、使う貫材は同じです。

> 小屋束が倒れないようにする→小屋筋かい：15mm × 90mm
> 床束が倒れないようにする→根がらみ貫：15mm × 90mm

小屋筋かい、根がらみ貫ともに、縦横両方に打ちます。下図では、紙面に直交する方向にも貫を打ち付けています。両方向への倒れを防ぐためです。

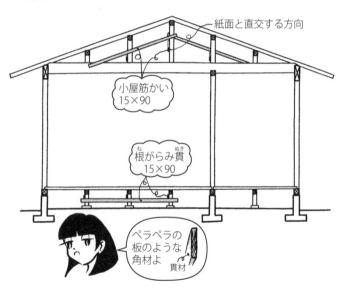

紙面と直交する方向

小屋筋かい
15×90

根がらみ貫
15×90

ペラペラの板のような角材よ

貫材

Q <u>二重梁</u>とは？

A 2段に組んだ小屋梁の上の梁のこと、またはその構造方式のことです。

屋根勾配が急になると、小屋裏が大きくなります。棟に近い小屋束はその分、長くなってしまい、不安定さが増します。そこで、梁を2段に組む方法が考えられました。

2段に組んだ場合の、上の梁を二重梁と呼びます。<u>天秤梁</u>ということもあります。梁を2段に組まなくても、筋かいを多く入れれば、束は倒れることはありませんが、二重梁はよく行われている構法です。日本的な美意識の感覚からか、斜材を使わず縦横で表現する傾向があります。

屋根が大きい場合は、2段、3段に組んでいきます。古い民家には、このように何段にも組んだ梁組があらわしとなっている建物があり、立体格子の美しさを見ることができます。

7

小屋組

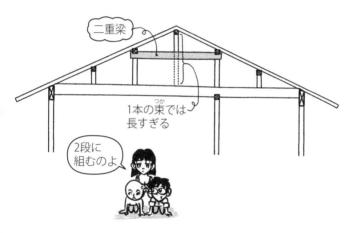

二重梁

1本の束では
長すぎる

2段に
組むのよ

● あらわしになってデザインに生かされた梁を、古代では<u>虹梁（こうりょう）</u>と呼びました。あらわしになった二重梁は<u>二重虹梁</u>です。2段の虹梁の支えとして蛙（かえる）が股（また）を開いたような束、<u>蟇股（かえるまた）</u>を置いたのが<u>二重虹梁蟇股（にじゅうこうりょうかえるまた）</u>です。東大寺転害門の妻面などで見ることができます。古代人のネーミングセンスの良さに、驚かされます。

Q 梁間（はりま）、桁行（けたゆき）とは？

A 梁間は小屋梁、桁行は軒桁と平行の方向をいいます。

梁間とは、建物の短手方向です。短い方に梁を架けるからです。一方、桁行は長手方向になります。構造材の方向で、建物の方向を表すわけです。

    梁間→短手方向
    桁行→長手方向

梁間は、梁間方向、梁行ともいいます。また、梁間は梁がどれくらい飛んでいるか、支えている柱から柱、壁から壁までどれくらいあるかというスパンを指すこともあります。建物の大きさを、梁間2間、桁行3間などと表現することもあります。

    梁間＝梁間方向、梁行

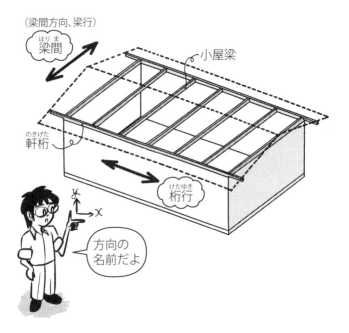

（梁間方向、梁行）
梁間（はりま）
小屋梁
軒桁（のきげた）
桁行（けたゆき）
方向の名前だよ

Q 妻側（つまがわ）、平側（ひらがわ）とは？

A 切妻屋根の三角形の屋根が見える側を妻側、屋根が平らに見える側を平側といいます。

切妻（きりづま）屋根とは、ごく一般的な山形の屋根です。建築では、妻とは三角形の壁の部分を指します。山形を直角に切断して妻を出した屋根なので、切妻屋根です。

その切妻屋根で、妻が見える側、三角形が見える側を妻側といいます。そして三角形が見えない側、屋根が平らに見える側を平側といいます。妻側から入るのが妻入り（つまいり）、平側から入るのが平入り（ひらいり）です。妻入りでは、三角形が見える側なので、その中心軸がどうしても意識されます。左右対称性の強いエントランスで、ヨーロッパの教会は必ずといっていいほど妻入りです。京都の町家などは、平入りです。妻入りに比べて、象徴性が乏しく遠慮がちに入るエントランスです。方向が梁間、桁行、側が妻側、平側です。実務でよく出てくる用語なので、しっかりと覚えておきましょう。

7

小屋組

> どちら側？　→妻側、平側
> どちら入り？→妻入り、平入り
> どちら方向？→梁間、桁行

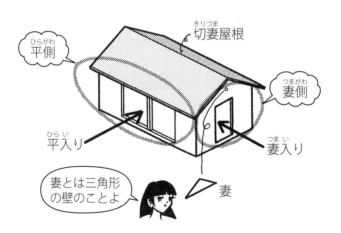

- 物の端、脇、袖のことを妻というので、そこから建物端部のことを妻と呼ぶようになったと思われます。

Q <u>寄棟（よせむね）屋根</u>とは？

A 下図のように、四方向に傾斜する屋根面をもつ屋根です。

 屋根の稜線は<u>棟</u>といいます。その棟が中央に向かって四方から寄せられていくので、寄棟と呼ばれます。

<u>雨仕舞い（あまじまい）</u>では、切妻屋根よりも優れています。四方に軒が出ているので、雨が壁に掛かりにくいという長所があります。昔から豪華な建物には、この寄棟屋根が用いられてきました。

雨が掛かりにくいという長所の反面、屋根裏上部の換気口がとりにくいという短所もあります。切妻屋根では、妻面の上の方に換気口をつくって、熱くなった軒裏の空気を外に追い出せます。

正方形の屋根を寄棟にすると、下図のように山の頂上の棟がなくなり、45°方向だけの棟となります。この屋根の形を、寄棟の特別バージョンとして、<u>方形（ほうぎょう）屋根</u>といいます。宝形と書くこともあります。

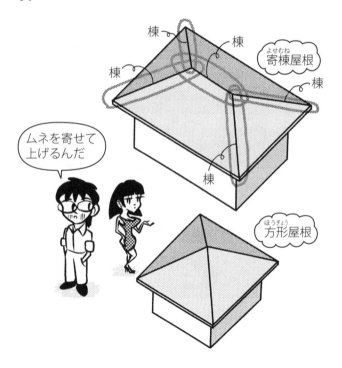

棟　棟

棟　　よせむね
寄棟屋根

棟

ムネを寄せて
上げるんだ

棟

ほうぎょう
方形屋根

Q 入母屋（いりもや）屋根とは？

A 図のように、寄棟の頂上の棟を延長して、部分的に切妻とした屋根です。

切妻屋根と寄棟屋根を合わせたような形をした屋根です。上部は切妻、下部は寄棟となっています。この形にすることにより、寄棟でとれなかった屋根裏上部の換気口も、小さい切妻面でとることができ、煙抜きをつくることもできます。

屋根裏の換気がとりやすいので、アジア全体で普及している屋根形式です。日本でも寄棟と同様に、豪華な建物に採用されています。寺院、神社、城郭、民家など、多数の実例が見られます。

7

小屋組

寄棟屋根

お寺の屋根
にも多いよ

入母屋屋根

換気口や
煙抜きが
つくれる

Q 京呂組（きょうろぐみ）とは？

A 下図のように、軒桁の上に小屋梁を架ける方式のことです。

 外側の柱、外壁側の柱を、側柱（がわばしら）と呼びます。その側柱の頭は軒桁で押さえます。その軒桁の上に小屋梁を架けるわけです。

　　　側柱→軒桁→小屋梁

京呂組で小屋梁を架けると、側柱のない所でも、小屋梁を架けることができます。その場合の軒桁は、重さを受けられるように、太いものとします。

小屋梁を軒桁に、抜けないようにしっかりと留めるために、羽子板ボルトを使います。京呂組は、現在の一般的な組み方です。

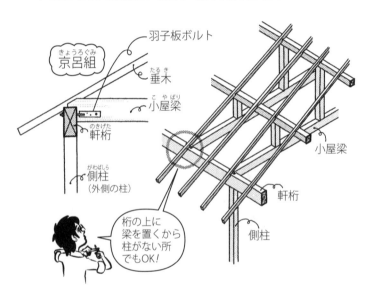

京呂組（きょうろぐみ）

羽子板ボルト

垂木（たるき）

小屋梁（こやばり）

軒桁（のきげた）

側柱（がわばしら）
（外側の柱）

小屋梁

軒桁

側柱

桁の上に梁を置くから柱がない所でもOK！

Q 折置組（おりおきぐみ）とは？

A 下図のように、柱の上に小屋梁を架ける方式のことです。

側柱の上に、直接、小屋梁を架けます。その上に軒桁を架けて、垂木を置きます。この場合の軒桁は、垂木しか受けないので、小さな材となります。

京呂組：柱→桁→梁
折置組：柱→梁→桁

折置組の場合、梁ごとに柱が必要となるので、柱を置く位置が制限されますが、柱が直接梁を支えるので、構造的には有利となります。柱と軒桁は羽子板ボルトで締め付けて、小屋梁、軒桁ともに抜けないようにします。現在では、間取りの自由度の高い京呂組が一般的です。

7

小屋組

【柱が来た折には必ず梁を置く】

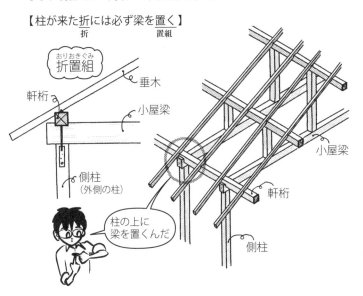

折　　置組
おりおきぐみ
折置組
垂木
軒桁
小屋梁
側柱
（外側の柱）
柱の上に
梁を置くんだ
小屋梁
軒桁
側柱

Q 京呂組で、軒桁上に小屋梁を架ける仕口は？

A 下図のような、かぶとあり掛け羽子板ボルト締めとします。

かぶとありは、漢字では兜蟻と書きます。ありとは、蟻の頭のような台形で、上から落とし込むと抜けなくなるほぞです。オス側がありほぞ、メス側がありほぞ穴です。

かぶとのように上にかぶさる部分があるので、かぶとありといいます。材全体を入れて（大入れ）ありほぞで留める、大入れあり掛け（R170参照）に近い仕口ですが、大入れあり掛けの上にかぶとを付けた形となっており、かぶとが軒桁の上に腰掛ける形となります。かぶとによって、梁が下に落ちるのを防いでいます。大きくて重い梁でなければ、かぶとのない大入れあり掛けで留めることもよくやられています。

垂木が通る溝を、桁にも梁にも入れます。この溝を垂木道、垂木彫り、垂木欠きなどと呼びます。

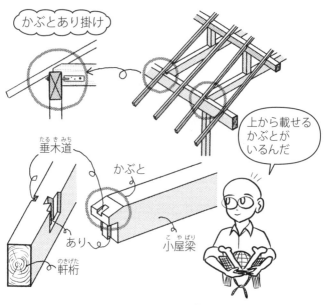

かぶとあり掛け

垂木道

かぶと

あり

軒桁

小屋梁

上から載せる
かぶとが
いるんだ

【ハゲた人用のかぶとあり】
梁＋桁　　　かぶとあり掛け

【　】内スーパー記憶術

Q 追掛け大栓継ぎ（おっかけだいせんつぎ）とは？

A 桁、梁などによく使われる継手です。

似たような継手に、金輪継ぎなどがありますが、まずは代表的な追掛け大栓継ぎの名前とだいたいの形を覚えておきましょう。読み方は「おっかけ」で「おいかけ」ではありません。

追掛け大栓継ぎは、縦に落とし込むようにする継手です。大栓とは、横から差し込んで両材を固定するための、長めの栓です。曲げと引張りに強く、梁や桁の継手に使われます。

継手の位置は、柱芯よりも少し持ち出した位置とします。柱の真上では、曲げようとする力（曲げモーメント）が強いからです。普通は15cm程度、持ち出した位置でつなぎます。

【（ハゲた人）追いかけっこ大戦でバトンを継ぐ】
追掛け大栓継ぎ　　　　　　　　　　　継手

7

小屋組

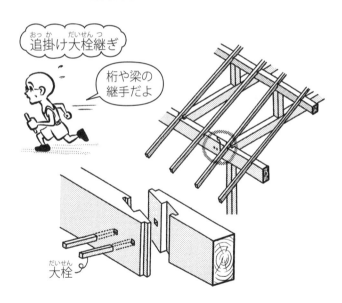

追掛け大栓継ぎ

桁や梁の
継手だよ

大栓

Q 次の7つの継手、仕口の形は？
①腰掛けあり継ぎ、②腰掛け鎌継ぎ、③追掛け大栓継ぎ、④大入れあり掛け、⑤かぶとあり掛け、⑥滑りあご掛け、⑦傾ぎ大入れほぞ差し

▼

A 下図のようになります。

ここで、代表的な継手、仕口を復習しておきましょう。

軸方向に継ぎ足すのが継手です。材料の長さが限られているので、長い部分に使用する際には継手が必須です。鉄筋コンクリート造でも鉄筋は継手します。

仕口は、L字形、T字形、十字形などの角度をもった接合部分に使われます。

長い伝統をもった継手、仕口は、その形や名前を見るだけでも興味深いものです。無数の大工さんたちが、何百年もかけて試行錯誤しながらつくってきた形です。同一平面で根太や梁を接合してしまうツーバイフォー構法、ピン構法や鉄骨造、鉄筋コンクリート造にはない、奥の深さを感じます。

①腰掛けあり継ぎ　　②腰掛け鎌継ぎ　　③追掛け大栓継ぎ

④大入れあり掛け　　⑤かぶとあり掛け　　⑥滑りあご掛け

蟻が大活躍ね

⑦傾ぎ大入れほぞ差し

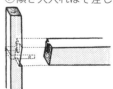

Q 元口（もとくち）、末口（すえくち）とは？

A 丸太の根に近い方を元口、先端の方を末口といいます。

丸太材は、木の樹皮をはがしただけの材です。製材されたまっすぐな材よりも、安く手に入ります。また芯があるので、強度もあります。ただし曲がっていたり、元口と末口で直径も違っていたりするので、小屋梁くらいにしか使えません。

丸太は根の側は太く、上に行くほど細くなります。根の側の直径が300mmの場合、元口300 φ（ファイ）と書きます。同様に先端部の直径が150mmの場合は、末口150 φと書きます。

梁は天井裏に隠れるので、以前は丸太材を小屋梁としてよく使いました。その場合、上から重みを受ける、下に平らな天井を張るなどの理由から、上向きに湾曲させて、凸になるように架けられていました。アーチ効果で、各断面での引張りが小さく抑えられ、構造的に有利です（組積造のアーチは圧縮だけで支えられています）。現在では製材された、あるいは集成材のまっすぐの梁を使うのが一般的です。

古民家の土間の上を見上げると、S字形に湾曲した大きな梁を、うまく納めています。当時の大工さんの力量がうかがえます。

7

小屋組

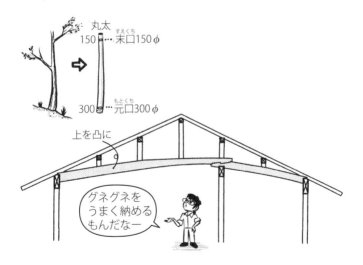

丸太
150 ··· 末口150 φ すえくち

⇒

300 ··· 元口300 φ もとくち

上を凸に

グネグネを
うまく納める
もんだなー

Q <u>太鼓材（たいこざい）</u>とは？

▼

A 丸太の両側を切り落として、太鼓を横から見たような断面にした材のことです。

丸太はそのままでは、曲がっていたり、デコボコしているので、<u>墨付け</u>する際には不便です。墨付けとは、木材の表面に墨と糸を使って、加工のための線を入れることです。そのため、左右をカットして湾曲を上下だけにするわけです。それだけで、墨付けは容易になります。
丸太の両側をカットすることを、<u>太鼓落し</u>とか<u>太鼓挽き（びき）</u>、カットされた材を<u>太鼓材</u>といいます。太鼓材は、主に小屋梁に使われます。加工も、丸太よりも楽になります。丸太の場合、平らな所に置いても転がって安定しません。要は、墨付け、加工を楽にするために、太鼓落しをするわけです。

たいこざい
太鼓材

太鼓を横から見た
ような断面だ

ドン ドン

cut　cut
たいこ おと　　　　び
太鼓落し（太鼓挽き）

Q 小屋梁の間隔は？

▼

A 1間（1,820mm）以下とするのが普通です。

母屋、棟木は、105mm × 105mm とか 120mm × 120mm の角材を使います。その場合、スパンは1間程度となります。

1間以上飛ばすと、屋根の重さでたわんでしまいます。スパンが1間以上の場合は、母屋、棟木にはもっと太い材を使う必要があり、不経済となります。

<u>母屋、棟木のスパンが1間以内ということは、小屋梁の間隔が1間以内ということです。</u>柱の位置によっては、間隔が半間になることもあります。小屋梁の間隔を、1間以上あけることはありません。軒桁の下に1間以上柱がない場合は、軒桁だけで小屋梁を支えることになります。

7

小屋組

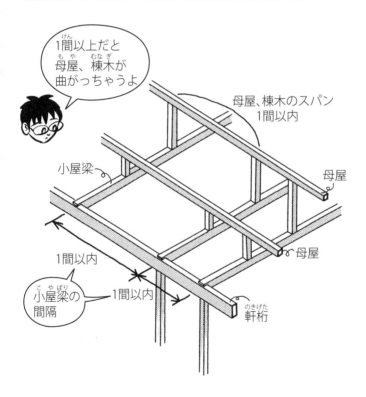

1間（けん）以上だと
母屋（もや）、棟木（むなぎ）が
曲がっちゃうよ

母屋、棟木のスパン
1間以内

小屋梁

母屋

母屋

1間以内

小屋梁の
間隔（こやばり）

1間以内

軒桁（のきげた）

Q スパン2間（3,640mm）、1間半（2,730mm）の場合の小屋梁の太さは？

▼

A 丸太ではそれぞれ末口150φ、末口120φ、製材された梁の場合はそれぞれ120mm×300mm、120mm×210mm程度です。

 2間渡すのに、丸太では150φ、角材では120mm×300mmです。丸太がいかに強いかがわかります。末口150φとは、細い方の直径が150mmということです。丸太を使う場合は細い方の直径で指定します。最低限必要な直径を指定しておかないと、危険だからです。
製材された小屋梁の太さは、2階の床梁とほぼ同じです。梁成（梁の高さ）は、スパンの約1/12となります。

スパン＝2間→末口150φまたは120mm×300mm
スパン＝1間半→末口120φまたは120mm×210mm

小屋梁、床梁ともに、マツをよく使います。マツは硬いので曲げに強く、梁には適しています。柱によく用いるスギは使いません。

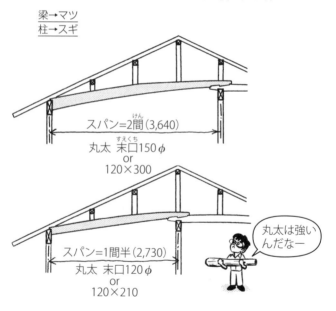

梁→マツ
柱→スギ

スパン=2間（3,640）
丸太　末口150φ
or
120×300

スパン=1間半（2,730）
丸太　末口120φ
or
120×210

丸太は強いんだなー

Q R162の8畳の部屋の上に片流れ屋根を架ける場合の小屋伏図は？（南が平側とします）

A 下図のようになります。

小屋伏図とは、屋根板をはずして、上から小屋組を見た図です。
R162の8畳の2階の上に、1階と同様の柱配置で屋根を架けた場合を想定して描いてみました。8畳は縦横ともに2間です。小屋梁の間隔は1間です。部屋の中央に1本大きな梁を入れればよいわけです。
小屋梁の丸太は、図のように図面表記をします。45°線と直線で囲むと、製材された梁材となります。壁の上の梁（頭つなぎ）は、柱が1間以内の間隔にあるので、大きな材は必要ありません。空間に架ける梁が末口150φの丸太か120mm×300mmと大きな材であるのに対して、壁の上の梁（頭つなぎ）は120mm角ですみます。

頭つなぎ→120mm×120mmなど
梁→丸太末口150φ、120mm×300mmなど

小屋梁を受ける軒桁は、柱のない所で受けるので、太い120mm×300mmなどを使います。北側の梁（頭つなぎ）は柱を下に置くので、120mm×120mmでも大丈夫です。
小屋梁の上には、小屋束を半間（910mm）間隔で立てます。小屋束は丸印（○）を梁の上に描きます。小屋束は105mm×105mmを使います。小屋束の上には105mm×105mmの母屋を掛けます。母屋は一点鎖線で描きます。母屋の上には、450mm間隔で垂木を置きます。垂木は細い実線で描きます。

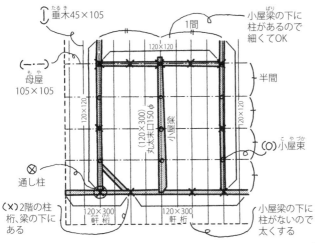

7
小屋組

Q 縦長（南北に長い）6畳の部屋の上に片流れ屋根を架ける場合の小屋伏図は？（南が平側とします）

A 下図のようになります。

6畳は2間×1間半ですが、南北方向に長い部屋の場合、小屋梁のスパンは2間となります。2間の空間を渡すには、末口150φの丸太か120mm×300mmという太い材を使わなければなりません。

> 2間の空間を渡す梁→2階床組でも小屋組でも120mm×300mm（または末口150φ）

2間を渡すのはいやだといっても、東西方向に小屋梁を架けるのは不可です。小屋梁の上に半間（910mm）間隔で小屋束を立てることが、できなくなるからです。2階の床組では梁はどちらに向けてもかまいませんが、小屋組ではそうはいきません。

柱の位置は想定で入れてありますが、壁の柱に載るように小屋梁を架けると、軒桁は120mm×120mmの細い材ですみます。

壁の上の梁（頭つなぎ）は空間を渡すわけではないので、細い120mm×120mmでかまいません。

軒桁は左（西）側に伸ばします。母屋も左側に伸ばして、妻側の軒の垂木を支えます。妻側には軒を出さないデザインも多いですが、壁の耐久性を考えると、日射や雨が当たらないように軒を出す方が無難です。

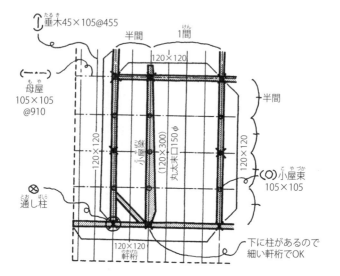

Q 横長（東西に長い）6畳の部屋の上に片流れ屋根を架ける場合の小屋伏図は？（南が平側とします）

A 下図のようになります。

小屋梁は、屋根の流れ方向に架けます。母屋は小屋梁に直交して掛け、垂木は母屋に直交するように掛けます。だから、垂木と小屋梁の方向が一致するわけです。

<u>屋根（垂木）の流れ方向＝小屋梁の方向</u>

6畳の2間×1間半のうち、短い方の1間半が小屋梁のスパンとなります。1間半とスパンが短いので、末口120 φか120mm × 210mmという細い梁で大丈夫です。

<u>1間半の空間を渡す梁→2階床組でも小屋組でも120mm×210mm（または末口120 φ）</u>

丸太は下図のような図面表示で、太い方が元口、細い方が末口です。実際の丸太の太い、細いと対応しているわけです。
小屋梁の軒桁側には柱がないので、120mm × 300mmという大きい軒桁で受けます（直下に柱がある場合は120mm × 120mmで可）。反対側には下に柱があるので、小屋梁を受ける梁（頭つなぎ）は細い120mm × 120mmでかまいません。ほかの壁上部の横材（頭つなぎ）も、120mm × 120mmです。

<u>壁上部の頭つなぎ、直下に柱がある桁→120mm × 120mm</u>

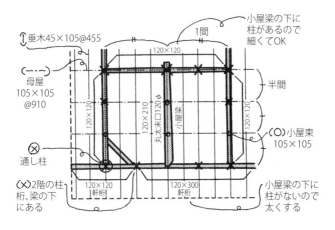

7

小屋組

Q 4畳半の部屋の上に片流れ屋根を架ける場合の小屋伏図は？（南が平側とします）

A 下図のようになります。

 4畳半は、1間半×1間半です。1間半のどこかに小屋梁を入れないと、母屋が掛けられません。105mm×105mmの母屋のスパンは、1間が限界だからです。

　下図のような柱配置の場合は、柱の所に小屋梁を置くのが無難です。重さが直接柱に伝わるので、梁を受ける桁を細くすることができます。梁を横材だけで受けると、その横材を太くしなければなりません。

　小屋梁のスパンは1間半（2,730mm）なので、末口120φか120mm×210mmの材を使います。

<u>1間半の空間を渡す梁→120mm×210mm または末口120φ</u>

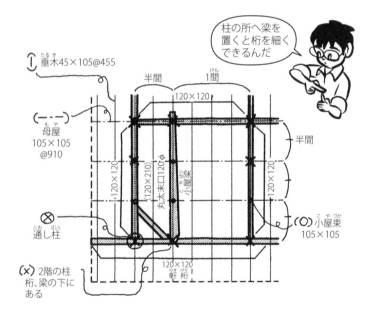

柱の所へ梁を置くと桁を細くできるんだ

垂木45×105@455

半間　1間

120×120

母屋
105×105
@910

120×120　120×120

丸太末口120φ

小屋梁

半間

120×120　120×120

⊗
通し柱

(◯) 小屋束
105×105

(✕) 2階の柱
桁、梁の下に
ある

120×120
軒桁

Q R202の小屋伏図をもとに立体図を描くと？

A 下図のようになります。

図面を描く場合、必ず立体を考えながら線を引いてください。何も考えずに図面を描くのは、単に時間を無駄にするだけです。立体図ばかりでなく小屋伏図、平面図、立面図、断面図、すべてについていえることです。

7

小屋組

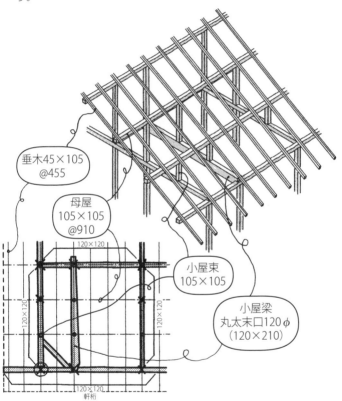

垂木45×105
@455

母屋
105×105
@910

小屋束
105×105

小屋梁
丸太末口120φ
（120×210）

120×120

120×120

120×120

120×120

120×120
軒桁

Q 登り梁（のぼりばり）とは？

A 小屋梁を水平に架けずに屋根と同じ勾配に架け、天井を高くする小屋梁のこと。

登り梁の上に直接母屋を打ち付け、それに垂木を流します。天井を傾けて高くできますが、通気には注意が必要です。切妻形に登り梁を架けて中央に柱を立てない場合は、三角形の合掌（叉首：さす）となるので、左右に開かないように底辺か途中に引張り材を入れます。

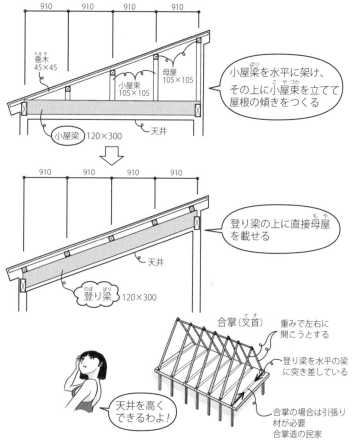

910　910　910　910

垂木
45×45

母屋
105×105

小屋束
105×105

小屋梁 120×300

天井

> 小屋梁を水平に架け、その上に小屋束を立てて屋根の傾きをつくる

910　910　910　910

天井

登り梁 120×300

> 登り梁の上に直接母屋を載せる

合掌（叉首）

重みで左右に開こうとする

登り梁を水平の梁に突き差している

合掌の場合は引張り材が必要
合掌造の民家

> 天井を高くできるわよ！

● 勾配天井の場合、軒の高さに火打が露出する場合があるので注意してください。

Q 四方の勾配が同じ寄棟屋根の場合、<u>屋根伏図（やねぶせず）</u>はどうなる？

A 下図のように、斜めの棟はすべて45°となります。

屋根伏図とは、屋根を上から見た図です。複雑な屋根伏図、わかりにくい屋根伏図は、雨が漏りやすい屋根といえるでしょう。

寄棟屋根は、四方を同じ勾配とするのが普通です。違う勾配にすると、見た目が不ぞろいになり、小屋組も複雑となるからです。四方を同じ勾配とすると、斜めの稜線は、屋根の各辺に対して45°となります。各面が同じ傾斜をもつため、必然的に等分の角度となるわけです。

7

小屋組

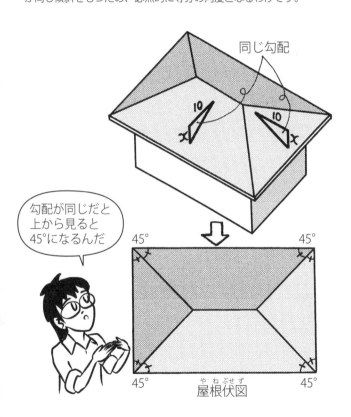

勾配が同じだと
上から見ると
45°になるんだ

屋根伏図

Q 隅木（すみき）とは？

A 寄棟屋根の斜めの棟（隅棟：すみむね）を支える傾斜をもつ部材です。

寄棟とは、棟を寄せるという意味で、屋根の稜線はすべて棟と呼ばれます。棟の中で傾斜をもつ4つの棟を、隅棟といいます。四隅に掛ける棟なので、隅棟です。

その隅棟を支える部材を隅木（すみき）と呼びます。頂上の棟を支えるのが棟木です。どちらも山の稜線を形づくる役割を担います。

隅木の加工は、高度な職人技です。切妻屋根よりも寄棟屋根の方が、技術を必要とするグレードの高い屋根といえます。

隅木は、棟木や母屋と同様に、小屋束と呼ばれる短い柱で支えられています。

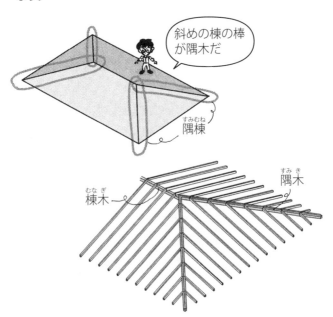

斜めの棟の棒が隅木だ

すみむね
隅棟

すみき
隅木

むなぎ
棟木

Q 寄棟屋根の垂木の支え方は？

A 切妻屋根と同様に、半間（910mm）おきに置いた軒桁、母屋、棟木などの横材で支えます。

代表的な断面を下図に示しました。各断面の小屋組は、ほとんど切妻屋根と同じになります。軒桁は梁の受け方で太さが変わります。大きな窓の上で受ける場合は、もっと太い材となります。

妻側の母屋の支え方はさまざまです。下図では梁で支えていますが、梁を架けられないケースもあります。

寄棟の場合、45°の棟（隅棟）と妻側の屋根があるので、小屋組は複雑になります。隅木の支え方、妻側の母屋の支え方は、その場その場で考えなければなりません。

隅木は120mm×120mm程度を使います。母屋と棟木は、細い場合の軒桁の断面とほぼ同じです。

7

小屋組

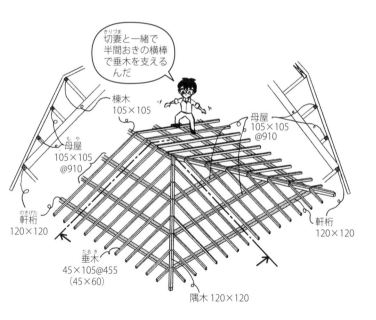

切妻と一緒で半間おきの横棒で垂木を支えるんだ

棟木
105×105

母屋
105×105
@910

母屋
105×105
@910

軒桁
120×120

軒桁
120×120

垂木
45×105@455
（45×60）

隅木 120×120

Q 45°の隅木を支えるための小屋梁は45°に架ける？

▼

A 45°ではスパンが長くなるので、水平・垂直に架けます。

下図は、8畳の部屋の上に隅木を掛ける例です。隅木と同じ方向に小屋梁を置くと、部屋の対角線方向の長さが必要となり、スパンも長くなります。横にすると2間（3,640mm）ですが、45°にしたばかりにルート2倍（1.41倍）の2.82間（5,147mm）になってしまいます。長い梁を架けるには、太い梁である必要もあります。構造的にもコスト的にも避けたいところです。

そこで部屋の真ん中に、梁を架け、それに小梁を架ける形とします。この方法ならば、普通の太さの梁ですみます。その梁から小屋束を立てて、隅木を支えればいいわけです。

下図は簡単にするために、隅木を支えるためだけの梁組としました。隅木のほかに、母屋や棟木も支える必要があるので、梁組はもう少し複雑になります。

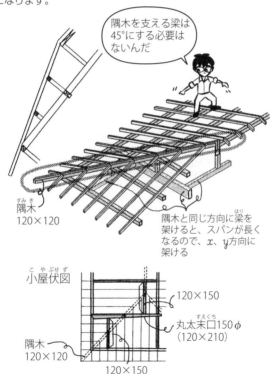

隅木を支える梁は
45°にする必要は
ないんだ

隅木
120×120

隅木と同じ方向に梁を
架けると、スパンが長く
なるので、x、y方向に
架ける

小屋伏図

120×150

丸太末口150φ
（120×210）

隅木
120×120

120×150

Q ツーバイフォー構法の小屋組はどうする？

A 平べったいツーバイフォー材を三角形に組んで、455mm間隔に並べ、合板を打ち付けて固めます。

水平材の天井根太は、在来構法の梁と違って曲げ材ではなく、引張り材となります。<u>垂木と天井根太で三角形のトラスを組むことになります</u>。

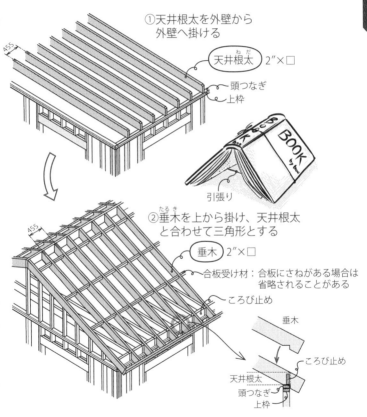

①天井根太を外壁から
　　外壁へ掛ける

天井根太 2″×□

頭つなぎ
上枠

455

引張り

②垂木を上から掛け、天井根太
　　と合わせて三角形とする

垂木 2″×□

合板受け材：合板にさねがある場合は
　　　　　　省略されることがある

ころび止め

455

垂木

ころび止め

天井根太
頭つなぎ
上枠

7
小屋組

Q 野地板（のじいた）とは？

▼

A 屋根の下地に使われる板のことです。

野とは、仕上げをしていないもの、地は地面で、下に来るものをいいます。つまり野地板とは、下地板です。主に屋根の下地板を指します。

野地板は、12mmや15mm厚程度の合板を使うのが一般的です。構造用合板やコンクリートパネル（略称コンパネ）などを使います。コンパネは、コンクリートの型枠として使われる合板ですが、強度があるので、下地板としてもよく使われます。

合板以外にも、15mm厚、180mm幅程度の杉を張ることもあります。軒下で、化粧として野地板を出す所だけ、このような板張りとすることもあります。

図面表記の際、板の厚みは、「厚」「ア.」「t＝」などで表します。

　　　構造用合板　厚15mm、構造用合板　ア.15、構造用合板　t＝15
　　　コンパネ　厚12、コンパネ　ア.12、コンパネ　t＝12

などとなります。棟上げしたら大至急、野地板を張らなければなりません。雨が構造材に掛かるのを避けるためです。雨が掛かると、ホコリが付いて汚れやすくなってしまい、長く濡らしておくと木も傷むからです。野地板を張ってしまえば、ひと息つけます。

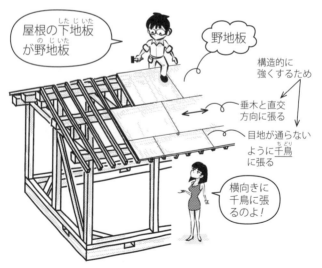

屋根の下地板（したじいた）が野地板（のじいた）

野地板

構造的に強くするため

垂木と直交方向に張る

目地が通らないように千鳥（ちどり）に張る

横向きに千鳥に張るのよ！

• 野地板は垂木と直交方向に、千鳥（互い違い）に打ち付けると、強度の弱点ができません。また目地に防水テープを張ると、雨が入りにくくなります。

Q 構造用合板とは？

A 合板のうち、構造強度の基準をクリアした合板のことです。

構造用合板とは、主に JAS（Japanese Agricultural Standard：日本農林規格）の基準に合格した合板を指します。板に JASマークが押されています。

最近では広葉樹が入手しにくくなったため、針葉樹がよく使われています。材木を大根のかつらむきのように円周に沿って薄く切り出し、木目が縦横に互い違いになるように重ね、接着して板とします。ラワン合板は木目が縦に通っていますが、針葉樹の構造用合板は、表面に下図のような模様状のものが見られます。木目や年輪を縦に切ったために生じる模様の部分には多少凹凸があります（クロスを張るときは、凹凸の少ないコンパネを使います）。ツーバイフォー構法に使う合板も、構造用合板です。厚さは 9、12、15、18、21、24、28、30、35mm などさまざまです。屋根や床の下地板では、12mm や 15mm がよく使われます。その場合は 455mm ピッチの垂木、303mm ピッチの根太に掛ける形となります。最近よく行われているのが、28mm とか 30mm の厚い板を根太なしで 910mm 間隔の大引に直接掛けるやり方（根太レス構法）です。

垂木＠455、根太＠303→厚12、15mm
根太なしで大引＠910→厚28、30mm

合板表面の F☆☆☆☆マークは、接着剤からのホルムアルデヒド発散量を表し、☆が多いほど発散量が少なく、最大で☆4つです。シックハウス症候群への配慮から、内装にはF☆☆☆☆のみを使う傾向にあります。

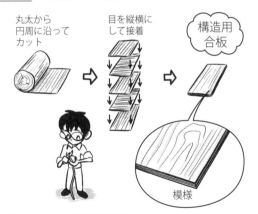

丸太から
円周に沿って
カット

目を縦横に
して接着

構造用
合板

模様

- 外壁の補強には、構造用合板よりも安いMDF（Medium Density Fiberboard：中質繊維板）という木材チップを固めた板もよく使われます。

8
屋組

Q コンクリートパネル（コンパネ）とは？

▼

A ラワン材でできたコンクリート型枠用の合板のことです。

 ラワンベニヤ板とも呼ばれます。ラワンとは、広葉樹の一種です。ベニヤ（veneer）とは、材木を円周方向に薄くスライスした単板（たんぱん）のことです。

下地板として使う場合は、12mm厚、15mm厚程度のコンパネを使います。図面表示としては、

　　　野地板コンパネ厚12、野地板コンパネ厚15

などとなります。コンパネの表面には、針葉樹の構造用合板のような模様はなく、縦目が入っているだけです。構造用合板は白っぽく、コンパネは赤っぽい板です。構造用合板、コンパネともに、ホームセンターに平積みになっているので、実物を見て確かめてください。

　　　構造用合板→白っぽい、模様＋縦目、凹凸あり
　　　コンパネ→赤っぽい、縦目

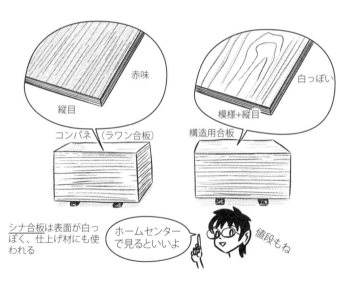

赤味
縦目
コンパネ（ラワン合板）

白っぽい
模様＋縦目
構造用合板

シナ合板は表面が白っぽく、仕上げ材にも使われる

ホームセンターで見るといいよ

値段もね

● 針葉樹はラーチ（larch：唐松）がよく使われるので、針葉樹の構造用合板はラーチ合板とも呼ばれます。

Q 鼻隠し（はなかくし）とは？

A 垂木先端の木口（こぐち）を隠すために付ける板のことです。

木口とは長い材の断面部分をいいます。小口とも書きますが、この場合はブロックやレンガの小さい方の側面を指すことが多いです。

木口は、材木では一番水に弱い箇所です。木は繊維方向に水を吸い上げるので、木口を露出すると、水を吸い込んでしまいます。垂木を化粧で出す建物で、銅板などで被覆されているのは、水を避けるためです。また、垂木の横ぶれを防ぐ構造的な意味でも、鼻隠しは有効です。

垂木の木口は鼻先ともいいます。鼻先を隠すので、鼻隠しです。鼻隠しは下図のように、垂直に付けたり、垂木に直角に付けるなど、さまざまな角度や形があります。軒先のデザインの重要な部分となります。

木口に使われる板は、30mm × 200mm、25mm × 180mm 程度です。200mmとか180mmといった板の大きさは、軒先のデザインで変わってきます。鼻隠しの大きさは、図面を描きながら決めます。

鼻隠しは雨が掛かりやすく、屋根を流れてきた雨も表面を伝って流れやすいので、水に強い仕様にしておく必要があります。木を使う場合は、その上をカラー鉄板という、塗装ずみの鉄板を巻いたり、水に強い塗装を施したりします。セメント製や樹脂製の既製品もありますが、樹脂製の方がメンテナンスが楽です。

8

屋組

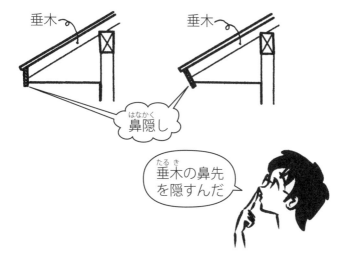

垂木

垂木

はなかく
鼻隠し

たるき
垂木の鼻先
を隠すんだ

Q 破風（はふ）とは？

A 屋根の妻側で、母屋などの横材の木口や垂木側面を隠す板のことです。

妻側には、軒桁、母屋、棟木などの横材の切断面（木口）が出ます。そのような横材の断面を見せるデザインもありますが、雨が掛かる心配があるので、普通は板で隠します。横材の木口と同時に垂木側面も隠します。この屋根側面の構造を隠す板を、破風、または破風板と呼びます。破風が構成する三角形全体を指して破風ということもあります。

　鼻隠し→垂木の木口を隠す
　破風→妻側の横材の木口と垂木側面を隠す

破風の高さは横材、垂木、屋根勾配などで決まります。大きな図面を描いて、納まりを検討しなければなりません。特に、鼻隠しとぶつかるコーナー部分は慎重に検討します。

鼻隠しは垂木の木口を隠すだけなので、高さはあまり必要ありません。一方、破風は垂木の側面と横材の両方を隠すので、その分の高さが必要です。高さが違う板どうしがぶつかるので、納まりが難しくなります。下図では破風の先を水平にカットして、鼻隠しと高さを合わせています。三角形状の破風は、屋根の断面が見える部分でもあるので、デザイン面でも重要です。霊柩車や銭湯の入口でよく見かける唐破風（からはふ）では、破風はS字曲線を描いています。

破風（はふ）
（破風板）

母屋（もや）などの横材の木口（こぐち）
垂木（たるき）の側面を隠す

鼻隠し（はなかくし）
垂木の木口を隠す

棒の先は隠すのよ

• 破風、鼻隠しは傷みやすい部位なので、塗装よりもカラー鉄板による板金をしておくのが無難です。

Q <u>広小舞（ひろこまい）</u>とは？

A 垂木先端の上部に付ける板のことです。

垂木先端の木口に付ける板が鼻隠しでしたが、先端の上部に付ける板は<u>広小舞</u>と呼ばれます。断面が25mm×105mm程度の板です。

軒先の方を厚くした台形状断面の板を使います。軒先を厚くして、反対側は野地板と同じ厚みにします。野地板との納まりをよくしながら、なるべく丈夫にするためです。

垂木の木口を露出するデザインの場合、鼻隠しは打てませんが、何も打たないと、先端がブラブラしてしまいます。そこで上に板を打つわけです。工事では、まず垂木の先端上部に広小舞を打ちます。これで垂木の横の間隔が、ぶれることがなくなります。広小舞を打った後、野地板をそれに突き付けて留めます。

軒先での瓦の納まりを考える上でも、広小舞は重要な役割をもっています。瓦の先端は勾配よりも少し浮かせて突き出しますが、その際に広小舞を使います。また、垂木の先端を鼻隠しで隠してしまう場合も同様に、瓦を葺くときは、広小舞を打ちます。

8

屋組

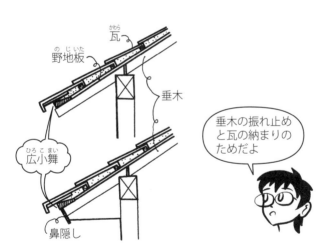

瓦

野地板

垂木

ひろこまい
広小舞

鼻隠し

垂木の振れ止めと瓦の納まりのためだよ

Q アスファルトルーフィングとは？

A フェルトや紙にアスファルトを浸み込ませて水をはじくようにした、防水用のシートです。

野地板の上にアスファルトルーフィングを敷いて、屋根の防水性能を高めます。アスファルトルーフィングの上には、瓦などの屋根材を葺きます。アスファルトルーフィングのほかに、樹脂製の防水シートもあります。

雨を流すのは瓦などですが、水が下に漏れた場合も、アスファルトルーフィングがあれば若干は雨漏り防止になります。

アスファルトルーフィングはロール状のシートで、野地板の上に、図のように下から上へと重ねて（羽重ねして）敷いていきます。上から下に重ねると、水が浸入してしまいます。

アスファルトルーフィングはホチキスで留められることが多く、そこには穴があいています。また、瓦を留める桟を上から釘打ちしたり、屋根材を釘で留めることもあります。アスファルトルーフィングは穴だらけということになります。

釘の周囲のフェルトは釘に巻き付くので若干は水が穴に入り込みにくくはなりますが、穴があいているのは確かです。アスファルトルーフィングは、あくまでも補助的な防水なので、それに頼ってはいけません。

アスファルトルーフィングを野地板の上に敷くんだ

下から上へと重ねる

○

×

屋根材、外壁材は下から上へ羽重ねが基本！

Q スレート葺き屋根の勾配は？
▼

A 3/10以上（3寸勾配以上）です。

スレート葺きの場合、3/10以上は必要です。3/10のことを、3寸勾配と呼ぶこともあります。10寸行って3寸上がるから、3寸勾配です。たとえば35°などと角度で指定すると、寸法どりがしにくいので、10分のいくつという表記が用いられます。

3/10以上ですが、できたら4/10とか5/10の方が、雨水がよく流れます。基本的には屋根勾配は急な方が、水の流れはよくなり、雨漏りは少なくなります。ただし急勾配だと、屋根のメンテナンスはしにくくなり、足場が必要になります。

コンクリート造、鉄骨造の屋根も、勾配屋根にした方が雨漏りは少なくなります。屋根勾配の基準として、スレート葺き屋根の3/10以上（3寸勾配以上）は覚えておきましょう。

北海道などで雪が多く積もる所では、除雪が大変、落雪が心配などで、屋根を逆勾配（内勾配）にして、冬の間は積もらせたままにすることも行われています。無落雪屋根とも呼ばれます。以前は金属板葺きの急勾配で、雪を自然落下させていました。その場合でも、雪が落ちなかったり、落ちても危険であったりしました。そこで雪は載せたままとしたのです。逆勾配の屋根は、雪対策としてはよいのですが、雨漏りしやすく、また屋根や外壁も傷みやすくなります。

【 倒産　して　傾く】
　　10分の3　　　勾配

スレート葺きは
3寸勾配以上

3以上

10

8

屋組

Q <u>金属板葺き</u>、<u>スレート葺き</u>、<u>瓦葺き</u>、それぞれの勾配は？

A 2寸勾配以上（2/10以上）、3寸勾配以上（3/10以上）、4寸勾配以上（4/10以上）です。

 スレート葺きの3寸勾配以上を勾配の基本としてまず覚えましょう。その上下で2寸、4寸と見当を付けます。実際の屋根勾配では、3寸、4寸勾配が多いです。

鉄板などの金属板は、1枚で棟から軒まで葺くこともでき、水が途中で浸入しにくい葺き方です。表面も平滑で水が流れやすく、それだけ勾配も緩くできます。

瓦は、下から上に重ねながら棟へと上げていきます。瓦と瓦のすき間から水が入りやすいので、勾配は急な方が水が浸入しにくくなります。製品によっても変わってくるので、カタログをよく読む必要があります。

　　　<u>金属板葺き ＜ スレート葺き ＜ 瓦葺き</u>

という屋根材の関係と、

　　　<u>2/10 ＜ 3/10 ＜ 4/10</u>

という勾配は一緒に覚えておきましょう。

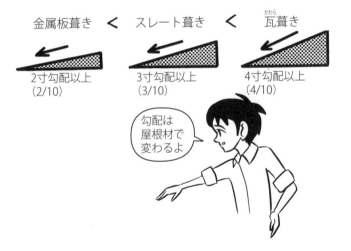

金属板葺き　＜　スレート葺き　＜　瓦葺き

2寸勾配以上
（2/10）

3寸勾配以上
（3/10）

4寸勾配以上
（4/10）

勾配は
屋根材で
変わるよ

Q スレートとは？

A 繊維で強化されたセメント板のことです。

スレート（slate）はもとは、粘板岩などを薄くはいだ石板を指し、屋根や床などに敷いて使いました。今ではコスト的な理由で、天然の石板はまれにしか使われません。

一般にスレートとは、セメント製品です。セメントだけだと簡単に割れてしまうので、繊維で補強されます。以前はアスベスト（石綿：せきめん、いしわた）が、補強によく使われましたが、有害なことがわかり、今では別の繊維で代用されています。

スレートには屋根材のほかに、外装材として波板、不燃の板など、さまざまな製品があります。製品によって大きさはまちまちですが、だいたい幅910mm×高さ455mm程度、重さ3kg程度です。それを下図のように下から重ねながら、目地を通さずに互い違いに（馬目地といいます）接着剤と釘を使って貼っていきます。

商品名では、コロニアルが有名です。コロニアル（colonial）とは植民地時代のアメリカに見られる様式を指しますが、その当時は小さな木片で屋根や外壁を仕上げたものでした。商品名とはまったく関係ありません。

スレート屋根は、築20年もするとカビや塗装の傷みで、塗り替えが必要になってきます。メンテナンスの点では、新建材の金属瓦の方が楽です。

8

屋組

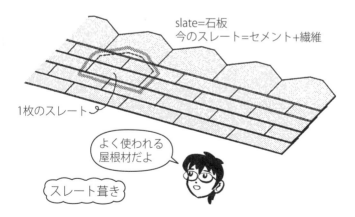

slate=石板
今のスレート＝セメント＋繊維

1枚のスレート

よく使われる
屋根材だよ

スレート葺き

Q スレート葺き屋根の軒先に<u>水切り金物</u>を敷くのは？

A 軒先での水の離れ（切れ）を良くするため、スレート内部に水が入るのを防ぐため、野地板の木口を隠すためです。

スレートは軒先で突き出し、樋（とい）に雨水が落ちるようにします。野地板も鼻隠しより突き出し、水が鼻隠しに回らないようにします。それでも水の切れが悪いと、強風で水が鼻隠しや軒裏に回ってしまいます。そこで<u>水切り金物</u>の登場です。

軒先に付ける水切り金物は、下図のように、L字形をしています。L字の野地板側を上向きに折り曲げ、内部に浸入してきた水をそこで止めます。この部分は<u>水返し</u>といいます。

L字の下の部分は内側に折り曲げ、水が強風などで伝い上がらないようにしています。また端部を折り曲げることにより、薄っぺらい鉄板でできた金物の補強にもなり、取付け時に手を切らないですみます。

水切り金物を野地板の切断面（木口）に付けることにより、切断面を隠す化粧にもなります。また野地板が腐るのを防ぎもします。シンプルな金物ですが、いくつもの重要な役割を果たしています。

水切り金物は、普通はカラー鉄板でつくられます。カラー鉄板とは、薄い鉄板に工場で塗装をすませた、さびにくい鉄板です。

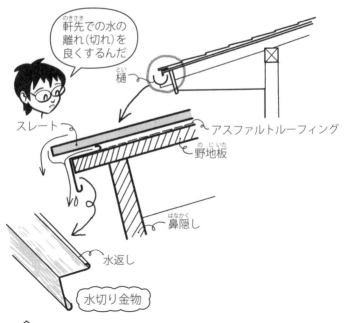

のきさき
軒先での水の離れ（切れ）を良くするんだ

とい
樋

スレート

アスファルトルーフィング

の　じ　いた
野地板

はなかく
鼻隠し

水返し

水切り金物

Q スレート葺き屋根の妻側に水切り金物を敷くのは？

A スレートの下に水が入るのを防ぐため、およびスレートや野地板の木口を隠すためです。

屋根材の妻側切断面は、<u>けらば</u>と呼ばれます。けらばとは虫の名で、けらばとはその虫の羽のことです。ギザギザしているところが、その虫の羽に似ていることから付いた名です。

けらばにも金物を付けますが、軒先の金物と同様に、まずは<u>雨仕舞い</u>のために必要だからです。雨仕舞いとは、雨が浸入するのを防ぐ納まりのことです。

けらばの水切り金物は、下図のように、アスファルトルーフィングを敷いて、軒先のL字形の水切り金物を打った上に角材を打ちます（①）。その角材の上に巻き込むように、<u>けらば用の水切り金物を敷きます（②）</u>。角材はスレートの厚み分の高さをとるために、必要となります。それによって、スレートの木口を隠すわけです。スレートや野地板の木口を隠す化粧ともなっています。軒先金物と同様に、スレート内部に水が浸入しないように、<u>水返し</u>が付けられます。

水切り金物は、カラー鉄板を板金加工（ばんきんかこう）してつくったり、既製品を使ったりします。板金加工とは、<u>0.4mm</u>程度の薄い鉄板を常温で切ったり曲げたりすることです。

8

屋組

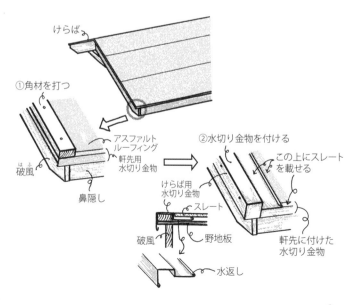

けらば

①角材を打つ

アスファルト
ルーフィング

軒先用
水切り金物

破風 (はふ)

鼻隠し

②水切り金物を付ける

この上にスレート
を載せる

けらば用
水切り金物

スレート

破風

野地板

軒先に付けた
水切り金物

水返し

Q 棟包み（むねづつみ）金物とは？

A 棟から水が入らないように包み込む金物のことです。

棟包み金物とは、文字どおり、棟を包むための金物です。雨仕舞い上、必要な金物です。

両側の屋根のスレートが合わさる頂上部分や稜線部分が棟です。何もしないと、スレートのすき間から水が浸入してしまいます（①）。屋根のほかの部分ではスレートどうしを重ねるので、水は浸入しにくいのですが、棟の部分は、両側のスレートが付き合わせでぶつかるだけなので、水が浸入しやすくなります。

そこでまず、棟を包む金物を上からかぶせることを考えてみます（②）。すき間はふさがりますが、金物を留める釘やネジの頭から、水が浸入するおそれがあります。

次に、釘の頭を上に見せないようにするため、板を打って、その上から金物をかぶせ、側面から釘を打って板に留めてみます（③）。釘を側面から打つので、水が浸入しにくくなります。さらに釘の頭周囲を、シーリング材という、弾力のあるゴム状のもので覆っておくと対策は万全です。

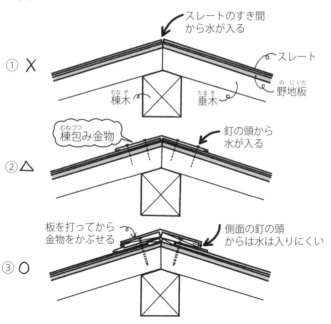

① ✗

スレートのすき間から水が入る

スレート

棟木（むなぎ）　垂木（たるき）

野地板（のじいた）

② △

棟包み金物（むねづつ）

釘の頭から水が入る

③ ○

板を打ってから金物をかぶせる

側面の釘の頭からは水は入りにくい

Q 金属板瓦棒葺き（かわらぼうぶき）とは？

A 下図のように、瓦棒と呼ばれる細い角材を屋根に打って、それに金属板を巻き付ける形で留める構法です。

40mm×45mm程度の、根太に使うような角材を、303〜455mm間隔で縦に並べて打ちます。それに金属板を巻き付け、横から釘打ちします。さらに瓦棒の上から別の金属板を巻き付けてキャップをして、はずれないようにします。

軒先、けらばでは、広小舞に横から釘打ちで留めて、抜けないようにします。けらば側の広小舞は、勾配に沿って登るので、登り広小舞とも呼ばれます。

勾配方向は1枚の長尺の金属板で葺くので、雨漏りの心配は少ないです。そのため、2寸勾配（2/10勾配）といった緩い勾配でも大丈夫です。もちろん、勾配が大きい方がより安心です。

下図では省略していますが、念のためにアスファルトルーフィングを事前に敷きます。

金属板としてはカラー鉄板が、コストが安いので広く使われています。最近の塗装は優秀で、築20年でもサビが出ないものもあります。板厚は0.4mm程度を使います。カラー鉄板以外に、ステンレス板、銅板なども使います。海の近くはさびやすいので、ステンレス板の方が無難です。

8

屋組

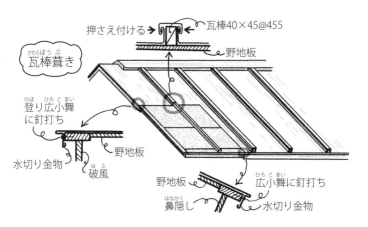

瓦棒葺き（かわらぼうぶき）

押さえ付ける → 瓦棒40×45@455

野地板

登り広小舞（のぼりひろこまい）に釘打ち

野地板

水切り金物

破風（はふ）

野地板

広小舞（ひろこまい）に釘打ち

鼻隠し（はなかくし）

水切り金物

Q <u>金属板立てはぜ葺き</u>とは？

▼

A 下図のように、金属板をつなぎ目で折り曲げ、立ち上げてつないで葺く方法です。

はぜとは、板金（ばんきん）で金属板をつなぐ際の継目のことで、英語では<u>シーム（seam）</u>といいます。継目のない金属板はシームレスといいます。

継目から、水が入らないようにはぜを立てているので、<u>立てはぜ</u>といいます。はぜの中に、野地板を留めるための金物を所々に入れて、一緒に折り曲げます。

立てはぜ葺きは、瓦棒葺きと遠目には似ていますが、近づいて見ると、瓦棒よりも繊細なディテール（細部）です。緩い勾配の片流れ屋根に<u>ガルバリウム鋼板立てはぜ葺き</u>とすると、建築家好みのシャープで現代的な屋根となります。<u>ガルバリウム鋼板</u>は、アルミニウム・亜鉛合金めっき鋼板のことで、サビに強い金属板です。

緩勾配片流れ屋根
ガルバリウム鋼板
立てはぜ葺きは
建築家好みよ

立てはぜ

→ ← 押さえ付ける

Q 金属板一文字葺き（いちもんじぶき）とは？

A 金属板を、棟と平行に横一直線（横一文字）になるように下から上へ重ねて葺くやり方です。

横一直線のことを、一文字と表現しています。漢数字の「一」が横一本線だからです。横方向にはずれていないということです。軒先に使う、下端がまっすぐな瓦は、一文字瓦と呼ばれます。それも、漢字の一の形からきています。

金属板の場合は、横長の板を上に重ねる際、目地を垂直方向には通さず、幅を1/2ずつずらしながら葺きます。横の目地は通りますが、縦の目地は互い違いになります。このようなまっすぐに通らない、互い違いの目地を、馬目地（うまめじ）といいます。馬の足跡が交互になるから、レンガなどを積む際に2つの材に、馬乗りにひとつの材を積むからなどの説があります。目地が通る場合はいも目地といいます。いもの根が規則的にまっすぐ伸びるためといわれています。

金属板どうしは巻き込んで、雨が入らないようにします。また、金属板を野地板に留めるために、小さな釣り子、または付け子と呼ばれる金物を使います。

瓦棒葺きよりも、手間が掛かって高級な葺き方です。高級な分、銅板など高価な材料が使われることが多いです。軒先の大きく出た屋根は、重い瓦をやめて、軽い金属板一文字葺きとすることもあります。

8 屋組

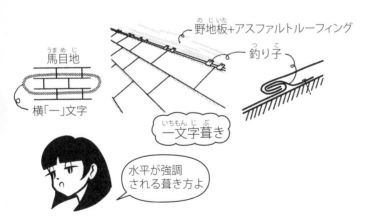

野地板＋アスファルトルーフィング
釣り子
馬目地
横「一」文字
一文字葺き
水平が強調される葺き方よ

Q <u>本瓦葺き（ほんがわらぶき）</u>とは？

A 下図のように、平瓦と丸瓦を交互に組み合わせて葺く瓦葺きのことです。

<u>平瓦</u>を並べただけでは、継目から雨が入ってしまいます。そこで、継目の上から<u>丸瓦</u>をかぶせます。

全体として見ると、丸瓦の列が縦に並んだ豪壮な屋根となります。神社、仏閣、城郭などの屋根に使われてきましたが、住宅にはほとんど使われていません。

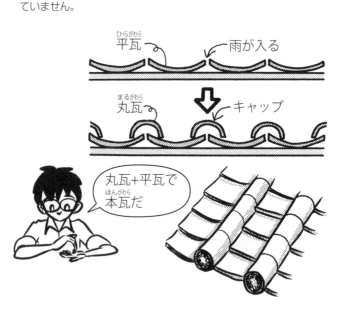

Q 桟瓦（さんがわら）とは？

A 下図のように、丸瓦と平瓦の特徴を併せ持つS字形断面の瓦です。

丸瓦と平瓦のそれぞれの特徴をもたせ、簡略化したものが桟瓦です。S字の山の部分の連なりが障子の桟のようだからこの名が付きました。屋根に桟（細い棒）を使って留めるから桟瓦と呼ぶという説もありますが、最初は桟を使わずに土を使って葺いていたので、それは誤りです。本瓦は神社、仏閣、城郭、武家屋敷などに使われましたが、屋根が重くなるという欠点もありました。そこで考案されたのが、この桟瓦です。

瓦は粘土を焼いてつくられるのが普通です。色はいぶし銀、渋い銀色が好まれます。いぶすとは金属に硫黄のすすなどで曇りを付けることですが、銀に曇りを付けた色からいぶし銀という色名ができました。

8

屋組

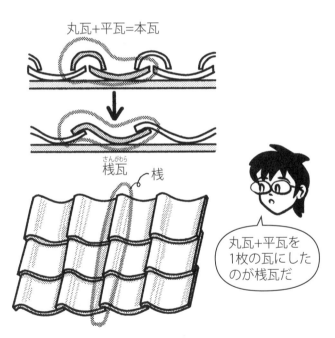

丸瓦+平瓦=本瓦

桟瓦　桟

丸瓦+平瓦を
1枚の瓦にした
のが桟瓦だ

Q 引掛け桟瓦（ひっかけさんがわら）とは？

A 下図のように、瓦桟（かわらざん）に引っかけるように留める桟瓦です。

以前は野地板に土を盛って（葺き土）、瓦を留めていました。土を盛ると重くなってしまい、瓦もずれやすいので、瓦を引っかけるための桟（細い棒）を勾配に対して横に打って引っかける方法が考案されました。

瓦の裏側には、桟に引っかけるための突起が付けられています。桟に引っかけることで、瓦が落下しにくくなっています。桟に釘打ちできるように、穴もあけられるようになりました。

上から見て、右上と左下に欠き込みがあります。瓦どうしを組み合わせて、積み上げられるようにした工夫です。また、左上の瓦と同じ平面とするための工夫でもあります。交差部分では4枚の瓦が重なるので、このような工夫がないと、うまく重ねられません。

野地板にはアスファルトルーフィングを敷きます。水が瓦を抜けると、瓦桟の所に水がたまってしまいます。それを防ぐために、まず縦方向（流れ方向）に薄い桟を打ちます。その上に横方向に瓦桟を打てば、水は瓦桟をくぐって下へと流れます。下図では、縦の桟は省略して描いています。

現在使われている和瓦（洋瓦に対して呼ばれる）は、ほとんどがこの引掛け桟瓦です。

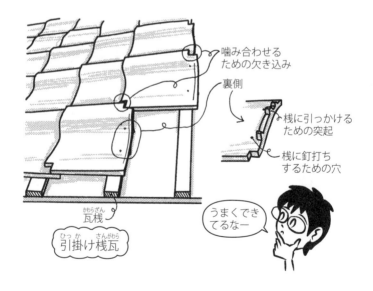

噛み合わせる
ための欠き込み

裏側

桟に引っかける
ための突起

桟に釘打ち
するための穴

瓦桟（かわらざん）

引掛け桟瓦（ひっか　さんがわら）

うまくでき
てるなー

Q 桟瓦の軒先はどうする？

A 下図のように、<u>まんじゅう軒瓦</u>か<u>一文字軒瓦</u>を使ってきれいに納めます。

瓦の重なりをそのまま出すと、あまりきれいには見えません。そこで、重なりの部分を円形で隠す瓦が考案されました。円形なのでまんじゅうに見立てて、まんじゅう瓦とかまんじゅう軒瓦と呼ばれています。

まんじゅう軒瓦よりも高級な軒瓦に、一文字軒瓦があります。瓦の下が横一直線になるので、漢数字の一の形から一文字瓦または一文字軒瓦と呼ばれています。下を一直線にするには、施工精度が要求されます。まんじゅう瓦では重なればいいだけですが、一文字軒瓦では高さをピタッと合わせなければなりません。

一般の勾配部分の瓦は<u>地瓦</u>（じがわら）、軒先やけらばなどの特殊な部分の瓦は<u>役瓦</u>（やくがわら）といいます。コーナーに貼るタイルを<u>役物</u>（やくもの）といいますが、その役と同じ意味です。

8

屋組

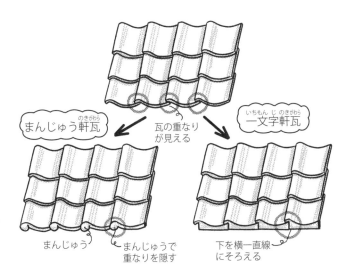

まんじゅう軒瓦
（のきがわら）

瓦の重なり
が見える

一文字軒瓦
（いちもん じ のきがわら）

まんじゅう

まんじゅうで
重なりを隠す

下を横一直線
にそろえる

Q 桟瓦のけらばはどうする？

A 下図のように、けらば瓦を使って納めます。

けらばとは、屋根側面の端部です。そのまま普通の桟瓦を葺くと、野地板がまる見えとなってしまいます。雨が入るばかりか、見た目も良くありません。

そこで、特別の瓦、役瓦を使います。けらばに使う役瓦なので、けらば瓦と呼ばれます。また屋根の袖になるので、袖瓦（そでがわら）、袖形瓦とも呼ばれます。

けらば瓦は、下図のように側面を覆うような垂れ（たれ）が付いています。端部で折り曲げられ、水が入らないようになっています。また瓦どうしの重なりをきれいに見せます。

このような垂れは、軒先の瓦にも付いています。軒先では雨水がすっきりと切れなければなりません。垂れには、木口を隠す、水を切りやすくする、中に雨が入らないように保護するなどの多くの役割があります。

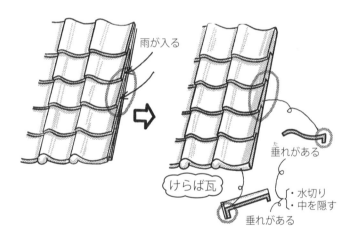

雨が入る

けらば瓦

垂れがある

・水切り
・中を隠す

垂れがある

Q 桟瓦の棟はどうする？

▼

A 下図のように、のし瓦、冠瓦（かんむりがわら）を使って納めます。

桟瓦をそのまま棟で突き合わせても、接合部分から雨が入ってしまいます。そこでまず、丸瓦を上に載せることを考えてみます。丸瓦だけで蓋をしようとすると、丸瓦を大きくしなければなりません。また、桟瓦と丸瓦の接合部分は丸瓦の厚みだけとなって、雨が入りやすくなります。次に、平たい瓦（のし瓦）をひさし状に張り出しながら積んで、その上に丸瓦（冠瓦）を載せてみましょう。こうすると、桟瓦とのし瓦の接合部分は面的に大きく広がり、またのし瓦がひさし状に張り出しているので雨が入りにくくなります。

のし瓦、冠瓦の内側には、漆喰を入れます。漆喰とは石灰、麻の繊維、海草の糊などからなる防水性のある土です。棟に漆喰を塗り、その上にのし瓦を重ね、最後に冠瓦を載せて、鉄線や銅線で下地と結んで落ちないようにします。

冠瓦＋のし瓦の棟の妻側端部は、デザインのポイントとなるので、鬼瓦、巴瓦（ともえがわら）という特殊な瓦で留めます。冠瓦と鬼瓦の接合部は離れると、雨漏りの原因となります。古い場合はシーリング材でふさいでおくことをすすめます。

8

屋組

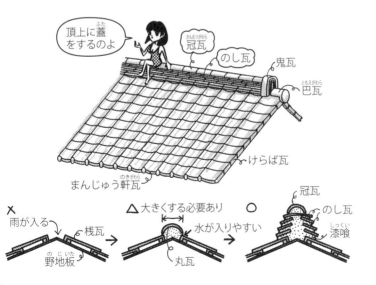

頂上に蓋をするのよ

冠瓦（かんむりがわら）

のし瓦

鬼瓦

巴瓦（ともえがわら）

けらば瓦

まんじゅう軒瓦（のきがわら）

✕　雨が入る

桟瓦

野地板（のじいた）

△　大きくする必要あり

水が入りやすい

丸瓦

○

冠瓦

のし瓦

漆喰（しっくい）

Q <u>スペイン瓦とは？</u>

A 下図のように、半円筒形が並んだように見えるオレンジ色っぽいスペインの瓦です。

日本の本瓦のように、下の瓦の上に半円筒形のキャップをかぶせたのがはじまりです。今使われているのは、2つの瓦をS字形断面に合理化したものがほとんどです。

スペインの民家では、白い壁にオレンジ色の瓦屋根がよく見られます。その様式にあこがれて、日本でも似たような家がつくられます。スペイン瓦自体は、和瓦よりも荒々しく、大ざっぱな印象を受けます。

スペイン瓦は、ヨーロッパからの輸入物のほかに、国産物もあります。それぞれのメーカーがさまざまな製品を出しているので、設計の際にはカタログや見本を見ながら選ぶことになります。

輸入物のスペイン瓦の中には、水を吸い込むものもあります。水を吸うと、凍結して爆裂を起こしてしまいます。スペインと日本では気候が違うので、和瓦よりも慎重に選ぶ必要があります。

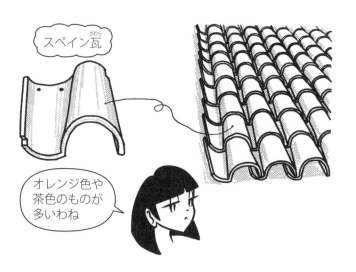

スペイン瓦

オレンジ色や茶色のものが多いわね

Q 桟瓦、スペイン瓦などの粘土瓦以外にはどんな瓦がある？

A <u>セメント瓦</u>、<u>金属瓦</u>などがあります。

 セメントに繊維を混ぜて固めた安価な<u>セメント瓦</u>も、よく使われています。平らなスレート（コロニアルなど）も、セメント＋繊維なので、スレートをセメント瓦と呼ぶこともあります。メジャーなメーカー名からセキスイ瓦などと呼ばれることもあります。粘土瓦よりも大きく、工事の手間も少なくてすみます。

<u>金属瓦</u>は、さびないようにめっきや塗装が施された金属を、波形に折り曲げたものです。亜鉛とアルミのめっきが施されたガルバリウム鋼板が、最近ではよく使われます。

金属瓦は軽いので、セメント瓦よりもさらに大きくつくることが可能です。屋根全体の軽量化にもなります。下図では横幅のある製品を描いていますが、縦に長い製品もあります。金属板葺きと同様に、太陽の熱を通しやすいので、その対策は必要です。耐久性の順は大まかには、

　　　粘土瓦＞セメント瓦＞金属瓦

です。ただし、金属の塗装やめっきの技術が進み、20年経ってもサビが出ないものもあります。セメント瓦は、スレートと同様に20年で塗装が必要なものもあります。ですからどれが良いかは一概にはいえません。

8
屋組

粘土瓦
・桟瓦（さんがわら）
・スペイン瓦

セメント瓦
・セメント＋繊維
・スレートを含むこともあり

金属瓦

瓦もいろいろ
あるのよ

Q 折板（せっぱん）屋根とは？

▼

A 鋼板を折り曲げて山形を連ねたジグザク状の屋根です。

紙は1枚ではペラペラですが、下図のように折り曲げるとしっかりとします。この原理を応用したのが折板です。

工場、体育館、物置、車庫、軽量鉄骨のアパートなどに使われる屋根材です。安いコストで大きな屋根を覆う場合に、折板屋根は好都合です。最近では木造住宅でも使われるようになりました。

それぞれの折れ目の部分が、垂木の役割を果たしています。折板屋根を支える構造も、流れ方向に直角に横材を置いていくだけですみます。屋根は、その横材にボルトで留めるわけです。横材間のスパンは厚みにもよりますが、1間程度です。

鋼板を折り曲げただけなので、熱射をまともに受けます。そこで断熱材が裏打ちされた折板も製品化されています。表面の塗装もさびないように、いろいろと工夫されています。折板屋根は、片方向だけに流れる片流れ屋根がほとんどです。端部のギザギザを見せないデザインにするには、端部の納め方に注意が必要となります。

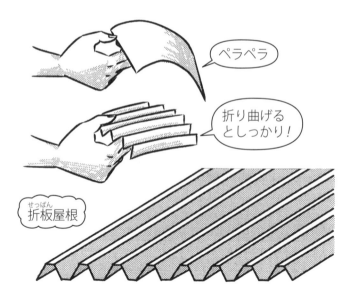

ペラペラ

折り曲げる
としっかり！

せっぱん
折板屋根

Q スレート屋根、瓦屋根の雪止めはどうする？

A 下図のように雪止め金具を付けたり、雪止め付き瓦を使ったりします。

雪が軒先にたまって落下すると、周囲の建物や人に害を及ぼすおそれがあります。そこで屋根上に雪が引っかかるように、雪止めの金具などを取り付けます。

スレート葺きの場合、鋼製プレートを折り曲げた専用の金物があります。それを上のスレートの下に差し込み、スレートの端部に引っかけたり釘打ちしたりして留めます。

瓦の場合は、雪止め付きの瓦があります。それを軒の近くに葺くだけですみます。また後から雪止め金具を瓦屋根に付ける場合は、上の瓦をはずして瓦端部に金具を引っかけて留めます。

瓦棒葺き金属板葺きの屋根では、もっと簡単です。縦の瓦棒の上に、横向きにL字断面の鋼製の棒（アングル）やステンレス製のパイプを打ち付けるだけで、雪止めとなります。大量に雪が降る地域では、もっと厳重に雪止めの細工をします。屋根を内勾配にして、雪を冬の間は落とさないという工夫（無落雪屋根）もあります。北海道に多い屋根の工夫です。

8

屋組

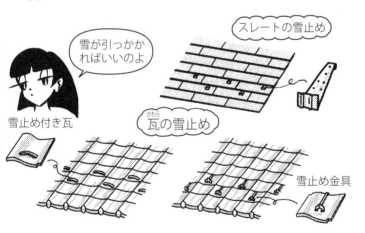

雪が引っかかればいいのよ

スレートの雪止め

雪止め付き瓦

瓦の雪止め

雪止め金具

Q 雨の漏りやすい屋根の形や部分は？

A 下図のように、谷の形や立ち上がりの部分では、雨は漏りやすくなります。

屋根を組み合わせていくと、谷ができてしまうことがあります。谷は水がたまる所ですから、谷ができないような組み合わせを考えるのが原則です。どうしてもできてしまう場合は、雨が漏りやすいということを念頭に置いて、水がきれいに流れるような工夫が必要です。たとえば大きな樋をつくる、<u>排水口（ドレイン）</u>を複数つくる、落ち葉が詰まらないようにメッシュを付けるなどです。

屋根と壁のぶつかる屋根の立ち上がり部分、防水の立ち上がり部分も、トラブルが多い所です。壁の側に、屋根材や防水層などを大きく立ち上げるなどの措置が必要となります。

トップライトや煙突などにも、立ち上がり部分があります。この立ち上がりや谷にも、防水の処理を徹底しておかないと、雨漏りの原因となります。

谷

水をためないような形に!

トップライトなど

立ち上がり

• 雨漏りは谷と立ち上がりに集中します。特に鉄板屋根の立ち上がり部は、台風時の強風で水が上がって壁内に入るトラブルが多発しています。<u>鉄板の立ち上がりを大きくとる</u>、<u>立ち上がり最上端に水返しをつくる</u>などの工夫をしてください。

Q <u>軒天井（軒裏）</u>の勾配はどんな形が望ましい？

A 基本的には外勾配が望ましいです。

🔲 水は建物の外へ流すのが基本です。建物の方へ流せば、それだけ水が内部に入りやすくなり、傷みやすくなります。強風で内側に雨水が伝ってこないような軒の形にするべきです。軒の勾配は下図のように、

　　　外勾配＞水平＞内勾配

の順に考えます。格好の良さから水平にする場合も多いですが、雨の切れの良さでは外勾配です。内勾配＝逆勾配は、極力避けるべきです。
片流れ屋根の上部の軒も、雨仕舞い上、よく問題となる所です。できれば折り曲げて軒を外勾配とするべきですが、格好が良くありません。軒天井と壁の接点は、防水シートを回すなどの処置が必要です。

8

屋組

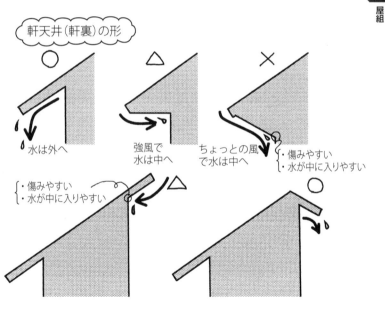

軒天井（軒裏）の形

○　水は外へ

△　強風で水は中へ

×　ちょっとの風で水は中へ
・傷みやすい
・水が中に入りやすい

△
・傷みやすい
・水が中に入りやすい

○

● 建築家の間には木造でも抽象的なキュービックな立体を好む悪しき風潮があります。もとをたどれば、ル・コルビュジエらの20世紀初頭の近代建築運動に行き着きます。そのため軒を極力出さない形にしようとしますが、雨仕舞いとしては真逆のことをしているわけです。

Q 軒天井に張るボードは？

A セメント系のケイ酸カルシウム板、フレキシブルボードなどがあります。

防火のために、軒天井には木の板を張る例は少なく、たいていはセメント系のボードを張ります。モルタルを塗ることもありますが、はげ落ちたりクラックが入ったりしやすいので注意が必要です。

セメントだけで板をつくると、すぐに割れてしまうので、繊維を入れて粘り強くします。以前は石綿（アスベスト）が使われましたが、有害なため、ほかの繊維で代用されるようになりました。セメント系のボードの中では、ケイ酸カルシウム板が、もっともメジャーです。ケイカル板とも呼ばれます。ケイ酸カルシウムとは、ケイ素の化合物で、それに繊維とセメントを混ぜて板としたものです。耐熱性、耐水性に優れ、軒天井以外にも、キッチン、浴室などの水掛かりに広く使われています。釘やビスをそのまま打ち込むことも可能なので、工事も楽です。

フレキシブルボードは、セメントに繊維を入れて柔軟に（フレキシブルに）した板です。フレキ板とも呼ばれます。

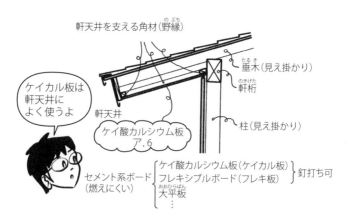

軒天井を支える角材（野縁）

垂木（見え掛かり）

軒桁

柱（見え掛かり）

軒天井

ケイ酸カルシウム板
ア.6

ケイカル板は
軒天井に
よく使うよ

セメント系ボード　ケイ酸カルシウム板（ケイカル板）
（燃えにくい）　　フレキシブルボード（フレキ板）　　釘打ち可
　　　　　　　　　大平板
　　　　　　　　　：

Q 樋に付ける<u>集水器</u>とは？

A 下図のような、軒樋（のきどい）と竪樋（たてどい）の交点に付ける、水を受けるための箱です。

軒樋（横樋）を竪樋（縦樋）に直接つなぐと、大雨のときにあふれてしまいます。水はいったん箱にためてから流す方が、空気も引き込みやすく、流れがスムーズになります。

大きな集水器は上が大きくて下が小さい、じょうご状になっていて、口の大きい所が魚のあんこう（鮟鱇）に見立てられ、<u>あんこう</u>と呼ばれることもあります。

竪樋は地面に落として、地中の排水管につなぎます。雨水を<u>雨水枡（ます）</u>にいったん入れてから、排水管に流します。縦の管の水を枡に入れてから横の管に流した方が、水はスムーズに流れます。樋に集水器を付けるのと、同じ原理です。

軒樋→集水器→竪樋
竪樋→雨水枡→排水管

集水器は見た目があまり良くないので、省略することもあります。その場合は、竪樋を多くつくるなどの工夫が必要です。

樋は木へんが付くように、かつては木製が多かったように思います。現在では軒樋のほとんどが樹脂製の既製品です。銅板やステンレス板を曲げてつくることもあります。

8

屋組

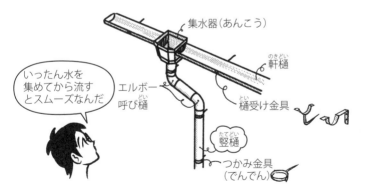

集水器（あんこう）

軒樋（のきどい）

いったん水を
集めてから流す
とスムーズなんだ

エルボー
呼び樋

樋受け金具

竪樋（たてどい）

つかみ金具
（でんでん）

Q <u>内樋（うちどい）</u>とは？

A 下図のように、内側に隠した軒樋です。

軒先の内側に組み込んだ樋です。箱形なので、<u>箱樋</u>ともいいます。軒先がすっきりして、シャープなデザインになります。

内樋の雨仕舞いは、要注意です。内側に雨が漏れると、軒天井ばかりでなく、屋根の構造自体を傷めてしまいます。

樋の断面、縦横の寸法を大きめにつくって、水があふれないようにします。また厚めのステンレスやカラー鉄板を使って、簡単に穴があかないようにします。

外側の樋の上部の高さは、内側よりも低くします。水があふれた場合、外側に水が出るようにするためです。

竪樋は複数つくって、1カ所が詰まっても、他方で流れるようにします。集水器（あんこう）はつくれないので、竪樋との接点は、水がきれいに流れるように、外に漏れないように慎重に扱います。

下図は、金属板瓦棒葺きで内樋とした例です。このように軒先ではなく、外壁の内側に内樋をつくることがあります。建物を箱っぽく見せたい場合に行われます。この場合は雨が漏ると建物の内側に入り込んでしまうので、さらに要注意です。

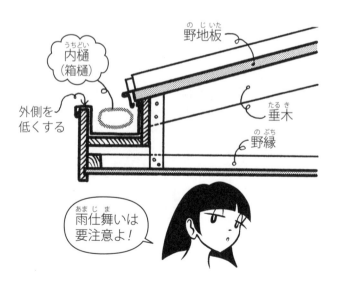

野地板

内樋
（箱樋）

外側を
低くする

垂木

野縁

雨仕舞いは
要注意よ！

Q 切妻屋根を1/100程度の立面図に描くと？

A 屋根材によって変わりますが、瓦屋根の場合は下図のようになります。

初心者が立面図でよく忘れるのが、屋根の厚みです。妻側は描けるのに、平側はどうしても忘れがちです。

屋根の厚みには、屋根材の木口（切断面、端部）がまず出ます。軒瓦の厚み、スレート自体の端部と水切り、金属板では水切りが厚みとして見えます。1/100程度では、大ざっぱに50mm（図面では0.5mm）程度の厚みで描きます。

屋根材の下には、それを支える垂木や母屋などの構造材を隠す板の厚みが見えます。妻側では破風（はふ）、平側では鼻隠しといいます。

破風は母屋も隠すので、鼻隠しよりも大きくなるのが普通です。その厚みの違いを両者がぶつかるコーナーで調整します。普通は鼻隠しは150〜200mm（1.5〜2mm）程度、破風は200〜250mm（2〜2.5mm）程度です。下図は同じ厚みで描いています。

屋根表面の線は、瓦の場合は250mm（2.5mm）間隔程度に縦に細い線を引きます。この線はあくまでも図面表記、記号的な意味で、実際の瓦の寸法はもう少し複雑です。

スレートは50mm（0.5mm）間隔の横線で引きます。あまり細かく引いて図面が黒くなってしまう場合は、75mmとか100mmに調整します。

8

屋組

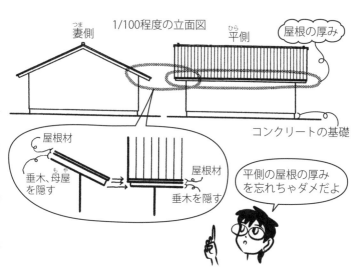

妻側　1/100程度の立面図　平側　屋根の厚み

コンクリートの基礎

屋根材

垂木、母屋を隠す　屋根材　垂木を隠す

平側の屋根の厚みを忘れちゃダメだよ

注：図の大きさは表記の縮尺と異なります。

Q 切妻屋根を1/100程度の断面図に描くと？

▼

A 下図のようになります。

左側の、三角形の屋根勾配が出る梁間方向の断面図は、初心者でもすぐに描けます。右側の屋根が水平になる桁行方向の断面図は、多くの初心者が間違います。

両側の軒の出を描くことで、屋根（軒）に厚みが出ます。

切った位置によって違いますが、切った部分から上に屋根が上がる場合は、その屋根の見え掛かりを描かないといけません。屋根が奥に行くと、上に上がっていくので、その部分が見えます。

屋根は棟から先に行くと、今度は下に下りてきます。向こう側に下がっていく軒天井は、見え掛かりとして描く必要があります。

　①左右の水平の軒の出
　②上がっていく屋根の見え掛かり
　③下がっていく軒天井の見え掛かり

桁行方向の断面を描く場合は、この3点に注意してください。

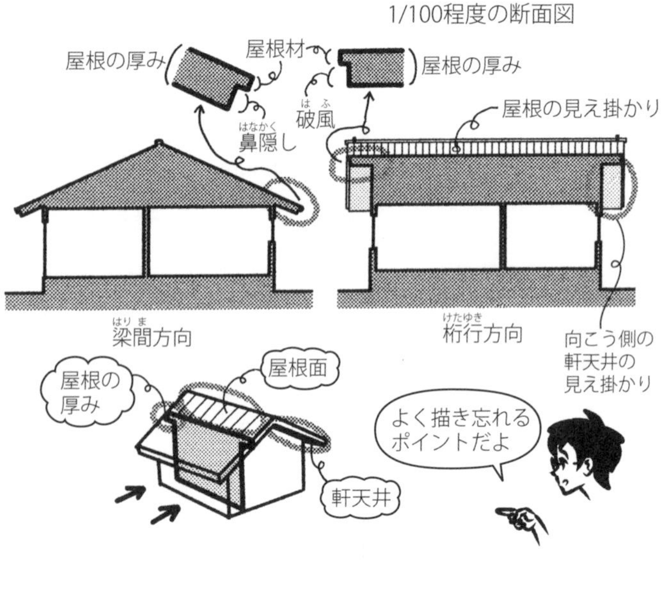

1/100程度の断面図

屋根の厚み　屋根材　屋根の厚み

鼻隠し　破風（はふ）　屋根の見え掛かり

（はなかくし）

梁間方向（はりま）　桁行方向（けたゆき）　向こう側の軒天井の見え掛かり

屋根の厚み　屋根面

よく描き忘れるポイントだよ

軒天井

Q 断面図の基準線はどのように引く？

A ①GL、②GLから+0.5mに1FL、③階高3mとって2FL、④3mとって軒高、⑤主要な壁芯、⑥軒高の線と壁芯の交点から屋根の基準線、⑦2FL、軒高から0.5m下げて天井高を引く。

手描きの場合は薄く細い線で、CADでは細い一点鎖線で書きます。GL線を大きめに引いてから、<u>GL→1FL→2FL→軒高→壁芯→屋根の基準線→天井高</u>と描きます。ここでは初心者向けに、数字は覚えやすく単純化したものとしています。

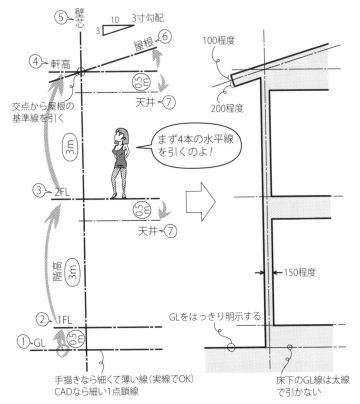

⑤ 壁芯

10　3寸勾配
3

屋根 ⑥

④ 軒高

(0.5m)

天井 ⑦

100程度

200程度

8

屋組

交点から屋根の基準線を引く

(3m)

まず4本の水平線を引くのよ！

③ 2FL

(0.5m)

天井 ⑦

階高 (3m)

150程度

② 1FL

GLをはっきり明示する

① GL

(0.5m)

手描きなら細くて薄い線（実線でOK）
CADなら細い1点鎖線

床下のGL線は太線で引かない

- 1FLはGL+0.5mですが、土間コン、べた基礎ならGL+0.3mも可。この場合、豪雨時の浸水に注意。
- 階高が3m→2.8m、2.9mもある。ツーバイフォー構法なら2.7mも可。

Q ベランダ、外廊下などの平らな屋根を木造でつくれる？

▼

A ステンレス防水、FRP防水、ウレタン塗膜防水、シート防水などを使ってつくれます。

木造で平らな屋根はつくれない、ベランダの下に部屋がある設計はしてはいけないといわれたのはひと昔前のことです。当時はいったんベランダの下の階に屋根をつくって、その上を水を通すすのこ（雨を下に通すようにすき間のあけられた板張り）状の床としました。今では防水技術も進んで、木造でも平らな屋根がつくられるようになりました。

もっとも安価につくれるのは、シート防水です。弾力のある樹脂製のシートを下地の板に接着して張って、防水層をつくります。上を歩いても大丈夫ですが、外廊下など頻繁に人の通る所は、シートが擦り切れやすくなります。またベランダでは、タバコの吸殻を落とされると、そこに穴があいてしまいます。

FRP防水のFRP（Fiberglass Reinforced Plastics）とは、ガラス繊維で強化されたプラスチックです。ユニットバスなども、FRP製です。網状の不織布（ふしょくふ：糸を織った布ではなく、繊維を接着や熱などでメッシュ状に接合させた布）を下地板に接着し、上からFRP防水剤を塗り、さらに不織布を張って防水剤を塗る工程を繰り返して、防水層をつくる方法です。摩擦に強く、タバコの火でも穴があきません。ウレタン塗膜防水も、同様にウレタンを塗ることで防水層をつくります。

ステンレス防水は、ステンレスの板を溶接でつなぎ合わせる防水工法で、劣化しにくいのですがコスト高となります。ベランダなどに使う場合は、ステンレス防水層の上に、すのこなどを敷きます。

木造でも平らな屋根が可能!

・ベランダ
・外廊下
・フラットルーフ（陸屋根）

・ステンレス防水
・FRP防水
・ウレタン塗膜防水
・シート防水
　：

Q 防水層の立ち上がりをつくるのは？

A 防水層の外側へ水が出ないようにするためです。

お皿や鍋には縁（ふち）があります。縁がなければ水がこぼれてしまいます。防水層の立ち上がりも、まったく同じ原理でつくられています。

立ち上がり部分は、防水では非常に重要です。立ち上がりをいい加減につくると、防水層の外側、壁内部へと水が浸入してしまいます。窓のサッシ下の立ち上がりから水が入ると、下の階の部屋に水漏れしてしまいます。

サッシ下の防水層は、サッシの水切り金物というひさし状の金物の下にもぐり込ませて留めます。さらに、弾力性のあるシーリング材を打って、水が入らないようにします。

外側の腰壁（こしかべ：腰の高さまでの壁）側も、立ち上がり部分は、水切り金物の下にもぐり込ませて、シーリング材を打ちます。そして窓側から外へ向かって、水勾配を付けます。水勾配は1/50（50行って1下がる勾配）程度にします。

防水層には立ち上がりが必要なため、部屋の床高（FL：Floor Level）よりもベランダの床高が低くなります。どうしてもFLを同じにしたい場合は、ベランダにプラスチック製のすのこなどを敷いて、高さを調整します。立ち上がりが低いと、豪雨のときに排水が間に合わず、階下に漏水してしまうことがあります。立ち上がりを150〜200mmは確保して、ドレイン（排水口）を2カ所以上つくるなどの対策が必要です。

8

屋組

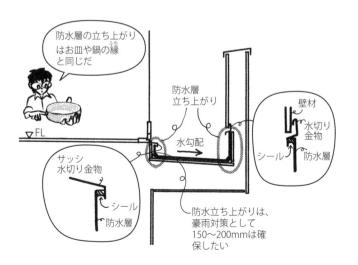

防水層の立ち上がりはお皿や鍋の縁と同じだ

防水層立ち上がり

壁材

水切り金物

シール

防水層

▽FL

水勾配

サッシ水切り金物

シール

防水層

防水立ち上がりは、豪雨対策として150〜200mmは確保したい

Q ドレインとは？

A 防水層から下や横へ水を流すための排水口のことです。

🧊 排水口や排水口の金物を指して、ドレイン（drain）、ルーフドレインなどといいます。下図は下に水を抜くタイプですが、横に抜くタイプもあります。

材質はアルミ製、ステンレス製、鉄製、樹脂製などさまざまです。樹脂製は足で踏むと壊れやすいという欠点があります。

ドレインは、防水層を巻き込み、その上にキャップをする形となっています。落ち葉やゴミが集まるので、キャップはメッシュ状になっているのが普通です。メンテナンスでも、ゴミ掃除は必須です。

ドレインの施工がいい加減だと、水が漏りやすくなります。ドレインと防水層立ち上がり部分は、防水層のウィークポイントです。雨が漏ったら、まずこの辺を疑います。

【rain　の水が出る所】
　レイン　　　ド

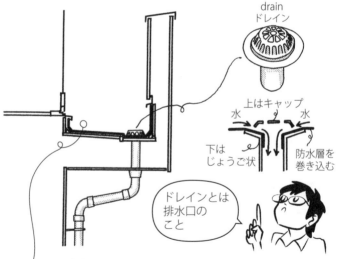

drain
ドレイン

上はキャップ
水　　　　水

下は
じょうご状

防水層を
巻き込む

ドレインとは
排水口の
こと

豪雨のときはここがプールになるので、ドレインは2カ所以上つくり、できたらベランダ上部に屋根を架け、屋根の雨水はベランダの外へ流すのがベターです。

Q 笠木（かさぎ）とは？

A 腰壁などの上部にかぶせる横材のことです。

笠となる木が原義ですが、木でなくても笠木と呼ばれます。外装だけでなく、内装でも使われます。たとえば階段の腰壁上部に付ける横材も、笠木といいます。

ベランダの腰壁上部には、必ず笠木が付けられます。ここに笠木を付けないと、壁の中に雨が入ってしまいます。笠木で上からキャップをしてしまうわけです。

カラー鉄板などでつくることもありますが、笠木用のアルミ製品が多く発売されています。アルミ製品は、笠木どうしの継目の雨仕舞いや壁との取り合いがよく、サビの心配もありません。

笠木を取り付ける場合は、普通は内勾配にします。外勾配にすると雨が笠木上に積もったホコリと一緒に外側に流れ、壁を汚してしまうからです。既製品によっては上部が平らなものもありますが、できれば内勾配のものを選ぶといいでしょう。

8

屋組

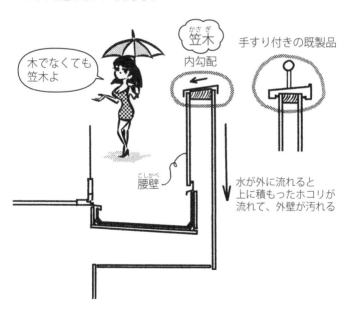

木でなくても
笠木よ

笠木

内勾配

手すり付きの既製品

腰壁

水が外に流れると
上に積もったホコリが
流れて、外壁が汚れる

Q 下見板張り（したみいたばり）とは？

▼

A 下図のように、板を下から重ねて外壁を張る方法のことです。

板の木口（こぐち：断面）を下向きに（下を見るように）張るので、下見板張りと呼ばれています。段の付いた形状がよろいの表面と似ているので、よろい張りともいいます。

このように下から上と重ねながら張る方法は、スレートや瓦などの屋根材の張り方と同じです。要は、水が中に入らないように重ねているわけです。

そのまま重ねる方法を南京下見板張り、上下の板の木口をしゃくって同一平面に納める方法をドイツ下見板張りといいます。互いにしゃくるつなぎ方は、相じゃくりといいます。

南京下見の場合は、押縁（おしぶち）と呼ばれる細い棒で上から押さえることが多いです。この場合の縁とは、細い棒のことです。押縁を釘で留めて、板がはずれないようにするわけです。

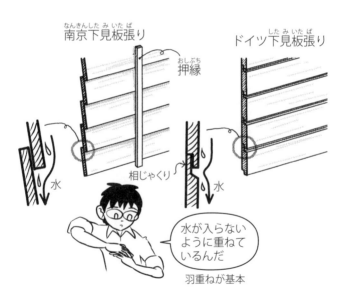

なんきんしたみいたば
南京下見板張り

おしぶち
押縁

水

相じゃくり

した み いた ば
ドイツ下見板張り

水

水が入らないように重ねているんだ

羽重ねが基本

Q サイディングとは？

A 外壁に張るセメントや金属でできた板のことです。

英語の原義では、サイディング（siding）は下見板や羽目板（同一平面に張る幅の狭い板のこと）を指します。日本では相じゃくりなどで継ぎながら張る外装の板全般を指して、サイディングといいます。

昔は下図のように、横目地が通るような横張りの板だけでした。現在はタイル状の凹凸模様など、さまざまな模様が付いたサイディング材が製品化されています。

継目はドイツ下見と同じような相じゃくりが基本ですが、相じゃくりをさらに工夫して、ビスを打ちやすく、水が漏れにくくした製品もあります。張った後から塗装する場合もありますが、最初から仕上げされている板が一般的です。仕上げ工事が不要で、工程が減ります。

サイディングの材料としては、セメント系と金属系に大きく分けられます。セメント系サイディングは、窯業（ようぎょう）系サイディングとも呼ばれます。窯業とは、粘土やセメントに熱を加えてつくる陶磁器、瓦、ガラス、セメントなどの工業です。窯（かま）を使用するため、窯業と呼ばれます。セメントを固めてもすぐに割れてしまうので、さまざまな繊維を入れます。金属系はアルミと鋼が主に使われます。

サイディング材は厚みが12〜16mm程度です。20年程度で塗り替えが必要となります。

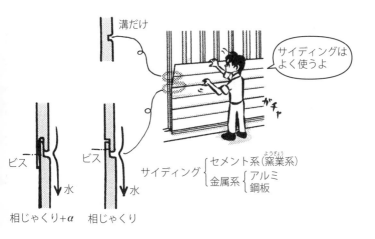

溝だけ

ビス

水

相じゃくり+α

ビス

水

相じゃくり

サイディングはよく使うよ

ガチャ

サイディング { セメント系（窯業系）
　　　　　　 { 金属系 { アルミ
　　　　　　 　　　　 { 鋼板

9
外装

Q ガルバリウム鋼板とは？

A アルミニウム・亜鉛合金めっき鋼板のことです。

鉄（iron）に炭素を加えて粘り強くしたのが鋼（steel）です。その鋼の表面にめっき（表面処理）をしてさびにくくし、外装材に使えるようにします。トタン板は亜鉛めっき鋼板ですが、それにアルミを加えてよりさびにくくしたのが、アルミ・亜鉛合金めっきのガルバリウム（galvalume）鋼板です。屋根材、サイディング材に広く使われています。
ガルバリウム鋼板角波のサイディング材は、最近よく使われています。さびにくい上、内部に発泡材が入れられている製品も多く、断熱性もアップします。ただし、傷が付くとそこからさびるので、取り扱いに注意が必要です。
継目も下図のように、相じゃくりの上に2枚の薄い刃のような突起とゴムのパッキンが付けられている製品があります。複雑な継手によって、波を横方向ばかりでなく、縦方向にも使えるようになっています。
普通の曲面の波と違って角波は、シャープな印象を与えます。塗装の色と相まって、建築家がつくるモダンなデザインの家によく採用されています。

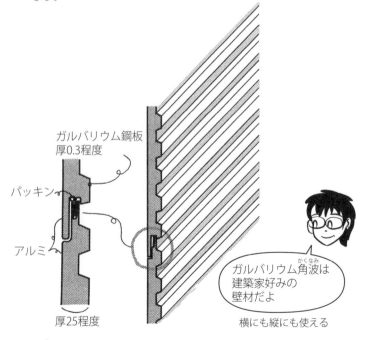

ガルバリウム鋼板
厚0.3程度

パッキン

アルミ

厚25程度

ガルバリウム角波は
建築家好みの
壁材だよ

横にも縦にも使える

Q ALC版とは？

A 軽量発泡コンクリート版のことです。

ALCとは Autoclaved Light-weight Concrete の略で、直訳すると「発泡された軽量のコンクリート」です。一般にはALCと呼ばれています。ヘーベル、シポレックス、クリオンなどの商品名が付けられています。軽石のように内部に気泡がいっぱい詰まっていて、その分コンクリートよりもずっと軽く、また熱を通しにくくなります。カッターでも切断でき、木工用のドリルでも簡単に穴があけられます。軽石なので熱には強いのですが、欠けやすい、もろいなどの欠点もあります。

木造用のALCには、35mm厚、50mm厚などの製品があります。鉄骨造では通常100mm厚を使います。

後から塗装するパネルが多く、表面がタイル状に化粧されている製品、凹凸が付けられた製品など、いろいろあります。

下図のような横張りでは、柱と間柱にネジ留めします。縦張りの場合、柱と間柱のほかに、つなぎの部分に横材が必要となります。ネジの頭はALCにあけられた穴に隠して、上からモルタルを詰めて蓋をします。

パネルとパネルの間には、シールを打って、水が入らないようにします。

9

外装

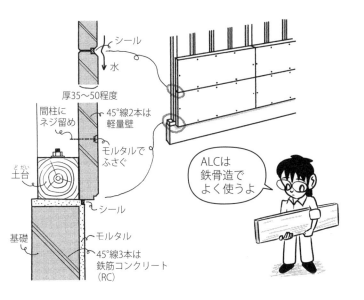

Q <u>シーリング材（シール材）</u>とは？

▼

A 接着性、伸縮性のある樹脂性の材料で、目地の充填などに使われます。

◈ サイディング材は、横目地は相じゃくりで水の浸入を防げますが、縦目地はそうはいきません。金属性でコストの高いサイディング材以外は、縦目地はシーリング材を充填して、水が入らないようにします。サイディング材によっては、縦横両方の継目にシーリング材を充填するものもあります。

20mm程度の幅の目地にシーリング材を充填します。シーリング材は普通、円筒状の容器に入れられていて、専用の<u>シーリングガン（銃）</u>に入れて押し出すようにします。目地からはみ出ないように、<u>マスキングテープ</u>を両側に貼ってから施工します。

シーリング材は、<u>ウレタン系</u>、<u>アクリル系</u>、<u>シリコン系</u>、<u>ポリサルファイド系</u>などがあります。材料、塗装の可否などで選びます。

シーリング材は、<u>シール材</u>、<u>コーキング材</u>、<u>コーク材</u>などと呼ばれることもあります。シール（**seal**）は封印、上からふさぐなどの意味がありますが、日本語でもシールするなどと使われます。コーク（**caulk**）も、すき間をふさぐなどの意味があります。

プニプニ、グネグネしたシーリング材で水の浸入を防ぐんだ

マスキングテープ

シーリング材

ガン（銃）

Q サイディング材の継目のように、目地幅が動くと予想される目地のシーリング材は2面接着？　3面接着？

A 2面接着とします。

左下の図のように、サイディング材のほかに背後の下地材にもシーリング材を接着させると、目地幅が広がった場合に、シーリング材は伸びることができません。一方がはずれたり、下地とサイディング材の間で破れたりしてしまいます。

後ろに接着するから伸びなくなるので、右下の図のように後ろと縁を切ればそうした問題は解決します。その縁を切るのが<u>バックアップ材</u>とか<u>ボンドブレーカー</u>と呼ばれるものです。

スポンジ状のもの、ツルツルしたテープ状のものなどを、目地底に詰めます。その後にシーリング材を充填すれば、2面だけに接着することになり、はずれたり破れたりしにくくなります。

厚みがあるスポンジ状のものをバックアップ材、厚みのないテープ状のものをボンドブレーカーと呼びますが、両者の呼び名は混同されることもあります。

サイディング材どうしの継目、サイディングとサッシの継目などのように動く継目は、<u>ワーキングジョイント</u>と呼ばれます。<u>ワーキングジョイント</u>では、2面接着が基本です。

9

外装

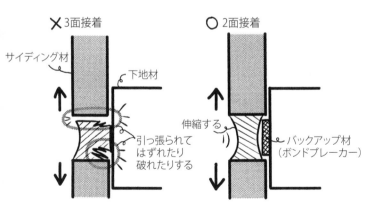

×3面接着　　　　　　　　○2面接着

サイディング材

下地材

引っ張られてはずれたり破れたりする

伸縮する

バックアップ材（ボンドブレーカー）

Q サイディング材やALC版などを張る場合、出隅はどうする？

A 出隅用の役物（やくもの）やコーナー金物を使って納めます。

コーナーには出隅と入隅（いりずみ）があります。外側のコーナーと内側のコーナーです。

出隅の場合、板の木口（切断面）が出てしまいます。見た目が悪いばかりでなく、木口は耐久性、強度が劣るという弱点があります。化粧されているサイディング材では、木口の部分だけ塗装しなければならなくなります。

そこで、コーナー専用につくられたL形のサイディング材を使います。幅の大きなL形はつくるのにコストが掛かる上に運搬もしにくいので、小さなL形が多いです。L形の両脇はシーリング材でつなぎます。

このような特殊な部位に使うL形などの板やタイルなどを、役物といいます。両側から板を差し込んで納めるもの、シーリングで留めた木口を上から隠すだけのL形の金物などがあります。役物よりも安くすませる場合は、コーナー金物を使います。

入隅の場合は板の木口が出ないので、そのままにされることが多いです。その場合でも、シーリングはされます。

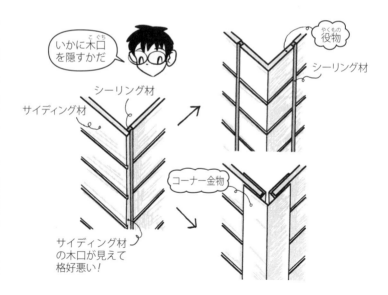

いかに木口（こぐち）を隠すかだ

シーリング材

サイディング材

役物（やくもの）

シーリング材

コーナー金物

サイディング材の木口が見えて格好悪い！

Q 胴縁（どうぶち）とは？

A 壁の板材を留めるために打つ細い棒のことです。

縁とは細い棒のことで、押縁は下見板を押さえるための細い棒です。胴縁は、柱や間柱の胴に打つ細い棒です。24mm × 45mm とか 18mm × 45mm などの細い棒を使います。

普通は高さ 455mm 間隔、303mm 間隔程度で横にして打ちます。横胴縁とも呼ばれます。その上から外側ならサイディング材、内側なら石膏ボードなどの板を釘やネジで打ち付けます。

胴縁を使わずに、直接、柱や間柱に板を打ち付けることもありますが、柱と間柱の表面が、平滑にそろっている必要があります。

板のつなぎ目には、必ず胴縁がくるようにします。縦のつなぎ目の所には、縦方向に胴縁を入れます。縦胴縁とも呼ばれます。下図のように、横胴縁、縦胴縁の両方を入れることもあります。

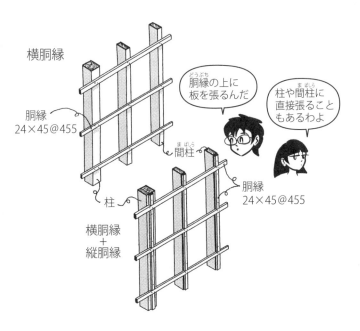

横胴縁

胴縁
24×45@455

胴縁の上に
板を張るんだ

柱や間柱に
直接張ること
もあるわよ

間柱

柱

胴縁
24×45@455

横胴縁
＋
縦胴縁

9

外装

● 外壁周囲には、構造用合板や MDF（中質繊維板）などを張って、壁の強度を高める方法が一般的になりました。柱に直接合板を打ち付けるため、柱に胴縁は打たなくなってきています。合板の外側に通気のための胴縁を打ちます。

Q 壁体内通気層とは？

▼

A 壁材の内側につくられる空気を通す層のことです。

日射によって熱くなった外壁の熱が室内へ入り込まないように、また室内の水蒸気を外に放出しやすいように、通気層をつくります。

夏には日射が外壁に当たり、内部の空気が熱くなります。熱くなった空気は軽くなって上に上がるので、その空気が軒天井や妻面の換気口から外へ出て行くようにします。熱や水蒸気を外へと逃がすわけです。

横胴縁は空気が上に流れるのを止めてしまうので、縦胴縁を打って、縦胴縁の厚み分のすき間を通気層とします。

通気層の内側には、樹脂やアスファルトなどでできた防水シートを張って雨水の浸入を防ぎます。

また、通気層の内側には断熱材を張ります。断熱材は、熱の流れを断つ材です。断熱材の内側に防湿シートを、外側に透湿防水シートを張ります。断熱材内部に水蒸気が入ると、そこで結露することがあるからです（内部結露）。壁材と水切り金物との間には、すき間をあけて、空気が下から入るようにします。水切り金物から上のすき間は通気層につながり、水切り金物から下のすき間は床下につながります。

水切り金物から上　→　通気層へ
水切り金物から下　→　床下へ

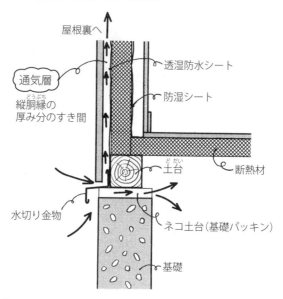

屋根裏へ

通気層

縦胴縁の
厚み分のすき間

透湿防水シート

防湿シート

土台

断熱材

水切り金物

ネコ土台（基礎パッキン）

基礎

Q 防湿シートは断熱材のどちら側に張る？

A 室内側（水蒸気の多い側）に張ります。

水蒸気は多い側から少ない方へと流れます。冬期に室内の水蒸気が断熱材の中に入ると、そこで温度が下がって、結露する（内部結露）おそれがあります。結露とはコップの水滴のように、暖かくて水蒸気の多い空気が冷たい面に触れると、水蒸気が水となって出てくる現象です。それを防ぐために断熱材の室内側に防湿シートを張ります。一方、基礎の下にスタイロフォームなどの断熱材を敷く場合は、湿気の多い土の側（下側）に防湿シートを張ります。いずれの場合も防湿シートは、厚さが0.2mm程度のポリエチレンフィルムが使われます。

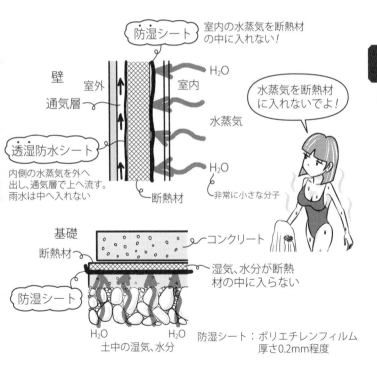

9

外装

Q 通気層をとる場合、窓の所では縦胴縁はどうする？

A 下図のように、空気が流れるように、縦胴縁を少し切ります。

縦胴縁を窓枠に当てて留めると、空気の出入口がなくなって、空気が流れなくなってしまいます。そこで縦胴縁と窓枠が当たる所で少し切って、空気の出入口をつくっておきます。

熱せられて軽くなった（膨張した）空気は、上へ上へと動きます。窓の上下を横の通気層とつないでおけば、空気は流れるようになります。

工事の順番としては、

　　①基礎の上の土台に、水切り金物を付ける
　　②合板を張る
　　③透湿防水シートを張る
　　④縦胴縁を打つ（窓の所は少しあける）
　　⑤サイディングなどの壁材を張る（水切り金物の上を少しあける）

通気層をつくるために打つ胴縁は、通気胴縁と呼ぶこともあります。同様に通気層のためだけの垂木を、通気垂木と呼ぶこともあります。

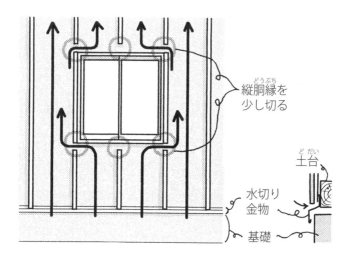

縦胴縁を
少し切る

土台
水切り
金物
基礎

Q <u>ラス</u>とは？

A 塗り壁用の金網のことです。

金網には、針金（wire）を編んでつくる<u>ワイヤーラス</u>（wire lath）と、金属板に切れ目を入れて広げてつくる<u>エキスパンドメタル</u>（expanded metal）があります。エキスパンドメタルは、正確にはエキスパンデッドメタルですが、普通はエキスパンドメタルと呼びます。

モルタルや漆喰などの塗り壁の下地に、ラスを張ります。塗り壁は、乾燥や下地の動きでクラックがすぐに入ってしまいます。そのような亀裂が入らないように、塗り壁が落下しないように、金網の上に塗り込めます。

ラスは、塗り壁や屋根の下地にする薄く細長い板の<u>木摺（きずり）</u>を意味することもあります。英語では金網、木摺のどちらの意味でも使いますが、日本ではラスというと金網を指します。

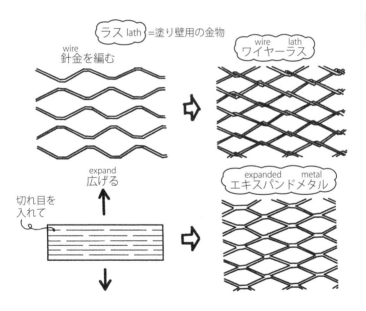

ラス lath ＝塗り壁用の金物

wire
針金を編む

wire lath
ワイヤーラス

expand
広げる

切れ目を入れて

expanded metal
エキスパンドメタル

9
外装

Q 木摺とは？

A 塗り壁の下地に間隔をあけて張る、薄く細長い板のことです。

12mm×90mm程度の薄くて長い板を、間隔をあけて横向きに張ります。間隔をあけるのは、塗り壁の湿気を逃がすため、また塗り壁が落ちにくくするためです。

木摺を英訳するとラス（lath）です。内装の塗り壁の場合、金網を使わずに木摺の上に直接塗ることもありました。その場合、板と板の間隔があいているので、その部分も塗り込んでいました。

今では木摺の上にさらに金網を掛けて、落ちにくく割れにくくしています。その金網のことをラスと呼びます。木摺と区別するため、メタルラスと呼ぶこともあります。

外壁のモルタル塗りは、下図のように木摺を柱と間柱に釘打ちし、防水シートと金網（ラス）をホチキスで留めます。その上に25〜30mm厚程度にモルタルを塗ります。このようなモルタルの壁を、ラスモルタル塗り、略してラスモルなどと呼びます。

亀裂が入りやすい、サイディング材の方が工事が楽などの理由から、最近ではラスモルタル塗りは、減る傾向にあります。

モルタルのような水を使う工事を湿式といい、サイディング張りのように水を使わない工事を乾式といいます。

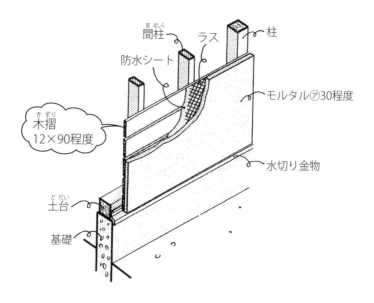

間柱（まばしら）
ラス
柱
防水シート
モルタル⑦30程度
木摺（きずり）12×90程度
水切り金物
土台（どだい）
基礎

Q 木摺を 45° に張ることがありますが、そのわけは？

▼

A 筋かいの効果を出すためです。

木摺を 45° に張ると、壁内に斜材を入れたことと一緒になります。筋かいほど太くはないですが、数が多いので全体として効果が出ます。

斜め材が多く入ることにより、柱が倒れにくくなります。地震、台風などの横力で平行四辺形になるのを、三角形でふんばることができます。つまり面剛性が高まるわけです。構造的な効果を出すためには、柱から柱に木摺を 1 本で掛け渡す必要があります。途中の間柱でつないでしまうと、効果がなくなります。

1 本ずつ長い部材が必要になるのと、45° のカットで半端が多く出るので、横に張るよりも多くの材料が必要となります。

「木摺 12 × 90、30 目透かし（めすかし）の上、45° 張り」などと、図面には書き込みます。30 目透かしとは、ピッタリ付けずに、30mm あけて張るという意味です。目透かし張りは、天井の張り方などでも出てくるので、ここで覚えておきましょう。

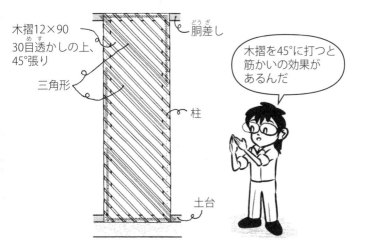

木摺12×90
30目透かしの上、
45°張り

三角形

胴差し（どうざ）

柱

土台

木摺を45°に打つと
筋かいの効果が
あるんだ

9

外装

Q 吹き付けタイルはタイル？　塗装？

▼

A 塗装です。

モルタル面、コンクリート面に仕上げをする場合、吹き付けタイルがよく使われます。モルタルのままだと、水が浸み込みます。表面をツルツルにして撥水効果を出した方が、汚れにくくなり、モルタル自体も傷みにくくなります。

吹き付けとは、コンプレッサーから圧縮空気を送って塗料を霧状にして吹き付けることです。スプレー缶やエアブラシによる塗装と、原理は同じです。スプレーガン（銃）で吹くので、ガン吹きともいいます。

塗装なのになぜ吹き付けタイルなのかというと、塗装表面に光沢と凹凸があり、タイル表面と似ているからです。ただし本物のタイルと比べると、やはり汚れは付きやすく、15〜20年で塗装し直さなければなりません。またモルタルにクラックが入ると、塗装面にもクラックが入ってしまいます。

さまざまな樹脂系の塗料が商品化されています。また弾性をもたせて、躯体側のクラックや動きに対して伸び縮みできるような塗装材も開発されています。弾性吹き付けタイルと呼ばれることもあります。

最初に下塗りして、その上から吹き付け塗装、さらに凹凸模様を付けるため、模様の付いたローラーを使うこともあります。表面は、ゆず肌状、クレーター状、石肌状などのさまざまな凹凸模様をつくることができます。

ザラザラの肌がツルツルになるのよ

吹き付けタイル ▷ 塗料の吹き付け

シュー

圧縮空気

マスキング

Q リシン吹き付けとは？

▼

A 表面に砂壁状のブツブツができる合成樹脂やセメント系の吹き付け仕上げです。

吹き付けタイルと同様に、圧縮空気で噴霧してモルタルの壁などを仕上げます。リシン吹き付け、吹き付けリシンなどと呼ばれます。

吹き付けタイルはツルツルとして、凹凸模様も大きめです。リシンの表面には小さな砂のような粒子がブツブツと出ています。手でこすると、吹き付けタイルの場合はツルツルとした感触ですが、リシンの場合はブツブツ、ザラザラとした手触りです。

アクリル樹脂、シリコン樹脂、セメントなどに細かい砕石（砕いた石）を混ぜてつくられます。そのブツブツのために、表面がゆず肌状、砂壁状になって、全体として見るとしぶい表情となります。

細かい砕石を混ぜたモルタルを塗って、完全に固まる前にブラシなどで表面を削り取る方法は、リシン掻き落とし（かきおとし）といいます。手間が掛かるので、リシン吹き付けほど行われてはいません。

吹き付けタイル、吹き付けリシンのほかに、吹き付けスタッコ（stucco　石灰＋砂＋水）があります。スタッコの場合は厚い塗膜をつくり、凹凸も大きくなります。吹き付けた後にコテやローラーで凹凸を付けます。塗膜が厚いため、吹き付けタイル、吹き付けリシンよりも、ボソボソと土っぽい印象となります。これらのほかにも、さまざまな製品が開発されています。

9

外装

リシン吹き付け

小さなブツブツ

オレンジやゆず
の肌のような
砂のような…

Q 外壁に使うのは<u>磁器質タイル</u>？　<u>陶器質タイル</u>？

▼

A 磁器質タイルです。

陶器は吸水性があります。水は氷になると、体積が大きくなります。氷が<u>水に浮くのはそのためです</u>。水が陶器の内部に浸み込み、それが凍ると膨張して、タイルを破壊してしまいます。そのため水を吸う陶器ではなく、水を吸わない磁器を外壁タイルには使います。

磁器と陶器の違いは、成分の粘土の量、珪石と長石の量、焼成温度などによります。その成分によって、磁器は「石のもの」、陶器は「土のもの」と呼ばれることもあります。

吸水性がなく、汚れの付きにくい磁器は、食器に適しています。それは外壁タイルも同様です。陶器質タイルは、建物内部の水の掛からない場所に使われます。

設計に携わっていて、外装だから磁器、内装で水掛かりではないので陶器などと考えることはまずありません。タイルメーカーのカタログには、外部の壁用、内部の○○用などと、使える場所が指定されているからです。床用は滑りにくい、厚くて割れにくいなど、それぞれに特徴があります。カタログを見て、さらにサンプルを取り寄せて、デザインを決めていきます。

磁気　←　→　陶器

・石のもの
・粘土少ない
・焼成温度高い

・土のもの
・粘土多い
・焼成温度低い

吸水しない

吸水する

外壁タイルは磁器

陶器は水の掛からない所

水を吸うか
どうかが
問題よ！

Q タイルはどうやって貼る？

▼

A モルタルを塗って、その上にタイルを押し付けて貼ります。

「木摺＋防水シート＋ラス」という下地の上に、モルタルを塗ります。モルタルは下塗り、中塗り、上塗りと、何度かに分けて塗ります。一度に厚く塗ろうとすると、クラックが入りやすくなります。

モルタルはセメントと砂を1：3程度の容積比に混ぜて、水を加えたものです。それに砂利を入れるとコンクリートになります。モルタルは接着剤の効果もあるので、タイルを壁に留めることができます。タイルの裏側には凹凸があって、落ちにくくなっています。

タイルは手で押し付けますが、木づちでたたくこともあります。タイルを圧して接着するので、圧着貼りといいます。

タイルの貼り方は、下地にモルタルを塗る圧着貼り、下地とタイルの両方にモルタルを塗る改良圧着貼りなど、多くの方法があります。

壁にステンレスのレールを付けて、そのレールにスライドさせてタイルを留める乾式工法もあります。落下しにくく施工も楽ですが、レールにはめるための溝が必要なのでタイルが厚くなり、レールも多く必要なので、コストは上がります。

9

外装

Q コーナーに貼る特殊なタイルを何という？

A 役物（やくもの）といいます。

平らな平物（ひらもの）のタイルではなく、L字形などの変形の特殊な
タイルのことを、役物といいます。役物はタイルばかりでなく、特殊な
形の部品を指して一般的に使われる用語です。

平物をコーナーに貼ると、タイルの厚みの部分（小口）が出てしまいま
す。小口を隠して平物でコーナーを貼る場合、平物の端を45°にカット
して、角を合わせなければなりません。そのようなコーナーの納め方を、
留め（とめ）といいます。留めの場合は手間が掛かり、45°のカットが
きれいでないと、逆に汚く見えてしまいます。

タイルの役物はコストが掛かります。平物に比べて折れ曲がっている分、
製造コストが掛かり、また壊れやすいので輸送、保管、施工コストも掛
かります。

役物を省いてコストを下げようとすると、塗装で処理するしかありませ
ん。平らな部分だけ、あるいはコーナーの部分だけタイルを貼ることも
あります。全体を貼るにはコストが掛かるので、一部にだけ貼るわけで
す。

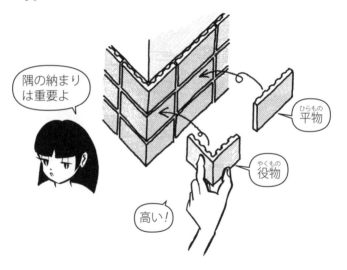

隅の納まり
は重要よ

ひらもの
平物

やくもの
役物

高い！

Q 外付け（そとづけ）サッシとは？

A サッシ全体を柱や間柱の外側に出して留めるサッシのことです。

和室の場合、内部に柱を出して化粧とすることがよくあります。また、障子は柱の内側に納めます。障子が内側に入る分、窓のサッシはその外側に置く必要があります。サッシを柱よりも外に付けるわけです。このような納まりのサッシを、外付けサッシといいます。障子を入れない場合でも、柱の内側にサッシを留めると、見た目の納まりが悪くなります。サッシは柱の外側にあって、柱全体が見えていた方がきれいです。

和室で障子を入れる場合、柱を化粧としてきれいに見せたい場合は、外付けサッシを使います。

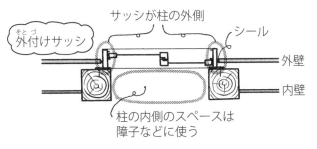

サッシが柱の外側

外付けサッシ
そとづけ

シール

外壁

内壁

柱の内側のスペースは
障子などに使う

外に付けるから
外付けか…

まんまでは？

9

外装

Q 半外付けサッシとは？

▼

A サッシの半分を柱や間柱の外側に出して留めるサッシのことです。

サッシの半分といっても、ちょうど1/2ではありませんが、半分前後を柱の外に出します。洋室の場合は障子は入りませんし、柱自体を化粧として露出することもありません。サッシが柱の内側に食い込んでいてもかまいません。

ただし完全に内付けにすると、外の壁との納まりが悪くなります。外壁をL字形に折り曲げて、窓のまわりの壁をくぼませなければなりません。内付けサッシが少ないのは、外壁の納まりが難しいからです。

外壁のサイディング材がサッシに突き当たるように納めるためには、サッシはサイディング材よりも外に出ている必要があります。柱にサッシを留める、外壁材の外までサッシを出すことなどを考えると、半外付けサッシとなります。

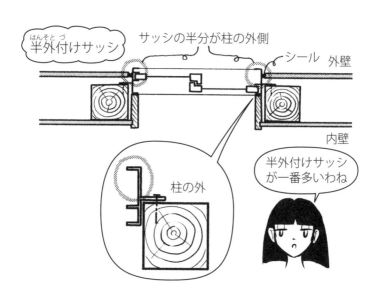

半外付けサッシ（はんそとづけサッシ）

サッシの半分が柱の外側

シール　外壁

内壁

柱の外

半外付けサッシが一番多いわね

Q サイディング材よりもサッシを外に出す納まりが多いのは？

▼

A サイディング材をサッシに突き当てるようにして納められるからです。

板類を納めるには、何かに突き当てて留めるのが一般的です。その何かの方が出ていないと、きれいには納まりません。その出のことを散り（ちり）といいます。平行する平面間の距離が、散りの正確な定義です。

まったく散りをとらずに同じ平面に納めようとすると、サイディング材をサッシ外面と完全に平らに留めなければなりません。要は逃げの効かない難しい納まりとなります。

左下の図は、サイディング材がサッシよりも外に出ている場合です。そのままではサイディング材はサッシに当たらないので、サッシの手前で折り曲げる必要があります。図のように小さな板を付けてL字形にするか、L字形の役物を使うことになります。手間も増えるし、シールも増えて水も漏れやすくなります。

窓の彫りを深く見せるために、わざとサッシを奥にした納まりにすることもあります。その場合は、コーナーをきれいに見せるために、モルタルなどで壁をつくります。

9

外装

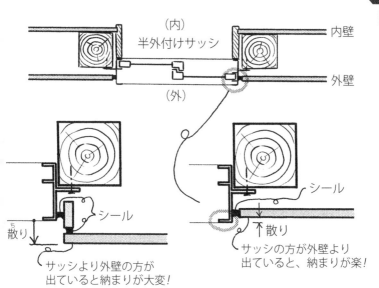

（内）
半外付けサッシ — 内壁
外壁
（外）

散り — シール

サッシより外壁の方が
出ていると納まりが大変!

シール
散り

サッシの方が外壁より
出ていると、納まりが楽!

Q サッシの外側の枠は、なぜ複雑な形をしている？

A 防水性、気密性を高めるため、および強度を出すためです。

下図は、サッシの外枠を単純に描いた図です。左側は左右の枠、右側は下の枠を示しています。

左右の枠では、戸の両側と、戸の溝に、3枚の刃のような出があります。戸（障子）の側には溝とブラシなどがあって、水や空気が通りにくいように工夫されています。下の枠には、水が外に流れるように、外へと下がる段々が付いています。戸車を滑らせるためのレールもあり、引違い戸（左右にスライドする2枚の戸）の場合、2枚の戸と網戸のために3本のレールがあります。さらに雨戸やシャッターのレールが付く場合もあります。このレールは、両端に水が流れるように、左右の枠の手前で切られています。

これらの凹凸のほかに、アルミサッシ自体の強度を保つための凹凸もあります。

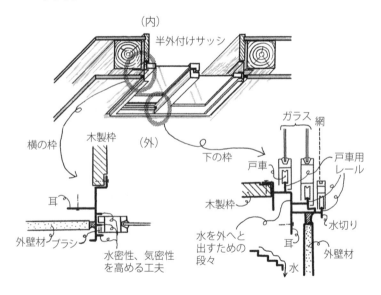

Q サッシに<u>耳</u>（<u>ツバ</u>、<u>フランジ</u>、<u>フィン</u>）が付いているのは？

A サッシを柱などに留めやすくするため、防水性、気密性を高めるためです。

木造のサッシは、柱や間柱の縦材、上下の横材でつくられた木の枠の中に、サッシを入れて留めます。その場合耳があると、その部分に釘やネジを打てるので、留めるのが簡単になります。耳は、<u>ツバ、フランジ、フィン</u>ともいいます。サッシの外側に、<u>30mm</u>程度の耳が付いているのは、留めるのを容易にするためです。さらに、柱の上に耳が掛かるので、柱とサッシの間にすき間ができません。防水シートをサッシの耳の上に掛けて、その上にバックアップ材を置いてシールを打つと、水が柱とサッシの間に入ることはありません。柱とサッシのすき間から水や空気が入るのを、柱に耳をかぶせることで、事前に防いでいるわけです。

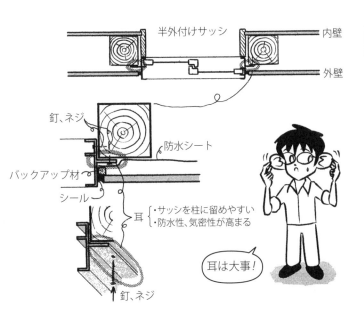

半外付けサッシ　　内壁

外壁

釘、ネジ

防水シート

バックアップ材

シール

耳 { ・サッシを柱に留めやすい
・防水性、気密性が高まる }

耳は大事！

釘、ネジ

9

外装

• 外壁に合板を打って強度を高める場合は、サッシの耳は柱ではなく合板の方に留めます。また耳と合板の両方に掛かるように<u>防水テープ</u>を貼ると、雨が入りにくくなります。

Q サッシを留めるときに柱などに打つ飼物（かいもの）とは？

A 寸法の微調整をするために打つ部材のことです。

飼物は、飼木ともいいます。2つの材の間にはさんで、間隔の寸法調整をしたり、すき間を埋めたりするために打つ部材です。現場では、あらゆる所に飼物が登場します。

柱、まぐさ、窓台で枠をつくって、その中にサッシを留めます。まぐさ、窓台とは部材の名称で、間柱のような角材を横にしたものです。

つくった四角の中にそのままサッシを入れて、ピッタリ合うことは、めったにありません。逃げの寸法をとらずにピッタリとつくろうとすると、作業効率の面でもよくありません。そこで飼物が登場するわけです。

木造用標準サッシでは、柱1間の幅の中に入るものが多く製品化されています。その1間にしても、1,800、1,818、1,820mmといろいろです。また柱の大きさも、105mm角、120mm角、90mm角といろいろです。そのすべてに対応できるように、サッシはピッタリではなく少し小さめにつくられています。小さめのサッシを柱間に入れる際、すき間には飼物を入れます。

外壁の仕様によっても、サッシの出寸法を微調整する必要が出てきます。胴縁は何mm、通気層は何mm、サイディング材は何mmなど、その厚みによって、サッシの柱からの出を決めて、飼物で微調整して留めるわけです。

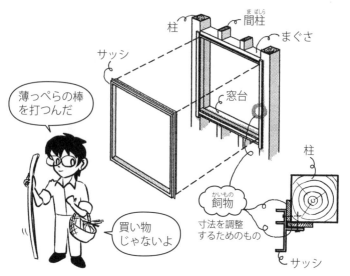

柱

間柱

まぐさ

サッシ

窓台

薄っぺらの棒を打つんだ

柱

飼物

寸法を調整するためのもの

買い物じゃないよ

サッシ

Q サッシまわりの防水対策は？

A サッシ下に透湿防水シートを先張りし（③）、サッシ取り付け後にサッシの耳に防水テープを貼った後に（⑤）、全体の透湿防水シートを張ります。

サッシ下部に先張りした防水シートが受けたサッシ裏の水が外に流れるように、<u>サッシ下に防水テープを貼らない</u>、<u>全体の防水シートを、先張りした防水シートと防水テープの裏に差し込む</u>などが注意すべき点です。

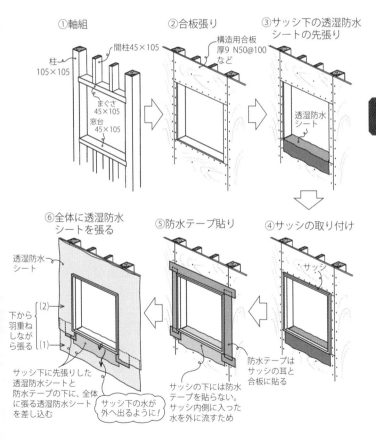

①軸組

柱 105×105
間柱45×105
まぐさ 45×105
窓台 45×105

②合板張り

構造用合板 厚9 N50@100 など

③サッシ下の透湿防水シートの先張り

透湿防水シート

9 外装

⑥全体に透湿防水シートを張る

透湿防水シート

下から羽重ねしながら張る (2) (1)

サッシ下に先張りした透湿防水シートと防水テープの下に、全体に張る透湿防水シートを差し込む

サッシ下の水が外へ出るように！

⑤防水テープ貼り

サッシの下には防水テープを貼らない。サッシ内側に入った水を外に流すため

④サッシの取り付け

サッシ

防水テープはサッシの耳と合板に貼る

Q サッシの内側に木製枠を付けるのは？

A ボードの木口や柱を隠して、きれいに納めるためです。

サッシの幅は**70mm**程度です。それに対して壁は**160mm**程度あります。サッシを外壁よりも少し出して（散りをとって）付けると、その内側は**90mm**程度余ってしまいます。

90mm程度の余りをそのままにすると、内壁のボードの木口（切断面）と柱が露出してしまいます。それを隠すには、①木製枠を付ける、②ボードをL字に回すなどの方法があります。

ボードとは、石膏（せっこう）ボード（プラスターボード）のことです。石膏でできているので、L字に回すと角が欠けやすくなります。欠けないように、角にL形のプラスチック製の棒（コーナービード）を貼って補強したりします。①のように木製枠を付けるのが、一般的で無難な納まりです。**25mm**厚の板で枠をつくれば、家具がぶつかっても、簡単には壊れません。木製枠は、上と左右は額縁（がくぶち）、下が膳板（ぜんいた）と呼ばれることもあります。下の板の上に物を置いたりするので、違う材料でつくることもあるからです。

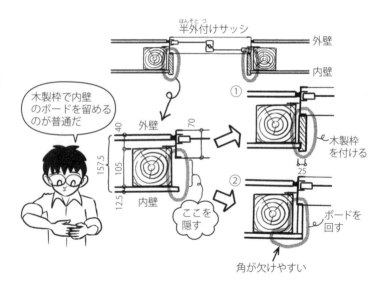

木製枠で内壁のボードを留めるのが普通だ

半外付けサッシ

外壁
内壁

① 木製枠を付ける

② ボードを回す

ここを隠す

角が欠けやすい

Q 木製枠をボードより散り（ちり）をとって出すのは？

▼

A ボードが木製枠に当たって留まるように、納まりをきれいにするためです。

木製枠は、内装のボード面よりも10mm程度外に出します。同一面にすると、少しでもボードがうねると、そこが木製枠よりも外に出て汚く見えるからです。枠が10mm外に出ていれば、ボードが外に出ることはありません。サッシをサイディングから少し出すのも、まったく同じ意味です。

このような違う面の間の距離を、散りといいます。板と枠のぶつかる所は、散りをとって納めるのが基本です。

木製枠の方に、ボードを差し込む溝を彫るのが普通です。ボードを差し込めば、ボードが動いても枠から外へ出ることはありません。差し込みをつくらずにただ当てているだけだと、長い間にボードと枠の間にすき間ができて、見栄えは悪くなります。

木製枠は、左右と上は額縁、下は膳板とも呼ばれます。板の厚みは25mm程度です。見た目の幅や高さのことを、見付けとか見付け寸法といいます。見た方向に対して奥行の寸法は、見込み、見込み寸法といいます。木製枠の見付けは、25mmがよく使われます。

木製枠の散り（壁からの出）→ 10mm（散り）
木製枠の見付け（厚み）→ 25mm

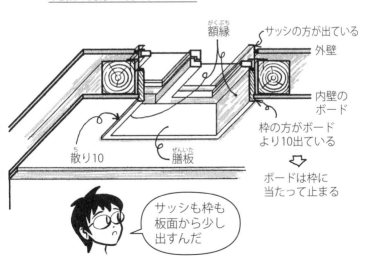

額縁
サッシの方が出ている
外壁
内壁のボード
枠の方がボードより10出ている
⇩
ボードは枠に当たって止まる
散り10
膳板

サッシも枠も板面から少し出すんだ

9
外装

Q 引違サッシを1/20、1/50、1/100で平面図に描くと？

▼

A 下図のようになります。

1/10〜1/20程度の図面では、サッシ、木製枠、飼物、シール、散り、壁材などの要素を分けて描くことができます。1/50では、それぞれの厚みを単純化しないと描けません。さらに1/100では柱以外はほとんど描けません。CADで全部の要素を描いてから1/100で出力すると、図面は真っ黒になってしまいます。<u>何分の1の図面なのかを考えながら描くことが大切です。</u>
まずは詳細の部分を先に理解して、1/10、1/20から描き、イメージできるようになってから、次の段階でどうやって1/50や1/100に省略するかを考えていきましょう。

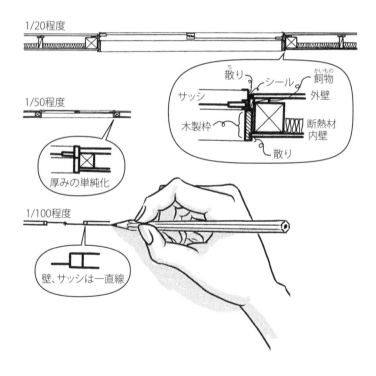

1/20程度

散り　シール　飼物（かいもの）
サッシ　　　　外壁
木製枠　　　　断熱材
　　　　　　　内壁
散り

1/50程度

厚みの単純化

1/100程度

壁、サッシは一直線

Q サッシの障子、框（かまち）とは？

A 動く戸の方を障子、戸を構成する部材でガラスのまわりの棒状の部材を框といいます。

障子は、一般には和室の内装に使う紙障子を指しますが、サッシでは動く戸のことを指して障子といいます。

また障子のガラスのまわりの枠を、框といいます。上の枠を<u>上框（うえがまち）</u>、左右の枠を<u>縦框（たてがまち）</u>、下の枠を<u>下框（したがまち）</u>、真ん中の枠を<u>中框（なかがまち）</u>と呼びます。紙障子の上下左右の枠も、同様に呼ばれます。

縦框のうち、枠に当たる方、戸を動かしたときに先に行く方を<u>戸先（とさき）</u>、引違いで前後に重なる方を<u>召し合わせ（めしあわせ）</u>といいます。細い棒という意味の桟(さん)を框の代わりに使うこともあります。

下框は、上框、縦框よりも太いのが普通です。ガラスの重みを受けるため、また<u>戸車（とぐるま）</u>を中に隠すために、寸法が必要だからです。

また、床材の端部に付ける水平に置かれた棒状の見切り材も、框といいます。玄関の上がり口に付ける水平材を<u>上がり框</u>、床の間の段差の所に付ける水平材を<u>床框（とこがまち）</u>といいます。

9

外装

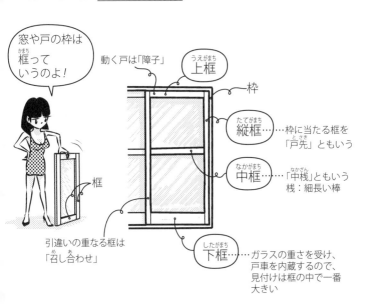

窓や戸の枠は
框（かまち）って
いうのよ！

動く戸は「障子」

うえがまち
上框

枠

たてがまち
縦框……枠に当たる框を「戸先（とさき）」ともいう

なかがまち
中框……「中桟（なかざん）」ともいう
桟：細長い棒

框

引違いの重なる框は「召し合わせ（めしあわせ）」

したがまち
下框……ガラスの重さを受け、戸車を内蔵するので、見付けは框の中で一番大きい

Q <u>フロートガラス</u>とは？

▼

A 溶融金属に浮かしてつくる、もっとも普及している透明板ガラスのことです。

🟦 フロート（**float**）とは浮かすという意味です。溶かしたガラスを、溶かした金属（スズ）に浮かして（フロートバス）、平滑なガラスをつくります。昔は鉄板の上に溶かしたガラスを流しましたが、より平滑にする方法として溶融金属にフロートさせる方法が開発されました。
　フロートガラスは、<u>フロート板ガラス</u>、<u>普通板ガラス</u>、<u>透明ガラス</u>などとも呼ばれます。厚みは、2、3、4、5、6、8、10、12mmなど多数あります。住宅やマンションの窓ガラスに使われるのは、多くが5mmです。

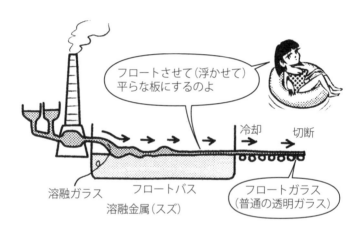

フロートさせて（浮かせて）平らな板にするのよ

冷却　　切断

溶融ガラス　　フロートバス　　フロートガラス（普通の透明ガラス）

溶融金属（スズ）

Q 型ガラスとは？

▼

A ガラスの片側に凹凸の型を付け、不透明にしたガラスです。

型ガラスの型とは、凹凸の型のことです。型板ガラスとも呼ばれます。フロートバスから出てきたガラスをロールに通しますが、ロールの片方を型付きのものにします。片側にデコボコの型があるので、ガラスは不透明になります。光は透過しますが、ガラスを通して内部の形までは見えません。

トイレ、風呂のガラスなどは型ガラスにするのが普通です。テラス窓で上を透明ガラス、下を型ガラスにすることもあります。

不透明ガラスにはほかに、フロストガラス（frost＝霜）もあります。砂や研磨剤を吹き付けて細かい傷を付け、不透明にしたものです。サンドブラスト（sandblast：砂嵐）といいます。昔の曇りガラス（すりガラス）はこのタイプです。型ガラスよりも繊細な表情となりますが、コストが掛かるので現在では型ガラスの方が普及しています。

9

外装

型ガラスは
見えない
ガラスよ

凹凸の型

Q 複層ガラス、合わせガラスとは？

A 複層ガラスは、中に空気を入れて断熱性を良くしたガラスです。合わせ
ガラスは、樹脂をサンドイッチして、割れにくくしたガラスです。

複層ガラスは、<u>ペアガラス（**pair glass**）とも呼ばれます。ガラスとガ
ラスの間に空気を封じ込めたもの</u>です。空気は熱を通しにくく、また狭
い所だと対流もしないので、断熱性が格段によくなります。

2枚のガラスはスペーサー（間隔を保つ部材）とシールで留められ、内
部に空気を封じ込めます。その空気に水蒸気が多く混ざっていると、ガ
ラスの内側に水滴が付いたりします。そこで乾燥した空気を封じ込め、
スペーサー内部に乾燥剤を入れたりします。

<u>合わせガラスは、樹脂をサンドイッチして、割れにくくしたガラスです。</u>
<u>防犯ガラスとも呼ばれます。</u>割れにくい分、安全でもあります。

内側に複層ガラス、外側に合わせガラスを使う場合もあります。防犯性
と断熱性を併せ持つガラスです。

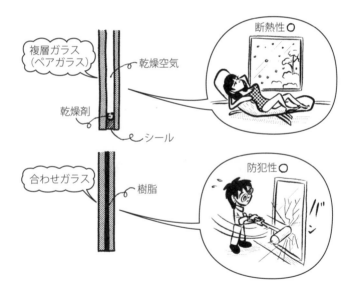

Q 網入りガラスとは？

A 火災でガラスが割れたときでも破片が落ちてガラスに穴があかないように、網状にワイヤーが入れられたガラスです。

下図のように縦横正方形状に入れられたクロスワイヤー、それを45°傾けた菱形状の菱（ひし）ワイヤーがあります。網はガラスの真ん中に入れられています。厚みは6.8mm、10mmがあります。

網入りガラスは割れても、破片が網に引っかかって、落下しにくくなっています。火事のときに類焼しやすい場所では、網入りガラスを使わなければなりません。ガラスに穴があいたら、そこから火が侵入し燃え移ってしまうからです。

ワイヤーが入っているからといって、防犯性はありません。たたいて割った場合、細いワイヤーの網があるため、ガラスは落下しませんが、割れたガラスを手で押しのけて、中に手を入れて鍵をあけるのは簡単です。

網は鉄線なので、ガラスとは若干ですが熱膨張率が違います。太陽の熱を受けて膨張収縮する場合、膨張率が違うと割れてしまいます。それが熱割れです。

ガラスの小口（切断面）から水が入ると、鉄なのでさびてしまいます。さびて膨張すると、ガラスが割れてしまいます。それがサビ割れです。

ワイヤーが縦横の網状ではなく、縦方向または横方向にしか入っていないガラスもあります。それは線入りガラスとかユニワイヤー（ユニとは単一という意味）と呼ばれます。若干の飛散防止効果はありますが、防火性能はありません。

9
外装

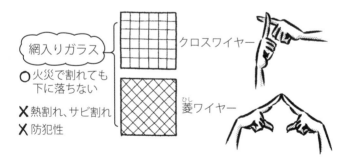

網入りガラス
○ 火災で割れても
　下に落ちない
✕ 熱割れ、サビ割れ
✕ 防犯性

クロスワイヤー

菱ワイヤー

Q 網戸のネットの素材は？

A サランネット、ステンレスネットなどがあります。

もっとも多く使われているのが、サランネットです。サランとはポリ塩化ビニリデン系合成繊維の商品名です。耐水性、難燃性に優れています。軽くて加工性も良くカッターで簡単に切れます。そのわりに強く、引っ張ってもなかなか破れません。

サランラップも同じ材料でつくられています。アメリカの2人の研究者の奥さんの名、サラとアンを合わせたという話です。サランネットには、緑、青、灰色、黒などの色も用意されています。灰色がよく用いられています。

網戸の框には溝があり、そこにサランネットをはめて、上からゴムのひも（ゴムビード）を専用のローラーで押し込んで留めていきます。押し込んだ後に、カッターでサランネットの余計な部分を切り取ります。

ステンレスネットは、サランネットよりもコストが掛かります。サランよりも、破れにくく、燃えないのが長所です。

Q ポリカーボネート板とは？

A 衝撃強度の強いプラスチックの一種です。

ポリカーボネート板は、ガレージの屋根、ひさし、ベランダの手すり壁、内装の框戸（框で板、ガラスなどを囲う戸）などに広く使われています。ポリカ、ポリカーボと呼ばれることもあります。

ガラスは重い、割れるなどの欠点があります。一方、ポリカーボネートは軽い、割れにくいという長所があります。ガラスは硬いので、傷は付きにくいのですが割れてしまいます。ポリカーボネートは軟らかいので、傷は付きやすいですが割れにくい素材です。また、ポリカーボネートは燃えてしまうので、ガラスの代わりに窓に使うことはできません。

厚い板は、ポリカーボネートでも重くなります。段ボールのような中に空洞のある板にすると、曲がりにくいわりには軽い板ができます。これをポリカーボネート中空板（ツインカーボ）といいます。中空板は、内装の框戸などによく使われます。

ポリカーボネート中空板をガラス窓の内側にガラス用両面テープで貼ると、窓の断熱性が上がります。結露のひどい窓では、試してみる価値はあります。筆者は何度かやってみましたが、一定の効果をあげています。型ガラスに貼ると、デザイン的にも良いようです。

9
外装

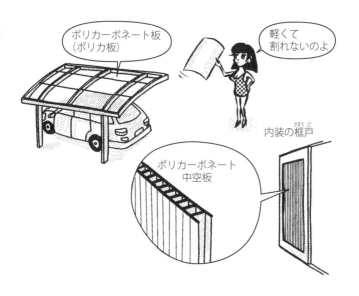

ポリカーボネート板
（ポリカ板）

軽くて
割れないのよ

内装の框戸

ポリカーボネート
中空板

Q 充填断熱（じゅうてんだんねつ）、外張り断熱とは？

A 柱、間柱の中に断熱材を詰める（充填する）のが充填断熱、外側に断熱材を張るのが外張り断熱です。

木造では、以前は充填断熱が一般的でした。近年は鉄筋コンクリート造の外断熱からはじまって、木造でも外断熱を売りとする住宅が多く見られるようになりました。外断熱という用語は正確ではないので、外張り断熱と言い換えられるようになりました。

断熱材はふとんのようなものです。外張り断熱は、そのふとんで建物を外側から包み込むようなものです。外装材を断熱材の上に留める場合は、そこで断熱材が途切れないようにします。胴縁も、断熱材の上に張るようにします。基礎の断熱材も、基礎の外側に張ります。

木造では、断熱材を外に張る効果は、鉄筋コンクリート造ほどにはありません。木はコンクリートほど熱を保つ効果がなく、木自体も熱を通しにくいので、木の外側に張るほどでもないからです。

ただし内よりも外に断熱材を張り巡らす方が、柱や間柱の外を覆うため、断熱性は高くなることは間違いありません。

外張り断熱は発泡材を側に張ることになりますが、長いビスで外装材を留めるため、外装材が下に垂れないように注意が必要です。

断熱材の図面表記については、下図のように斜線を重ねるもの、グネグネと描くものの2種類があります。前者はCAD、後者は手描きです。ここで一緒に覚えておきましょう。

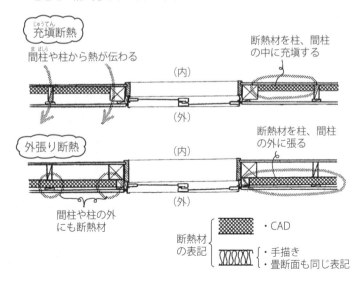

充填断熱
間柱や柱から熱が伝わる

断熱材を柱、間柱の中に充填する

（内）

（外）

外張り断熱

（内）

断熱材を柱、間柱の外に張る

（外）

間柱や柱の外にも断熱材

断熱材の表記 ｛ ・CAD ・手描き ・畳断面も同じ表記 ｝

Q ポリスチレンフォームとは？

A 気泡を大量に含むポリスチレンの板です。

フォームには、泡という意味があります。ポリスチレンフォームとは、ポリスチレンを原料として成型された発泡材の板のことです。商品名ではスタイロフォームが有名です。スタイロとも呼ばれます。

空気には、熱を通しにくい性質があります。ただし空気が動くと（対流すると）、熱を運んでしまいます。空気が動かないように小さな気泡にして固めてしまえば、断熱性能は高くなります。

似たような素材の発泡スチロールの場合、気泡が独立しておらず、スチロールの粒のまわりに分散する形で空気が入っているため、断熱性は高くありません。

ポリスチレンフォームは、へこみにくいという長所もあります。上に人が乗ってもへこみません。そのため、新建材の畳では内部にポリスチレンフォームが使われています。基礎の下に敷いて、上にコンクリートを打つこともあります。

気泡が多いので、軽いという長所もあります。建物自身の重量を減らせるばかりでなく、施工も楽です。また、水を吸い込まないので、耐水性にも優れています。

壁や屋根にポリスチレンフォームを入れる場合、寸法をきっちり測って切らないと、すき間ができてしまうので、施工では注意が必要です。1階の根太レス構法では、大引にZ形金物を付けて、正方形に切ったポリスチレンフォームを上から落とし込み、ピッタリとはめます。

10

内装

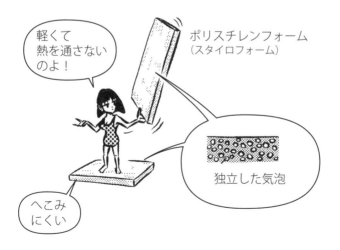

軽くて
熱を通さない
のよ！

ポリスチレンフォーム
（スタイロフォーム）

独立した気泡

へこみ
にくい

Q グラスウールとは？

A ガラス繊維を綿状、ウール状にした断熱材、吸音材です。

グラス（glass）とはガラス、ウール（wool）とは羊毛のことですが、ガラスを羊毛のように綿状にしたのがグラスウール（glasswool）です。ガラスは燃えにくいので、建材には適しています。

繊維を綿状にすると、中に気泡がたくさんできます。水鳥の羽毛（ダウン：down）も、気泡を多く取り込んでいるので、軽くて熱を通しにくい性質をもっています。グラスウールも同様の性質をもっています。ビニールの袋に入れられたものや、マット状に固められたものなどがあります。

グラスウールは、単位体積（1m³）当たりの質量（kg数）で表すのが普通です。10kg/m³、16kg/m³、24kg/m³などがあります。単位体積当たりの質量の大きい方が、糸の数が多く、独立した気泡の数も多いので、断熱性が高くなります。厚み50mmで質量が10kg/m³のグラスウールの場合、50-10Kなどと表記されています。厚く、重いものの方が、断熱性は優れています。

グラスウールのマットは、吸音材にもなります。柔らかい綿が振動して、また中の細かい空気が振動して、音の振動エネルギーを吸収するのです。

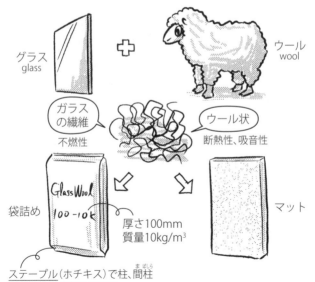

グラス
glass

ウール
wool

ガラス
の繊維

不燃性

ウール状

断熱性、吸音性

袋詰め

Glass Wool
100-10K

厚さ100mm
質量10kg/m³

マット

ステープル（ホチキス）で柱、間柱
などに簡単に留められる

staple：ステープル、U字形の針（ホチキスは商品名）

Q 岩綿吸音板とは？

A 岩綿（ロックウール）を主原料とした化粧材で、不燃性、吸音性、断熱性があります。

岩綿吸音板は、軟らかく、凹凸の付いた内装材です。優れた吸音材ですが、軟らかいために、天井にしか使えません。厚みは12mm、15mmなどです。
9.5mm厚の石膏ボードを野縁（のぶち：天井を支える棒）に打ち付け、それに接着します。下張りしないで野縁に直接ネジで打つと、軟らかいので壊れてしまいます。
虫食い状の標準的な板のほかに、さまざまな凹凸の付いた商品があります。広いオフィスや食堂、講堂などは、音が響きやすいので、よく岩綿吸音板が天井に張られます。住宅の天井でも部分的に使われることがあります。アスベスト（石綿）とは違って、発がん性はありません。

岩綿＝ロックウール→使用可
石綿＝アスベスト→使用不可

岩綿吸音板

○ 不燃性
○ 吸音性
○ 断熱性
✕ 軟らかい ⇨ PBア. 9.5下地

虫食い状

いろんな凹凸

PBア. 9.5下地
岩綿吸音板ア. 15張り

天井にだけ
使うんだ

10

内装

Q 石膏ボードとは？

▼

A 石膏を板状に固めて、両側に紙を貼った内装用の板です。

■ 石膏は白い粉で、水を混ぜると固まります。石膏像がその代表的なものです。石膏は英語でプラスター（plaster）ですから、石膏ボードはプラスターボードともいいます。プラスターボードは、PBと略されます。石膏はジプサム（gypsum）ともいい、ジプサムボードでGBとも略されます。プラスター、ジプサムはよく出てくるので、両者とも覚えておきましょう。

石膏ボードは燃えない、安いという長所があるので、内装用ボードとして住宅、マンション、ビル等で大々的に使われています。12mmの合板が1000円以上のところ、PBは数百円です。

しかし、水に弱く、欠けやすいので、外壁には使えません。キッチンの壁などには、シージング石膏ボードという、耐水紙を貼ったボードを使います。これも大量に水の掛かる部分には使えません。

釘やネジが効かないのも難点です。石膏ボードに絵を掛けようとする場合は、ボードアンカーという特殊な金物を使います。

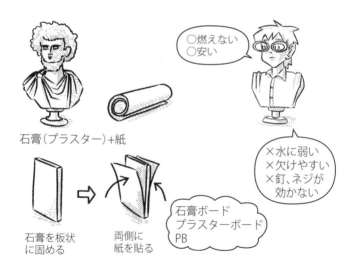

○燃えない
○安い

石膏（プラスター）+紙

×水に弱い
×欠けやすい
×釘、ネジが
効かない

石膏を板状
に固める

両側に
紙を貼る

石膏ボード
プラスターボード
PB

Q 壁、天井に使う石膏ボードの厚さは？

A 壁には12.5mm、天井には9.5mmを使うのが一般的です。

壁には家具や掃除機がぶつかったり人の体が当たったりすることもあるので、厚めのボードを使います。通常は12.5mmですが、15mmを使うこともあります。天井にはものが当たる心配はないので、壁よりも薄い9.5mmを使います。

壁の遮音性を高めるために、12.5mmを二重に張る場合もあります。二重に張ったボードは、天井裏を突き抜けて、上の構造材まで届くようにします。天井裏を伝って隣に音が響かないようにするためです。さらに、ボードとボードの内側の空間にグラスウールを詰めておくと、音の振動を防ぐ効果があります。

PBア. 9.5

PBア. 12.5

天井は薄く
壁は厚く

Q 石膏ボードどうしの継目はどうする？

▼

A テープとパテを使って目地処理をします。

石膏ボードの継目をそのままにすると、へこみが見えてしまいます。また長い間に継目が動いて、表面の仕上げ面にも割れが入ってしまうおそれがあります。

そこで、へこみを平らにして、継目が離れないように目地処理を施します。ジョイント工法ともいいます。

最初にパテでへこみを埋めて、その上にテープを貼り、さらに上からパテを塗って平らに均します。最初に広めのテープを貼った上にパテ処理を施す方法もあります。

テープは繊維で縦横に強化された樹脂でできていて、ボードどうしが離れるのを防ぎます。パテはセメントなどの材料でできていて、塗った後に固まって平滑になります。

アパートなどの安い壁の場合、この目地処理をしないでいきなりビニールクロスを張る場合もあります。長い間には、クロスに割れや凹凸が入ってしまうので、目地処理をしておいた方がいいでしょう。

PBの目地処理

PB

PBの継目
を平らにしてから

テープ   パテ

ビニールクロス
を張ったり
塗料を塗ったり
するんだ

Q <u>化粧石膏ボード</u>とは？

▼

A 石膏ボードに細かい穴をあけたり、色や模様の付いた紙を貼ったものです。

🧊 化粧石膏ボードは塗装やビニールクロス張りをしなくても、ボードを張るだけで仕上げとなります。

表面に虫食い状の細かい穴をあけた石膏ボード（吉野石膏のジプトーンなど）は、野縁（天井下地の棒）にビス（頭は白く塗られている）留めするだけで**OK**です。吸音板に似ていますが、穴が浅く、吸音効果はあまり期待できません。トラバーチンという石の模様に似ているので、<u>トラバーチン模様</u>と表示されることもあります。コストが安いため、広いオフィスや教室などで多用されています。

木目模様が印刷された石膏ボードも、低コスト住宅の和室の天井などによく使われます。最近は印刷技術が向上し、プリントとはわかりにくくなっています。

ビニールクロスがあらかじめ張られた石膏ボードもあります。壁に使うと継目が出ることもあり、木目模様のボードほどには使われてはいません。

細かい
虫食い状
の穴

トラバーチン模様の穴

模様をプリント
した紙を貼って
るんだ

木の模様

クロス調

10

内装

Q 石膏ラスボードとは？

▼

A 漆喰などの左官工事の下地として使われる、穴のたくさんあいた石膏ボードです。

 ラス（lath）とは、塗り壁の下地にする金網や木摺（左官用に張られる細長い板）のこと。ラスボードとは、金網の代わりをするボードのことです。漆喰などを塗っても落ちないように、表面に小さな穴が無数にあけられています。

左官とは、モルタル、漆喰などの塗り壁や塗り壁工事のことを指します。漆喰は、石灰に麻などの繊維やふのりなどを加え、水で練ってつくられた仕上げ材です。和室や蔵の壁などに使われます。

石膏ラスボードは、室内での左官工事で用います。室外の左官用には、水に強いラスの代替品（商品名：ラスカットなど）もあります。

ラス　ボード
lath　board
金網　　板
（木摺）

⇨ 金網の代わりをするボード

ラスボード

左官材が落ちないように穴があいているんだ

Q フローリング（flooring）とは？

A 床板のことです。

昔は床を板敷きにする場合、無垢（むく＝天然）の木材を、1枚1枚、さねでつないでいました。さねとは、木口（断面）の先に突起を削り出して、もう一方の木口に差し込めるようにしたものです。

さねの部分から下地板にボンドで貼ってさらに細い釘を打って留めます。今でもコストの掛けられる床では、こうした無垢材でつくることもあります。

今の一般的なフローリング材は、910mm幅とか455mm幅で1,820mmの長さの合板に、表面だけ化粧の板が張られたものです。表面の仕上げの薄い板は、突き板といいます。突き板は溝が彫られていて、あたかも1枚1枚、さねでつないだように見えます。しかし、大きな板どうしは、やはりさねでつなぎます。

フローリング材の厚みは12mm、15mm程度です。下には12mm程度の合板（コンパネや構造用合板）を敷きます。低コストの場合、合板なしで、根太に直接フローリングを打つこともあります。

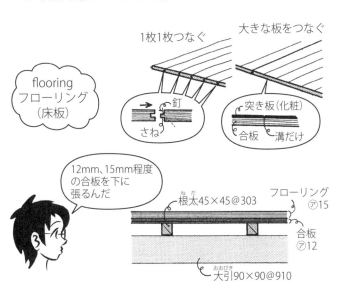

Q クッションフロアとは？

A 模様がプリントされた樹脂のシートにクッションが裏打ちされた床材です。

表面は模様が印刷された樹脂のシート、裏にはフェルト状のクッションが付いています。Cushion Floorの頭文字をとってCFシートとも呼ばれます。厚みは1.8、2.3、3.5mmなどがあります。水に強く傷も付きにくいので、キッチンや洗面脱衣室、トイレの床によく用いられます。最大の長所は安いということです。また、合板の上にシートを両面テープで接着するだけでよく、カッターでも切れるので、工事も楽です。
印刷技術の向上で見た目も良くなってきていますが、家具を置いた跡など、へこみが残るのが欠点です。

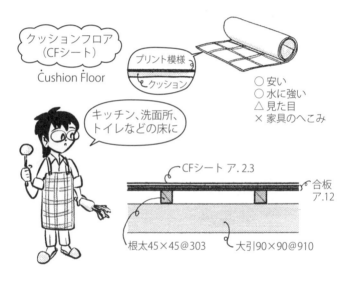

クッションフロア
（CFシート）
Cushion Floor

プリント模様
クッション

○ 安い
○ 水に強い
△ 見た目
× 家具のへこみ

キッチン、洗面所、トイレなどの床に

CFシート ア.2.3
合板 ア.12
根太45×45@303
大引90×90@910

• 樹脂の固い板で、表面に木目模様の付いたフロアタイルも、広く使われるようになりました。2～3mm程度の厚さですが表面が硬く、家具の傷が付きにくい材です。

Q 畳の厚みは？

A 60mm、55mm 程度です。

昔ながらの稲わらを台（畳床）とした畳では、60mmとか55mmが普通です。今では台にポリスチレンフォーム（商品名：スタイロフォーム）を使った畳（商品名：スタイロ畳）が多く、30mm程度の薄い畳も出ています。

稲わらの畳は重さが30kg程度なのに対して、ポリスチレンフォームの畳は15kg程度と、かなり軽くなります。また断熱性があり、カビ、ダニが付きにくいなどの長所もあります。畳縁を付けない、すっきりとした畳も使われています。さらに、畳を約半間角の正方形にした縁のない琉球畳も多く見られるようになりました。

60mmの厚みがある場合、フローリングの15mmの厚みとの段差が45mm出ます。同面（どうづら）で納める場合は、フローリングの方の下地を45mm上げなければなりません。

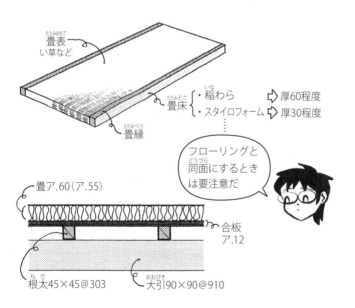

畳表
い草など

・稲わら ⇨ 厚60程度
畳床
・スタイロフォーム ⇨ 厚30程度

畳縁

フローリングと同面にするときは要注意だ

畳ア.60（ア.55）

合板
ア.12

根太45×45@303　　　大引90×90@910

10
内装

Q 幅木（はばき）を付けるのは何のため？

A 壁と床の納まりを良く見せるため、汚れを目立たなくするため、壁の下部を補強するためです。

　幅木とは壁の一番下に付ける細長い板です。壁と床の境の線を直線にするには、工事の精度を上げなければなりません。しかし、一般にはなかなか精度を上げることができないため壁と床のぶつかる部分に幅木を付けます。床材や壁材が少々いい加減に切断されていても、幅木で境の線を隠してしまうので、直線的な納まりに見えるわけです。
クロス張りや塗装工事も、幅木の上でぴたっと止まります。仕上げを止める役割もしています。
また、壁の下部は、人の足や家具が当たったり、掃除機などがぶつかったり、ホコリがたまったりして、壊れやすく汚れやすい部分です。そのため濃い色の幅木を打って、汚れを目立たなくし、さらに壁を補強するわけです。
木製の幅木は6mm × 60mm程度です。樹脂製のソフト幅木は安い上、1mm × 60mmと薄いので、カッターで簡単に切れて、工事も楽です。

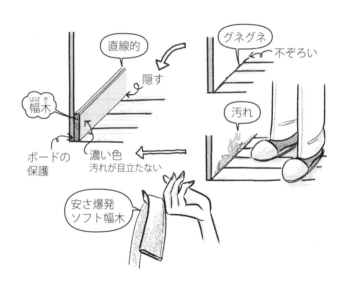

- 幅木は隠し釘と接着剤で留めます。隠し釘は打ち付けた後に、樹脂付きの頭をハンマーで横にたたいて頭を取り除き、見えなくする釘です。

Q 畳寄せを付けるのは何のため？

A 畳と壁とのすき間を埋めて、納まりをよくするためです。

和室の場合、壁表面よりも柱を出すことが多くあります。真壁造りといいます。ちなみに柱を隠すつくりは、大壁造りといいます。

> 真壁造り→柱が出る
> 大壁造り→柱が隠れる

柱が壁よりも出ているデザインの場合、畳と壁の間にすき間ができます。そのすき間を埋めるために入れる細い棒のことを、畳寄せといいます。
畳寄せは、壁の下部と畳の端部を直線的にきれいに見せる部位でもあります。納まりをきれいに見せるという意味では、幅木と同じ役割を担っているといえます。
壁が傷まないように、和室に幅木を付けることもあります。伝統にこだわらないデザインならば、和室に幅木を付けても一向にかまいません。

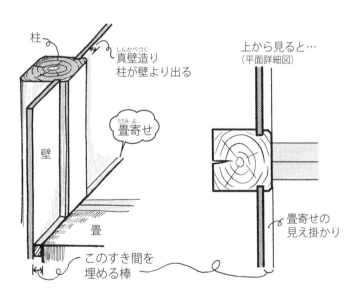

10

内装

Q 回り縁（まわりぶち）を付けるのは何のため？

▼

A 天井材と壁材の納まりを良く見せるためです。

 壁と天井のぶつかるL字のコーナーに付ける細い棒を、回り縁といいます。天井の縁にグルッと回るように付ける材なので、そう呼ばれます。
回り縁は、**20mm**角程度の細い棒から、いろいろな繰り形（くりがた：装飾的な曲線状断面）の付いた既製品まで、多くの種類があります。材料も木材、アルミ、樹脂などさまざまです。
天井材と壁材を留めるのに、切ったままでL字に合わせると、ギザギザした接合部の線が見えてしまいます。回り縁の棒を上から当てるだけで、すっきりした直線的な仕上がりとなります。材料の端部に横に入れる材を、見切り材とか見切り縁（ぶち）、単に見切りとも呼びます。回り縁も、見切りの一種です。
コストを抑えるために、回り縁を省略して、壁と天井を同じクロスや塗装で納めることもあります。また、デザイン的にすっきりさせたい場合に、意図的に回り縁をはずすこともあります。

幅木も回り縁も
L字のコーナーだ

回り縁

天井

壁

直線的

隠す

グネグネ

Q 野縁（のぶち）とは？

A 天井を支えるための角材のことです。

🔲 下図のように、45mm × 45mm 程度の角材を 455mm ピッチ程度に並べます。これが天井板を留めるための下地となります。この棒のことを野縁と呼びます。野は化粧でない下地、縁は細い棒を指します。
野縁の上に 910mm（半間）ピッチで直交させて 45mm × 45mm の棒を打ち、縦横の格子とします。野縁の上に打つ棒を野縁受けといいます。
天井下地の格子を吊る棒は吊り木と呼ばれます。45mm × 45mm、縦横 910mm（半間）ピッチで入れます。
野縁、野縁受け、吊り木と名前は違いますが、45mm × 45mm とか 40mm × 45mm など、同じ材でつくれます。1 階根太と同様の角材です。
野縁と野縁受けを同一平面に組み込んで、平らな格子にする方法もあります。この場合、野縁と野縁受け両方に天井板を打つので、野縁受けは野縁ともなります。

吊り木 45×45@910
野縁 45×45@455
野縁受け 45×45@910
455　455　455　910
天井を支える棒が野縁よ

10
内装

● 天井は中央を周囲より 10mm 程度高くして、水平に見えるようにします。

Q <u>吊り木受け</u>とは？

▼

A 吊り木を留めるために打つ水平材のことです。

吊り木を2階根太に留めると、2階床のミシミシ、ドンドンといった振動や音が、1階天井に直接伝わってしまいます。
<u>音を伝わりにくくするには、梁から梁へ、野縁よりも大きめの角材を渡します。それに吊り木を留めれば、2階の床といったん縁が切れるので、振動や音が伝わりにくくなります。その吊り木を留める横材を、吊り木受けといいます。</u>角材のほかに、小さな丸太も使います。
図面か現場で指示しておかないと、根太に吊り木が打たれてしまうことがままあります。現場では簡単な方に仕事が流れがちなので、吊り木受けをきちんと指定しておきましょう。

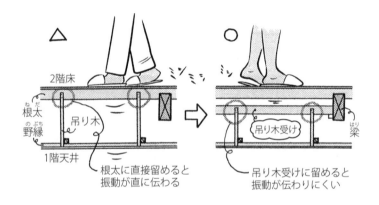

△

2階床

根<ruby>太<rt>ねだ</rt></ruby>
野<ruby>縁<rt>のぶち</rt></ruby>　吊り木

1階天井

根太に直接留めると
振動が直に伝わる

吊り木受け

梁<rt>はり</rt>

吊り木受けに留めると
振動が伝わりにくい

- 上階の振動を伝えないようにゴムをはさんだ防振吊木も販売されています。
- ツーバイフォー構法では垂木に直接天井を張ることが多く、階高は小さくできますが、上の音は響きやすくなります。

Q ドア枠の断面が、凸型をしているのは？

A 戸当たりを出して凸型とするからです。

内装のドアは、下図のように左右と上に木製枠を付ける三方枠（さんぽうわく）が多いです。下の枠は沓ずりといいますが、ドアの所で床の仕上げ材が変わったり段差があるとき以外は、省略される傾向にあります。三方枠のどの断面をとっても、凸の形をしています。戸当たりを枠のほぼ中央に埋め込むからです。ドアの回転を止める、視線がすき間から通らないようにする、気密性を上げるなどの理由で戸当たりを付けます。

ドア枠は、壁から散りを10mmほどとります。石膏ボードやクロスとの納まりをよく見せるためです。ボードは枠に溝をつくって差し込むと、ボードと枠の間にすき間がなくなります。ドア枠断面は凸型が普通ですが、ほかにさまざまな変形バージョンもあります。

ドア枠を留めるには、戸当たりを埋め込む溝から下地の柱などに向かって、ネジやボルトを打ち込みます。枠を下地に留めた後に、戸当たりを上から埋めて、隠し釘打ちとすれば、ネジ、ボルトの頭は見えなくなります。

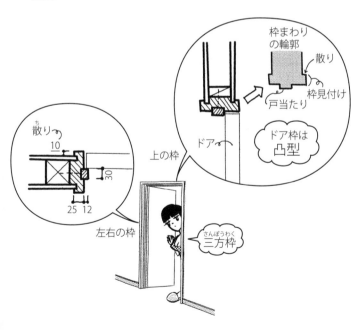

10
内装

Q 内装の木製ドアを1/20、1/50、1/100で平面図に描くと？

A 下図のようになります。

 1/10〜1/20程度の平面図（平面詳細図といいます）では、木製枠は戸当たり、壁からの散り、ボードの差し込み、ドア（40mm厚程度）などが描けます。枠の詳細な寸法は、1/5の図面などで指定した方がわかりやすいでしょう。

1/50程度の図面になると、かなり省略して描くことになります。枠も凸型だけ描いて、ボードの厚みも黒く塗りつぶさない程度に幅をあけて描きます。要は適当なわけです。

1/100の図面では、枠は描きません。ボードの厚みもドアの厚みも太い1本線となります。自分で描いてみればわかりますが、これ以上は描き込めません。下図の手の大きさと図面を比べてみてください。

1/100の枠を省略した図を描くときも、1/10〜1/20の図をイメージしながら描くといいでしょう。

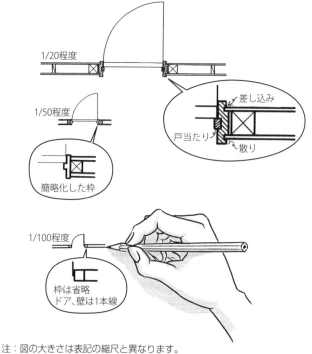

1/20程度

差し込み

戸当たり

散り

1/50程度

簡略化した枠

1/100程度

枠は省略
ドア、壁は1本線

注：図の大きさは表記の縮尺と異なります。

Q ドア枠の散りと幅木の厚み、どちらを大きくする？

A ドア枠の散りの方を大きくします。

幅木をドア枠に当てて止めるためには、幅木よりも枠の方が出ていないといけません。幅木の出の方が大きいと、ドア枠よりも外に出てしまい、格好の悪い納まりとなってしまいます。

下図では枠の散りを10mm、幅木の厚みを6mmとしています。散りを10mmとすることが多いのは、幅木の厚みは10mm以下が多く、納まりがよく見えるからです。枠の散りは10mm、見付け（正面に見た厚み）は25mmと、とりあえずは覚えておきましょう。

枠の散り→10mm
枠の見付け→25mm

散り＞幅木の幅
として納める

枠の方が出て
ないと納まら
ないなー

枠

散り10

見付け25

6

幅木

×

幅木

幅木が枠から
出ると格好
悪い！

10
内装

Q フラッシュ戸、框戸とは？

A フラッシュ戸は両面に板を張った戸、框戸は框に囲まれた中に板やガラスを入れた戸のことです。

フラッシュ戸は、内部には骨（これも框と呼ばれます）だけ入れて、両面を板でサンドイッチした戸です。フラッシュ（flush）とは、同一平面の、平らなという意味です。

段ボールやアルミのコア（core：芯）を入れてつぶれないようにするのが普通です。コアには、格子状や、六角形状のハニカムコア（honeycomb core：ハチの巣状の六角形のコア）などがあります。またポリスチレンフォームを入れることもあります。

框戸はアルミサッシと同様に框を組んで、その内部に板やガラス、ポリカーボネート中空板などを入れたものです。框戸の中に入れる板は、鏡板と呼ばれます。ドアの見た目を大きく左右するため、良質な化粧板が入れられます。

どちらも戸の厚みは **40mm** 程度です。

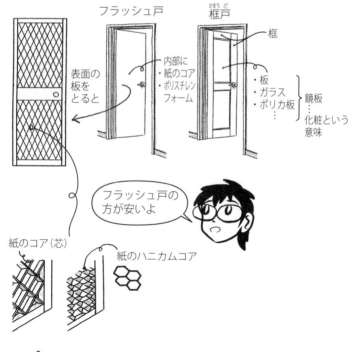

フラッシュ戸

框戸（かまちど）

框

表面の板をとると

内部に
・紙のコア
・ポリスチレン
　フォーム

・板
・ガラス
・ポリカ板
　：
→ 鏡板

鏡板
：
化粧という
意味

フラッシュ戸の方が安いよ

紙のコア（芯）

紙のハニカムコア

Q <u>側桁</u>（がわげた）、ささら桁とは？

A 下図のように、階段の踏み板を両側ではさむように支える板が側桁、踏み板を下から支えるような段々の形をした板がささら桁です。

階段の段の板は、足で踏むので踏み板、段の板なので段板（だんいた）などといいます。その踏み板を支えるのが、側桁とささら桁です。
ささらとは、棒に溝を彫った楽器です。ぎざぎざしたその形をささらに見立てて、ささら桁の名が付いたと思われます。桁とは梁を支える、梁と直交する、壁の上に置かれた横材のことです。橋を支える横材は、橋桁といいます。階段を支える板を桁というのは、橋桁に近い使われ方です。側面にある桁、ささらの形のような桁なので、側桁、ささら桁です。

　　側面にある桁→側桁
　　ささらの形のような桁→ささら桁

<u>ささら桁、側桁は厚さ45mm程度、踏み板は35mm程度です。</u>

Q 踏み板、蹴込み板(けこみいた)、踏み面(ふみづら)、蹴上げ(けあげ)とは？

A 踏み板、蹴込み板は階段の板の呼び名で、踏み面、蹴上げとは寸法の呼び名です。

踏み板とは、文字どおり、足で踏む板です。段をつくる板なので段板ともいいます。人が乗るので、30〜36mm程度の厚い板を使います。

垂直面をふさぐ板は、蹴込み板といいます。つま先で蹴り込む所にあるからです。空間をふさぐだけですから、6〜15mm程度の薄い板で十分です。

踏み面は踏み面寸法ともいって、段の水平方向の寸法です。踏み面は、つま先が入る蹴込み寸法は入れません。蹴込み寸法を入れると、踏み面が大きくなってしまうので、蹴込みは入れてはいけないと決まっています。

蹴上げは、1段の高さの寸法で、蹴上げ寸法ともいいます。建築基準法で、住宅の蹴上げは23cm以下、踏み面は15cm以上と決められています。23cm以下、15cm以上もここで覚えておきましょう。

【兄さん 行こう 階段で】
23cm以下 15cm以上

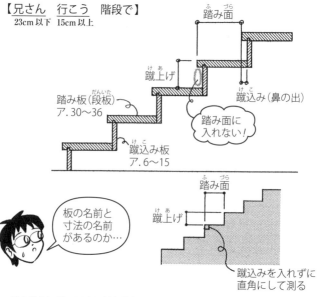

踏み面

蹴上げ

蹴込み(鼻の出)

踏み板(段板)
ア. 30〜36

踏み面に
入れない！

蹴込み板
ア. 6〜15

板の名前と
寸法の名前
があるのか…

踏み面

蹴上げ

蹴込みを入れずに
直角にして測る

• 段の鼻先には、アルミ製や樹脂製のノンスリップを付けます。ノンスリップを付けずにルーター(くり抜き、切り抜き加工機)で溝を彫ることもあります。筆者の経験では溝は格好はいいけれどもすべりやすいので、ノンスリップを付ける方がいいでしょう。

【 】内スーパー記憶術

Q 木造住宅における直線階段の長さはどれくらい？

A 約1間半強（2,730mm強）です。

木造住宅の階高は2.8〜3m程度なので、13〜15段は必要となります。半間（910mm）で4段、踏み板が4枚程度です。直線階段（直階段、鉄砲階段）にすると1間半強となります。

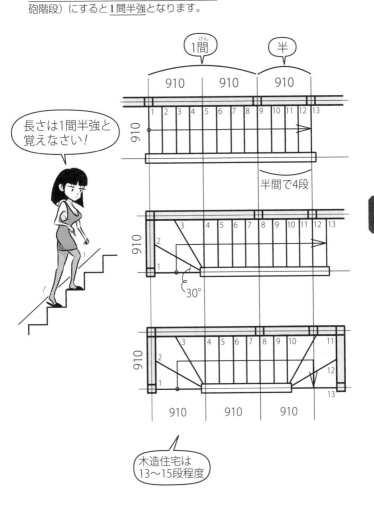

1間（けん）　　半（はん）

910　910　910

長さは1間半強と覚えなさい！

半間で4段

30°

910　910　910

木造住宅は13〜15段程度

Q 木造住宅における折り返し階段の大きさは？

A 1間角強（1,820mm角強）です。

13〜15段を折り返しでつくる場合、<u>45°階段や30°、60°階段を入れる</u><u>と1間角に何とか納まります</u>。もう半グリッド（910/2=455）延ばすと、上りやすい階段となります。

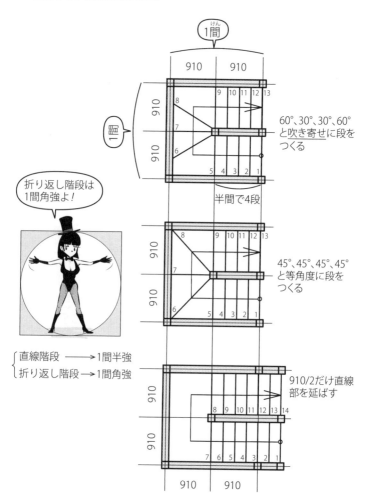

1間

910　910

910

910　8　　　9 10 11 12 13

7

6　　　5 4 3 2 1

60°、30°、30°、60°と吹き寄せに段をつくる

半間で4段

折り返し階段は1間角強よ！

910　8　　　9 10 11 12 13

7

6　　　5 4 3 2 1

45°、45°、45°、45°と等角度に段をつくる

直線階段 ──→ 1間半強
折り返し階段 ──→ 1間角強

910

910　　8 9 10 11 12 13 14

7　6 5 4 3 2 1

910/2だけ直線部を延ばす

910　910

Q 本棚の棚板のスパン、洋服ダンスのハンガーパイプのスパンは？

A 約455mm、約910mm です。

本棚のスパンを910mmにすると、棚板を厚くしてもたわんでしまうし、本も倒れやすくなります。その半分の455mmが本棚のスパンとしておすすめです。ハンガーパイプのスパンは910mm程度が良く、1,820mmではたわむので、途中で吊る必要があります。

本棚

てんいた
天板

がわいた
側板

たないた
棚板

ダボ穴

ダボ

合板の厚み
は20mm程度

シナランバーコア
パーティクルボード
…

スパンは
400〜600mm

本棚の棚板

スパン455mm
(910×1/2)
がおすすめ
本も倒れにくく
なる

910mmだと板を厚くし
てもたわむ！

スパンが1,820
だと、途中で
吊るのよ！

910〜1,200mm

(直径)
25 φ
ファイ
ステンレス
パイプ

途中で吊るか支える

1,820mmだとたわむ！

ハンガーパイプ

スパン910mm
がおすすめ

10
内装

- 筆者は本棚、ハンガーパイプのどちらも、何度も失敗しました。板厚やパイプ径よりもスパンを狭くするのがポイントです。
- シナはラワンの赤みに対して白っぽくて表面が美しいので、仕上げ材としても使えます。本棚はシナのランバーコア合板厚18、21、24がよく使われます。その場合、木口（切断面）は薄い板を張ります。

索引

原口秀昭（はらぐち　ひであき）
1959年東京都生まれ。1982年東京大学建築学科卒業、86年同大学修士課程修了。大学院では鈴木博之研究室にてラッチェンス、ミース、カーンらの研究を行う。現在、東京家政学院大学生活デザイン学科教授。
著書に『20世紀の住宅－空間構成の比較分析』（鹿島出版会）、『ルイス・カーンの空間構成　アクソメで読む20世紀の建築家たち』『1級建築士受験スーパー記憶術』『2級建築士受験スーパー記憶術』『構造力学スーパー解法術』『建築士受験　建築法規スーパー解読術』『マンガでわかる構造力学』『マンガでわかる環境工学』『ゼロからはじめる建築の［数学・物理］教室』『ゼロからはじめる［RC造建築］入門』『ゼロからはじめる建築の［設備］教室』『ゼロからはじめる［S造建築］入門』『ゼロからはじめる建築の［法規］入門』『ゼロからはじめる建築の［インテリア］入門』『ゼロからはじめる建築の［施工］入門』『ゼロからはじめる建築の［構造］入門』『ゼロからはじめる［構造力学］演習』『ゼロからはじめる［RC＋S構造］演習』『ゼロからはじめる［環境工学］入門』『ゼロからはじめる［建築計画］入門』『ゼロからはじめる建築の［設備］演習』『ゼロからはじめる［RC施工］入門』『ゼロからはじめる建築の［歴史］入門』（以上、彰国社）など多数。

ゼロからはじめる［木造建築］入門　第2版

2009年3月10日	第1版　発　行
2021年2月10日	第2版　発　行
2023年6月10日	第2版　第3刷

著作権者との協定により検印省略

自然科学書協会会員
工学書協会会員

Printed in Japan

ⓒ原口秀昭　2021年

著　者	原　口　秀　昭
発行者	下　出　雅　徳
発行所	株式会社　彰　国　社

162-0067　東京都新宿区富久町8-21
電　話　03-3359-3231（大代表）
振替口座　00160-2-173401

印刷：三美印刷　製本：中尾製本

ISBN978-4-395-32162-9 C3052　https://www.shokokusha.co.jp